# 《国学经典藏书》丛书编委会

国学经典藏书

# 战国策

赵玉敏　译注

吉林大学出版社
长春

图书在版编目（CIP）数据

战国策 / 赵玉敏译注 .—长春：吉林大学出版社，2020.8
（国学经典藏书）
ISBN 978-7-5692-6923-9

Ⅰ．①战… Ⅱ．①赵… Ⅲ．①中国历史—战国时代—史籍②《战国策》—译文③《战国策》—注释 Ⅳ．①K231.04

中国版本图书馆 CIP 数据核字（2020）第 159997 号

国学经典藏书：战国策
GUOXUE JINGDIAN CANGSHU: ZHANGUOCE

作　　者：赵玉敏 译注
策划编辑：魏丹丹
责任编辑：代景丽
责任校对：田　娜
装帧设计：蒋宏工作室
开　　本：880mm × 1230mm　1/32
字　　数：196 千字
印　　张：9.5
版　　次：2020 年 8 月第 1 版
印　　次：2024 年 1 月第 3 次印刷

出版发行：吉林大学出版社
地　　址：长春市人民大街 4059 号（130021）
0431-89580028/29/21
http://www.jlup.com.cn
E-mail:jdcbs@jlu.edu.cn
印　　刷：河北松源印刷有限公司

ISBN 978-7-5692-6923-9　　定价：40.00 元

# 编者的话

经典是人类知识体系的根基,是人类的精神家园,是我们走向未来的起点。莎士比亚说过:“生活里没有书籍,就好像没有阳光;智慧里没有书籍,就好像鸟儿没有翅膀。”21 世纪中国国民的阅读生活中最迫切的事情是什么?我们的回答是阅读经典!

中国有数千年一脉相传、光辉灿烂的文化,并长期处于世界文化发展的前列,尤其是在近代以前,曾长期引领亚洲乃至世界文化的发展方向。长期超稳定的社会发展形态和以小农生产为基础的、悠闲的宗法农业社会,塑造了中华民族注重实际、过分地偏重经验、重视历史的文化心理特征。从殷商时代的“古训是式”(《诗经·大雅·烝民》),到孔子的“述而不作,信而好古”(《论语·述而》),可以清楚地看出这种文化心理不断强化的轨迹。于是,历史就被赋予了神圣的光环,它既是人们获得知识的源泉,也是人们价值标准的出处。它不再是僵死的、过去的东西,而是生动活泼、富有生命力,并对现世仍有巨大指导作用的事实。因而就形成了这样一种固定的文化思维方式,也就是“以铜为鉴,可正衣冠;以古为鉴,可知兴替;以人为鉴,可明得失”(《新唐书·魏徵传》)。中国的文化人世代相承,均从历史中寻求真理,寻求“修身、齐家、治国、平天下”的崇高理想模式。

这种对于历史所怀有的深沉强烈的认同感，正是历史典籍赖以发展、繁荣的文化心理基础。历史上最初给历史典籍的研究和整理工作涂上政治、道德和伦理色彩的是春秋时期的孔子。当时的孔子因感“周室微而礼乐废、《诗》《书》缺”，于是乃删订了《诗》《书》《礼》《乐》《易》《春秋》等“六经”（见《史记·孔子世家》），寄托了自己在政治上“复礼”和道德上“归仁”的最高理想。孔子以后，历史典籍的编撰无不遵循着这一最高原则。所以《隋书·经籍志》总序中就说：“夫经籍也者，机神之妙旨，圣哲之能事。所以经天地，纬阴阳，正纲纪，弘道德，显仁足以利物，藏用足以独善……其王者之所以树风声，流显号，美教化，移风俗，何莫由乎斯道？……其教有适，其用无穷，实仁义之陶钧，诚道德之橐籥也。……夫仁义礼智，所以治国也；方技数术，所以治身也。诸子为经籍之鼓吹，文章乃政化之黼黻，皆为治国之具也。”（《隋书·经籍志一》）由此可见，历史典籍的编撰整理工作，已不仅仅是文化技术问题，更重要的是它还负有“正纲纪，弘道德”的政治和道德使命。于是，在两千多年的历史发展过程中，先人们为我们留下了汗牛充栋的文化典籍。这些宝贵的精神财富，不仅是我们中华民族的骄傲，也是全人类的骄傲，并已成为世界文化宝藏的重要组成部分。

中国的先哲们一向对古代典籍充满崇敬之情，他们认为，先王之道、历史经验、人伦道德以及治国安邦之术、读书治学之法等等，都蕴藏于典籍之中。文献典籍是先王之道、历史经验、人伦道德等赖以传递后世的重要手段。离开书籍，后人将无法从前朝吸取历史经验，无法传承先王之道。在日新月异的当代，如何对待这份优秀的文化遗产？毛泽东同志早就指出：“中国的长期封建社会中，创造了灿烂的古代文化。清理古代文化的发展过程，剔除其封建性的糟粕，吸取其民主性的精华，是发展民族新文化、提高民族自信心的必要条件。……中国现时的新文化也是从古代的旧文化发展而来，因此，我们必须尊重自己的历史，决不能割断历史。但是，这种尊重是给历史以一定的科学地位，是尊重历史的辩证法的发展，而不是颂古非今。”（毛泽东《新民主主义论》）古代典籍，不仅对中华民族的形成与发展历史地发挥了巨大的凝聚力作用，而且在当今中华民族伟大复兴中，依然会发挥无可替代的重要作用。

在科学技术迅猛发展的当代社会，人们的生活、观念正在发生着巨大而深刻的变革，面对蓬勃发展的现代科技和汹涌而至的各种思潮，人们依然能深切地感受到中国传统文化无所不在的巨大力量。人们渴望了解这种无形的力量源泉，于是绚丽多姿的中华典籍就成了人们首要的选择。它能够使我们在精神上成为坚强、忠诚和有理智的人，成为能够真正爱人类、尊重人类劳动、衷心地欣赏人类的伟大劳动所产生的美好果实的人。所以，在今天，我们要阅读经典；当数字化、网络化带来的“信息爆炸”占领人们的头脑、占用人们的时间时，我们要阅读经典；当中华民族迈向和平崛起和民族复兴的伟大征程时，我们更要阅读经典。因此，读经典，这个我们习以为常的平凡过程，实际上就成了人的心灵和上下古今一切民族的伟大智慧相结合的过程。但由于时代的变迁，这些经典对现代人来说已是谜一样的存在。为继承这份优秀的文化遗产，帮助人们更好地利用这些经典，在全国学术界诸多专家学者的支持下，我们策划了这套“国学经典藏书”丛书。

丛书以弘扬传统、推陈出新、汇聚英华为宗旨，以具有中等以上文化程度的广大读者为对象，从我国古代经、史、子、集四部典籍中精选50种，以全注全译或节选的形式结集出版。在书目的选择上，重点选取我国古代哲学、历史、地理、文学、科技、教育、生活等领域历经岁月洗礼、汇聚人类最重要的精神创造和知识积累的不朽之作。既注重选取历史上脍炙人口、深入人心的经典名著，又注重其适应现代社会的人文价值趋向。丛书不仅精校原文，而且从前言、题解，到注释、译文，均在吸收历代学者研究成果的基础上精心编撰。在注重学术性标准的基础上，尽量做到通俗易懂。我们相信，本丛书的出版，对提高人们的古代典籍认知水平，阅读和利用中华传统经典，传播中华优秀文化，提高人们的民族自信心和文化自豪感，进而为中华民族伟大复兴做贡献，均将起到应有的作用。高尔基说："书籍是人类进步的阶梯。""要热爱读书，它会使你的生活轻松，它会友爱地帮助你了解纷繁复杂的思想、感情和事件；它会教导你尊重别人和你自己；它以热爱世界、热爱人类的情感，来鼓舞智慧和心灵。""当书本给我讲到闻所未闻、见所未见的人物、感情、思想和态度时，似乎是每一本书都在我面前打开一扇窗户，并让我看到一个不可思议的新世界。""每一本书是一级小阶梯，我每爬一级，就……更接近美好生活的观念，更热爱这书"（《高尔基论青年》，中国青年出版社1956年版）。流传千年的文化经典，让我们受益匪浅，使我们懂得更多。正如德国著名作家歌德所说："读一本好书，就是和一位品德高尚的人谈话。"的确，读一本好书，就像是结交了一位良师益友。我们真诚希望，这套经典丛书能够真正进入您的生活，成为人人应读、必读和常读的名著。

陈　虎

庚子岁孟秋

# 前　言

在今天这个文化昌明、教育普及的时代里谈《战国策》，对读者来说一定并不陌生。“惊弓之鸟”“南辕北辙”“曾子杀人”等寓言故事与“邹忌讽齐王纳谏”“触龙说赵太后”等名篇名章，几乎伴随了当代每个中国人的读书时代。《战国策》的部分文本能够入选基础教育的教材，足以说明这部书的时代价值和文学意义，因此也使很多读者有了进一步阅读其他篇目的兴趣。正是为了满足这一社会需要，才有了现在这本《战国策》译注本。

和大多数先秦古籍的命运一样，《战国策》的成书和出现，也经历了一个漫长而多舛的过程。它最初的辑录者应为战国乃至秦汉之间的游说之士，始皇焚书将民间“非秦记皆烧之，非博士官所职，天下敢有藏《诗》《书》、百家语者，悉诣守、尉杂烧之”（《史记·秦始皇本纪》），所以我们今天看到的《战国策》，是西汉末年刘向根据国家藏书室中“或曰《国策》，或曰《国事》，或曰《短长》，或曰《事语》，或曰《长书》，或曰《脩书》”（刘向《战国策书录》）的多种抄本整理而成，“因国别者，略以时次之”（刘向《战国策序》），分为东周、西周、秦、齐、楚、赵、魏、韩、燕、宋、卫、中山十二国策，除去重复，得三十三篇，并定名为《战国策》。记事上起公元前458年智伯灭范、中行氏（《赵策一》），下至公元前221年秦统一中国以后,高渐离以筑击秦始皇(《燕策三》),共计二百四十年左右的历史。

战国时代是中国历史上风云激荡的时期。经济方面随着铁制农具的广泛应用而“深耕易耨”,加快了土地私有制的速度和历史格局的变化。经济的繁荣带来了人口的高速增长和城市规模的不断扩大,不仅使“千丈之城,万家之邑相望也”(《赵策三》),也使春秋时期林立的小国变为七国并立,且都虎视眈眈地希望吞并其他六国而一统天下。为此,各国都大批地延揽士人,罗致人才,从而使战国时代成为中国历史上第一个因打破阶层固化而使智慧、学识、谋略、口才成为普通士人晋身之阶的时期。《战国策》集中记录了这些士人的言行,为了让君主采纳自己的政治见解,他们精通天下大势,了解各国山川地理,善于察言观色,因主而异,与时俱变,宏论滔滔,舌动风雷,左右时局的发展,决定事情的成败:“是以苏秦、张仪、公孙衍、陈轸(zhěn)、代、厉之属,生从横短长之说,左右倾侧。苏秦为从,张仪为横;横则秦帝,从则楚王;所在国重,所去国轻。”(刘向《战国策序》)张仪诳楚,以商於之地六百里为诱饵,使得楚怀王贪地绝齐,从此楚国兵败地削,彻底改变了秦楚争霸的格局;秦孝公任用商鞅变法,鼓励农桑,奖励战功,自此秦国“兵动而地广,兵息而国富”(《秦策三》);范雎至秦,秦昭公采纳其罢黜“四贵”“远交近攻”的谋略,从而扫除了秦国发展道路上的障碍,完成了统一六国的战略部署;燕昭王卑身厚币、礼贤下士,致使“士争趋燕”,乐毅从魏国来,为燕联合秦、楚、三晋五国伐齐,攻下齐邑七十余座,直捣临淄;燕惠王继位后轻信齐国离间之计,以骑劫取代乐毅，乐毅惧诛西走赵国，结果燕被齐收复了全部城邑。上述生动的史实，形象地说明了这些谋臣策士"一怒而诸侯惧，安居而天下熄"(《孟子·滕文公下》)的巨大社会功用。

社会价值的提高，也使战国时代士人的心态和价值观发生了极大的变化。一方面，他们以救亡图存、转危为安为己任，认为"亡不能存，危不能安，则无为贵知士也"(《赵策一》)。在《战国策》中，士人们的见识普遍高于各国君主之上，他们遇难不避，临乱不慌，或止赵割地(虞卿)，或止楚攻宋(墨子)，表现出极为自觉的责任意识。另一方面，统治者对士人的倚重以及士人自我成功的体验，使得此时的士人较之春秋时代，具有更为独立的人格要求，面对地位高于自己的君主王侯，他们既不诚惶诚恐，亦不唯唯诺诺，完全以坦诚的心态要求平等和尊重。《齐策四》记载了齐宣王见颜斶(chù)的故事，面对齐宣王"斶前"的要求，颜斶不卑不亢地要求"王前"，完全不顾忌齐宣王的"不悦"。甚至当齐宣王质问"王者贵乎？士贵乎"时，颜斶更是针锋相对、掷地有声地提出"士贵耳，王者不贵"的主张，并且引今援古、言之凿凿地令齐宣王心悦诚服地接受了这一起初极为刺耳的观点。正是这样一种"平交王侯"的独立人格，使得活跃在《战国策》中的士人，虽然少了几分春秋士人温文尔雅的风韵，却也多了几分张扬自信的犀利。范雎直言不讳地指出秦王："上畏太后之严，下惑奸臣之态，居深宫之中，不离保傅之手，终身暗惑，无与照奸"(《秦策三》)；鲁仲连公然表达对平原君的失望："始吾以君为天下贤公子也，吾乃今然后知君非天下之贤公子也"(《赵策三》)，他们并不以春秋时代"士"是贵族末等为意，而以“高才秀士”自居，以“奇智异谋”自负，敢于痛陈时弊，直指君侯过失。

在战国时代，士人的学识和智慧，既是他们赖以自信的根源，也是他们得以“荣华富贵”的手段，而社会上经济的繁荣与商业的发达，使得世风变得逐名趋利。《秦策一》记载了苏秦首次游秦落魄而归时“妻不下纴，嫂不为炊，父母不与言”，及至说赵王成功，路过家乡洛阳时：“父母闻之，清宫除道，张乐设饮，郊迎三十里。妻侧目而视，倾耳而听；嫂蛇行匍伏，四拜自跪而谢。”作者采用对比的手法，将一个人成名前卑若尘埃，成名后高入云端这种不同的处境醒目地呈现于读者面前，进而得出“人生世上，势位富贵，盖可忽乎哉”的结论。在这种名利思想的指导下，很多士人并不避讳使狡任诈、朝秦暮楚，甚至为了一己私利而搬弄是非，诋毁他人。因此自宋代以来，《战国策》的思想倾向一直饱受非议。如叶适就认为《战国策》十之七八为“市井小人所羞称”的“儇(xuān)陋浅妄之夸说”，为“学者心术之巨蠹”(《习学记言》)。当然，《战国策》中也有如鲁仲连、颜斶这样的清流之士，他们排难解纷，却能够做到功成身退，坚拒名利，正如鲁仲连所说：“即有所取者，是商贾之人也，仲连不忍为也”(《赵策三》)；也有如触龙、庄辛这样的忠贞之士，为了维护国家利益而不怕“批逆鳞”；还有如荆轲、聂政这样的勇武之士，为报知己的知遇之情，甘愿牺牲个人的生命。虽然这类牺牲以今天的价值观看来，有诸多可商榷之处，但他们慷慨从容、视死如归的精神，千载之下仍令人颇为动容。

《战国策》作为战国策士游说的文本和练习的素材，游说人主多结合各国的国情和历史地理情况，从而使《战国策》呈现出一定的史书特征。秦火之后，简帛云散，相关史书湮灭，目前人们对战国历史的了解主要来源于《史记》的记载，而司马迁笔下的战国历史，相当一部分是从《战国策》中取材的，这从两书多有文字重复便可见一斑。然而《战国策》又毕竟是纵横家为游说人主的说辞，有些策文为了起到耸人听闻、铺张扬厉的效果，所涉之事与史实不符的情况亦比比皆是，不可全部以为信史；所涉及的人物也有箭垛型特征，如司马迁所言："然世言苏秦多异，异时事有类之者皆附之苏秦"（《史记·苏秦列传》）。但对文献匮乏的战国时代来说，这些策文为战国时代二百多年间的历史，提供了一个大概的历史轮廓。"事有不可知者，有不可不知者；有不可忘者，有不可不忘者"（《魏策四》），这些不可不知的史料，应该值得我们格外珍视。

除了史学价值，《战国策》更令人欣喜的是其巨大的文学成就。北宋的李格非说："《战国策》所载，大抵皆从横捭（bǎi）阖、谲诳相轻、倾夺之说也。其事浅陋不足道，然而人读之，则必乡其说之工而忘其事之陋者，文辞之胜移之而已。"（鲍彪《战国策注·原序》引李格非《书战国策后》）历代治《战国策》者，对书中的思想倾向或全面贬斥，或客观分析而偶有分歧，但对其文学性的认可却是惊人的一致，有人认为"其文章之美，在乙部中，自《左》《史》外，鲜有能及之者"（吴曾祺《战国策补注·叙附例言》）；有人认为"辩丽横肆，亦文辞之最，学者所不宜废也"（鲍彪《战国策注·原序》引王觉《题战国策》）。

《战国策》的文学之美，主要表现为以下四点：一是智性之美。《战国策》是一部描写智慧和权谋的作品，作者反对策士对君主“文死谏”的刚谏之法，因而描写了大量极富智慧的劝谏故事。如邹忌通过与徐公比美，领悟到妻、妾、客因“私我、畏我、有求于我”而混淆对事实的正确判断；进而推己及人，指出齐宣王作为国君，因“私他、畏他、有求于他”的人更多，故而所受之蔽应当更为严重，从而使齐宣王受到启发，广开言路，虚心纳谏。淳于髡（kūn）一日之内推荐了七个士人去见齐宣王，面对齐宣王“则士不亦众乎”的诘问，淳于髡以物以类聚、人以群分为由，直言自己属于“贤者之畴”，所以宣王让自己来推荐士人，简直就像黄河中取水、到燧石中取火一样容易，所以岂止日进七士，简直会源源不断的。二人对话既令人忍俊不禁，又被淳于髡的逻辑所折服，洋溢着启发人心的智性之美。二是语言之美。战国时代士人阶层思想的解放以及自我认知的变化，带来了文风的创新。他们学识渊博，昂扬自信，了解各国的时事和国情，因此在游说人主时喜欢铺张扬厉，言地理必东西南北兼顾，谈历史必古往今来齐列，条分缕析、旁征博引，从而使《战国策》的文风呈现出雄辩奇警、气势磅礴、词锋凌利、信心十足的语言之美。三是人物之美。《战国策》的写人艺术，同样达到了极高的成就。策文虽然以记言为主，却通过生动的故事和细节描写，塑造了大量栩栩如生、千姿百态的人物形象。如“入而徐趋，致而自谢”的触龙，以一副步履蹒跚的垂暮神态和怜爱幼子的日常之情，成功地使赵太后感到同病相怜，最终使赵太后同意长安君为质于齐。文章通过精细的动作和语言描写，触龙忠心为国、深谙人情、富有智慧的性格便格外清晰地展现在读者面前。为了塑造鲜活的人物形象,《战国策》或者采用前后对比,如写苏秦成功前后家人不同的态度,或者采用欲扬先抑,如写冯谖先极言其“无能”与“贪心”,从而使《战国策》笔下的人物,往往都能给人留下极为深刻的印象:头脑冷静的邹忌、设诈使伪的张仪、毒如蛇蝎的郑袖、宽厚隐忍的乐毅、有勇有谋的荆轲、虑事周全的聂政、沉着自信的张孟谈、急人危难的鲁仲连等等。四是叙事之美。《战国策》虽是一部纵横之文的荟萃,但其中不少篇章叙事写人非常完善,可以视为最初的传记作品。如荆轲刺秦的故事,苏秦说秦王的故事,都可以视作他们的传记。作者在叙事中,善用比喻和寓言,从而使文章生动活泼,说理自然。如“狐假虎威”“鹬蚌相争”“南辕北辙”“惊弓之鸟”等寓言,都大大增强了文章的故事性。《战国策》的场面描写也极为出色,如“荆轲刺秦”中易水送别和殿刺秦王的场面,前者悲壮慷慨,读来令人泪目;后者紧张激烈,读来让人心为之骤、神为之凝,不觉张口瞠目,手汗涔涔,具有震撼人心的艺术效果。

《战国策》经刘向校定后,东汉时高诱曾为其作注,但在流传过程中,高注本逐渐散佚,至北宋时已经残缺。故北宋时曾巩“访之士大夫家,始尽得其书,正其误谬,而疑其不可考者,然后《战国策》三十三复完”(曾巩《战国策叙录》)。可惜这一刊本今已无存。南宋时的姚宏在广求众本的基础上,对曾本进行新的校注,并有所发展和提高。鲍彪则在为全书作注的基础上,对其编次进行了较大的变动,按国别分为十卷,每国标明君主世次,各章分列其下,仿编年之体,并将“西周”卷置于全书之首。到了元代,吴师道不满鲍本讹误甚多,于是在其基础上,作《战国策校注》,姚本、鲍本、吴本遂成为《战国策》的三个比较知名的底本。本书以清黄丕烈重刻姚本为基础,参考鲍本及有关资料,并结合金正炜《战国策补释》、诸祖耿《战国策集注汇考》、范祥雍《战国策笺证》等研究成果,择善而从,对确证原文舛误的,都直接在原文中进行了修改并在注释中进行了说明。注释包括注音和释词两部分。难认的字标以拼音,释词主要为难理解的字词与文化常识性的内容,通过译文可以理解的字词和古代汉语中字、词活用等语法现象没有出注。译文以直译为主,力争晓畅通达。

《战国策》原文各章并无标题,有的本子用各章第一句作为标题。本书采用根据文意或文中的精华部分自拟题目与各章首句相结合的标题形式,希望使读者既能够见题知意,又能根据各章首句便于在其他《战国策》文本中查阅。

为了帮助读者阅读和理解,每篇选文前面都写了简要的题解,或介绍文章背景,或简述文章内容,或分析文章特色,写法各异,视文章而定,不求一律。

选文的原则,尽量体现出《战国策》中较为中正的思想内容和多姿多彩的艺术风格,力争让读者能够一览其中的精华之作。

在校注的过程中,我们吸收了很多前人优秀的研究成果,在此不能一一列出,谨向他们表示深切的谢意。书稿准备的过程中,虽然战战兢兢,务求严谨认真,但由于本人学识有限、经验不足,故书中一定还存在许多缺点和错误,恳切地希望专家和广大读者给予批评指正。

赵玉敏

2019 年 4 月

# 目　录

## 齐 策



## 楚 策



## 赵 策

## 宋 策



## 卫 策



## 中山策

# 东周策

## 秦求九鼎(秦兴师临周而求九鼎)

〔题解〕

本篇选自《东周策》,为《战国策》第一篇文章。相传夏禹时将天下划分为九州,九鼎为九州贡献青铜所铸,故而成为古代象征国家政权的传国之宝。商汤迁之于商邑,周成王又迁之于镐京,后又迁至洛邑。故求鼎并非仅是求取一种器物,而是意味着对天下统治权的野心。周君所患,正在于此。秦、齐均肯为九鼎而大举兴师,其缘由也正在于此。秦出兵于周求九鼎,齐国在颜率的游说下出兵助周,功成后索要九鼎,结果苦于没有安全的运输路线,只好不了了之。颜率巧妙地借助外力帮助周化险为夷,同时又将违约的责任推卸给齐国,使《战国策》开篇即见策士们"一人之辩,重于九鼎之宝"的言语能力和智慧风采。

〔原文〕

秦兴师临周而求九鼎①,周君患之②,以告颜率③。

颜率曰："大王勿忧，臣请东借救于齐。"颜率至齐，谓齐王曰[4]："夫秦之为无道也，欲兴兵临周而求九鼎，周之君臣，内自画计，与秦，不若归之大国[5]。夫存危国，美名也；得九鼎，厚实也。愿大王图之。"齐王大悦，发师五万人，使陈臣思将以救周[6]，而秦兵罢。

齐将求九鼎，周君又患之。颜率曰："大王勿忧，臣请东解之。"颜率至齐，谓齐王曰："周赖大国之义，得君臣父子相保也，愿献九鼎，不识大国何途之从而致之齐？"齐王曰："寡人将寄径于梁[7]。"颜率曰："不可。夫梁之君臣欲得九鼎，谋之晖台之下[8]、沙海之上[9]，其日久矣。鼎入梁，必不出。"齐王曰："寡人将寄径于楚[10]。"对曰："不可。楚之君臣欲得九鼎，谋之于叶庭之中[11]，其日久矣。若入楚，鼎必不出。"王曰："寡人终何途之从而致之齐？"颜率曰："弊邑固窃为大王患之[12]。夫鼎者，非效醯壶酱甀耳[13]，可怀挟提挈以至齐者；非效鸟集乌飞，兔兴马逝，漓然止于齐者[14]。昔周之伐殷，得九鼎，凡一鼎而九万人挽之，九九八十一万人，士卒师徒[15]，器械被具[16]，所以备者称此[17]。今大王纵有其人，何途之从而出？臣窃为大王私忧之。"齐王曰："子之数来者，犹无与耳。"颜率曰："不敢欺大国，疾定所从出，弊邑迁鼎以待命。"齐王乃止。

〔**注释**〕

①秦：嬴姓，伯益（又作柏翳）的后裔，其第十九世孙非子为周孝王养

马有功,孝王封非子于秦亭(今甘肃清水县故秦城),故国号秦。周:国名,姬姓。后稷之后。

②周君:指周显王,姬姓,名扁,东周君主。

③颜率:东周之臣。

④齐王:齐宣王,田氏,名辟疆,战国时代齐国国君,齐威王之子。

⑤归:通“馈”,赠送。大国:指齐国。

⑥陈臣思:《史记索隐》云:概即田忌,齐威王时的名将,古田、陈同音。

⑦梁:指魏国,姬姓,公元前453年赵襄子、魏桓子和韩康子三家分晋,公元前403年魏文侯被周威烈王册封为侯,魏惠王时迁都大梁(今河南开封),故又称梁国。

⑧晖台:地名。

⑨沙海:地名,在今河南开封西北。

⑩楚:国名,重黎之后裔,芈姓。周成王时封熊绎于荆蛮,居丹阳(今河南淅川县),其后都郢(yǐng)(今湖北江陵县东北)。

⑪叶庭:地在今湖北华容。

⑫弊邑:对本国的谦称。

⑬醯(xī):醋。甀(zhuì):瓮。

⑭漓然:水渗入地的样子。

⑮师徒:服杂役的人。

⑯被具:士卒运鼎时所用的器具。

⑰称(chèn):相称,相当。

〔译文〕

秦国兵临东周来索取九鼎,周显王对此很担心,就把这件事告诉了颜率。颜率说:“大王不要忧虑,我请求到齐国去借兵援救。”颜率到了齐国,对齐王说:“秦国不讲道义,想出兵攻周来获取九鼎,周君和大臣们在家里私下谋划,与其把九鼎给秦国,还不如把它送给贵国。挽救濒危的国家，能获得好的名声；得到九鼎，就得到实际的利益。希望大王考虑一下。”齐王非常高兴，出兵五万人，命大将陈臣思领兵救周，秦国于是退兵。

齐国要向东周讨取九鼎，周显王又为此担心起来。颜率说：“大王不要担忧，请让我到齐国去解决这件事。”颜率到了齐国，对齐王说：“东周全靠贵国的仗义相助，君臣父子才得以互相保全，我们愿意献出九鼎，但是不知道贵国将从哪条路把九鼎运回来呢？”齐王说：“我准备向魏国借路。”颜率曰：“不行！魏国的君臣一心也想要得到九鼎，他们在晖台之下、沙海之上谋划了很长时间。如果九鼎进入魏国，一定运不出来。”齐王说：“我打算从楚国借路。”颜率答道：“不行！楚国的君臣也想得到九鼎，他们在叶庭也谋划了很长时间。如果九鼎进入楚国，一定也运不出来。”齐王说：“我要从哪条路才能把九鼎运回齐国呢？”颜率说：“弊国本来私下里也为这件事替大王发愁。那九鼎不像是醋瓶酱罐，可以揣在怀里、夹在腋下、提在手上就拿到齐国；也不像鸟翔乌飞、兔跃马奔，如同水渗入地下那样瞬间就可以到达齐国。从前周武王讨伐殷纣王，得到了九鼎，大约每一个鼎要用九万人来牵引，九鼎共需九九八十一万人，此外，那些用来制造和运送器械用具的士兵和服杂役的人也要与八十一万人数量相当。现在大王即使有这么多的人，又能从哪条路把鼎运出来呢？我私下里为这件事替大王发愁啊！”齐王说：“您几次到这里来，无非还是不愿把鼎给我们罢了！”颜率说：“我们不敢欺骗大国，请贵国尽快确定运回九鼎的路线，弊国将把鼎迁出，随时待命等着贵国运走。”齐王只好作罢。

## 臣掩君非(周文君免工师籍)

〔题解〕

本篇所写的是周昭文君的前相工师籍与后相吕仓之间的区别。前相工师籍群众关系好,被免后国人不悦,周昭文君因此对任命后相吕仓有所怀疑和动摇。只有将吕仓群众关系不好这一事实合理化,才能保住周昭文君对他的信任,进而保住他的相位。文中的策士巧妙地抓住了这一关键点,以历史上的宋君与子罕、齐桓公与管仲作为正面论据;以《春秋》中的弑君事件作为反面论据,从正反两个方面说明了“大臣得誉,非国家之美也”的道理,从而使吕仓群众关系不好的缺点,反倒成了忠臣做事的最高标准和甘愿为国牺牲个人名誉的高尚情怀。吕仓得以继续留任,说明这位说客的游说发挥了作用。

〔原文〕

周文君免工师籍[①],相吕仓[②],国人不说也[③]。君有闵闵之心。谓周文君曰:“国必有诽誉,忠臣令诽在己,誉在上。宋君夺民时以为台[④],而民非之,无忠臣以掩盖之也。子罕释相为司空[⑤],民非子罕而善其君。齐桓公宫中九市[⑥],女闾七百[⑦],国人非之。管仲故为三归之家以掩桓公[⑧],非自伤于民也。《春秋》记臣弑君者以百数，皆大臣见誉者也。故大臣得誉，非国家之美也。故众庶成强，增积成山。”周君遂不免。

〔注释〕

①周文君：指东周昭文君，姬姓，姓名不可考。工师籍：人名，事迹不详。

②吕仓：人名，事迹不详。

③说：同“悦”，高兴。

④宋君：指春秋时期的宋平公，子姓，名成，宋共公之子。

⑤子罕：人名，子姓，乐氏，名喜，字子罕，春秋时宋国贵族。司空：官名，掌管土木工程。《左传·桓公六年》载，宋以武公废司空，故宋在武公之后无司空之官，司空改为司城。故《左传·襄公六年》载：“司城子罕。”故此处“司空”当为“司城”。

⑥齐桓公：姜姓，名小白。春秋初期齐国国君，为春秋五霸之首。九市：原作“七市”，“七”，诸祖耿《战国策集注汇考》中据《太平御览》卷827引作“九”，结合《左传·僖公十七年》：“齐侯之夫人三：王姬、徐嬴、蔡姬，皆无子。齐侯好内，多内宠，内嬖（bì）如夫人者六人：长卫姬，生武孟；少卫姬，生惠公；郑姬，生孝公；葛嬴，生昭公；密姬，生懿公；宋华子，生公子雍。”当以“九”为是。市（fú）：原作“市”，字近而讹。市即韨，古代的一种祭服，既是天子、诸侯之服饰，也是后、夫人之服饰。此处“九市”指齐桓公宫中服夫人之服者九人，言其内宠盛也。

⑦女闾（lǘ）：闾，里中门也。此言齐桓公令宫中设闾门为市以取乐。

⑧管仲：人名，字夷吾。春秋时期著名的政治家、经济学家，后世尊称为管子。三归：最早语出于《论语·八佾（yì）》：“管氏有三归。”何晏《集解》引包咸曰：“三归，娶三姓女也。妇人谓嫁曰归。”

〔译文〕

周昭文君免去了工师籍的相国职位,改任命吕仓为相国,国中之人很不高兴。昭文君为此忧虑而闷闷不乐。有人对昭文君说:“对于国事,总会有人反对有人赞同,忠臣则会让百姓的批评和不满落在自己身上,让赞美归于君上。宋平公占用百姓的生产时间要他们修筑高台,百姓指责宋平公,也没有忠心耿耿的大臣替他分担过失。他的宰相子罕就辞去相位担任司空亲自监督百姓筑台,百姓因此不满子罕而颂扬宋平公。齐桓公在宫内有九位夫人,又让七百宫女在宫中设市以取乐,国中之人都认为他做得太过分了。管仲故意娶三姓之女,用这个办法来掩饰齐桓公的过错,并非自己有意伤害民心。《春秋》上记载大臣杀害国君的事有上百起,那些大臣都是在百姓中很有盛誉的大臣。所以说大臣获得盛誉对国家来说并不是好事。常言道众多平凡的人物团结起来可以变强,积累零星的土壤就可以成为不可动摇的大山。”昭文君认为此话有理,就没有免去吕仓的相国职位。

# 西周策

## 韩征甲粟(雍氏之役)

〔题解〕

本篇选自《西周策》,雍氏之役有三,此事应为第二次,发生在赧(nǎn)王八年即公元前307年。楚攻打韩国的雍氏,围城五个月。韩国兵疲粮少,所以向西周调兵征粮。周君自然不愿借兵和粮食给韩国,苏代自告奋勇替周君游说韩相国公仲,结果是没有借给韩国一兵一粟,反而从韩国那里得到高都之城。从文章来看,这巨大的反转主要得益于苏代成功地抓住了楚国君臣彼此不够信任以及韩国的贪欲这两个心理,化不利为有利,是一篇非常高明的说辞。

〔原文〕

雍氏之役①,韩征甲与粟于周,周君患之,告苏代②。苏代曰:“何患焉?代能为君令韩不征甲与粟于周,又能为君得高都③。”周君大悦,曰:“子苟能,寡人请以国听。”

苏代遂往见韩相国公仲[④],曰:“公不闻楚计乎?昭应谓楚王曰[⑤]:‘韩氏罢于兵[⑥],仓廪空,无以守城,吾收之以饥,不过一月必拔之。’今围雍氏五月不能拔,是楚病也,楚王始不信昭应之计矣。今公乃征甲与粟于周,此告楚病也。昭应闻此,必劝楚王益兵守雍氏,雍氏必拔。”公仲曰:“善。然吾使者已行矣。”代曰:“公何不以高都与周?”公仲怒曰:“吾无征甲与粟于周亦已多矣,何为与高都?”代曰:“与之高都,则周必折而入于韩。秦闻之,必大怒,而焚周之节[⑦],不通其使。是公以弊高都得完周也,何不与也?”公仲曰:“善。”

不征甲与粟于周而与高都。楚卒不拔雍氏而去。

〔注释〕

①雍氏:战国时期韩国城邑,在今河南禹州东北。役:事。指楚攻韩,围雍氏。

②苏代:策士,战国时期河南洛阳人,姚本注为苏秦之兄,鲍本注为苏秦之弟。

③高都:战国时期韩国城邑,在今河南洛阳市南。

④公仲:公仲朋,战国时期韩国公族,任相国,名朋。

⑤昭应:战国时期楚国将领,昭、屈、景都为楚国公族。楚王:楚怀王,战国时期楚国国君,芈姓,熊氏,名槐,楚威王之子。

⑥罢(pí):通“疲”。

⑦节:符节,古代用以证明身份的凭证,使臣所执。焚节表示绝交。

〔译文〕

楚国攻打韩国雍氏的时候,韩国向周征调士兵和粮食。周君对此很忧虑,把这件事告诉了苏代。苏代说:“这有什么可担忧的呢? 我能让韩国不向周征调士兵和粮食,还能替您得到高都城。”周君很高兴,说:“您果真能这样,我愿意把国家大政都交给您管理。”

苏代于是就去见韩相国公仲,说:“您没听说楚国的计谋吗? 楚臣昭应对楚王说:‘韩国常年疲于战事,致使仓库空虚,没有力量守住城邑,我趁着韩国饥困攻打它,过不了一个月一定能攻下它。’现在楚国围攻雍氏五个月也没攻下,这说明楚国精疲力竭了,楚王已经开始不相信昭应的计划了。现在你们向周征调士兵和粮食,这分明是告诉楚国,韩国已经很危急了。昭应听到这个消息,一定劝说楚王增加兵力围攻雍氏,雍氏一定能被攻下。”公仲说:“说得好。但是我派往周的使者已经出发了。”苏代说:“您何不把高都送给周国呢?”公仲生气地说:“我不向周征调士兵和粮食就算很好了,为什么还要把高都送给他们?”苏代说:“把高都送给他们,那么周就会转而归向韩国,秦国听说以后一定很气愤,就会烧掉与周通使的符节,断绝外交关系。这样,您用一个破败的高都换得完整的周国,为什么不给他们呢?”公仲说:“好。”

韩国不向周国征调士兵和粮食,却把高都送给了他们。楚国最终没有攻下雍氏,就撤军了。

## 前功尽弃(苏厉谓周君曰)

〔题解〕

本篇选自《西周策》,又见于《史记·周本纪》。公元前281年,秦昭王想派白起攻打魏国。苏厉认为秦国攻破魏国会危及西周，因此获周君之命去游说白起。苏厉以神箭手“一发不中，前功尽矣”的故事劝说白起不要接受任务攻打魏国，以防“一攻而不得，前功尽灭”，以此来保住自己已有的声名。一场大战在片言之中烟消云散，正是转丸骋辞，“三寸之舌，强于百万之师”（《文心雕龙·论说》）。

〔原文〕

苏厉谓周君曰①：“败韩、魏，杀犀武②，攻赵，取蔺、离石、祁者③，皆白起④。是攻用兵⑤，又有天命也。今攻梁⑥，梁必破，破则周危，君不若止之。”谓白起曰：“楚有养由基者⑦，善射，去柳叶百步而射之⑧，百发百中。左右皆曰善。有一人过，曰：‘善射，可教射也矣。’养由基曰：‘人皆曰善，子乃曰可教射，子何不代我射之也？’客曰：‘我不能教子支左屈右⑨。夫射柳叶者，百发百中而不已善息⑩，少焉气力倦，弓拨矢钩，一发不中，前功尽矣。’今破韩、魏，杀犀武，而北攻赵，取蔺、离石、祁者，公也。公之功甚多。今公又以秦兵出塞，过两周，践韩而以攻梁，一攻而不得，前功尽灭。公不若称病不出也。”

〔注释〕

①苏厉：苏秦之弟。

②犀武：战国时期魏国将领。

③蔺：在今山西离石西。离石：在今山西离石。祁：在今山西祁县。

④白起：战国时期秦国名将，郿（méi）（今陕西眉县）人。秦昭襄王时从

左庶长官至大良造，屡战获胜，因功封武安君，后被范雎陷害，赐死于杜邮。

⑤攻：通“工”，擅长。

⑥梁：魏惠王时将魏国首都由安邑迁往大梁（今开封西北），故魏国亦称梁国。

⑦养由基：春秋时楚国善于射箭之人。

⑧去：距离。

⑨支左屈右：左手支弓，右手弯曲，引箭射出。

⑩已：通“以”。

〔译文〕

苏厉对西周君说：“打败韩魏联军，杀死犀武，攻打赵国，攻占蔺、离石和祁邑的人，都是秦国的白起。这个人擅长用兵，又有上天保佑。如今他又要攻打魏国，魏国一定会被攻破，魏国一旦被攻破，西周就危险了，您不如制止白起攻打魏国。”（苏厉）又对白起说：“楚国有个叫养由基的人，善于射箭，距离柳叶百步之外来射它，可以百发百中，左右旁观的人都说他射得好。有一个人从旁边经过，说：‘射得好，可以教给你射箭了。’养由基说：‘别人都说我射得好，你竟然说可以教我射箭，那么你为什么不替我来射呢？’那个人说：‘我不能教你怎么伸直左臂撑住弓身，弯曲右臂拉开弓弦。一个射柳叶的人，能百发百中却不能见好就收，过一会儿气力减弱，身体疲倦，弓摆不正，箭道不直，只要有一箭射不中，从前的努力就都白费了。’如今您打败韩国和魏国，杀死了犀武，而又往北攻打赵国，夺取了蔺、离石、祁三座城邑的也是您白起啊。您白起的功劳很多。现在您又率领秦军出伊阙塞，经过东、西两周，践踏韩国攻打魏国，这一次如果不能获胜，那么以前的功劳就都会全部被埋没，您不如假称有病，不要出兵了。”

# 秦　策

## 前倨后恭(苏秦始将连横说秦惠王曰)

〔**题解**〕

本篇选自《秦策一》。苏秦曾在公元前288年与奉阳君李兑、孟尝君田文合纵赵、齐、韩、魏、燕五国攻秦,迫使秦昭王放弃了帝号。苏秦死后,秦国的势力日益强大,山东六国合纵御秦的呼声日高,从而使苏秦合纵这一事实被无限放大,正如司马迁所言:"世言苏秦多异,异时事有类之者皆附之苏秦。"(《史记·苏秦列传》)事实上,苏秦生活的年代与齐湣王、燕昭王同时,他一生的主要活动是在齐国为燕昭王做反间。因此苏秦游说别国的说辞多为晚出拟托之作,不应把它和历史人物苏秦混为一谈。本文就是战国末期的纵横家根据有关苏秦的传说,采用铺张排比、夸饰形容的手法,通过前后对比,形象地描绘了苏秦在失败后所遭到的困窘冷遇和成功后所得到的富贵尊荣,客观上揭露了社会的世态人情,同时宣扬了苏秦发愤读书的名利思想和从事政治活动的目的。文章语言流畅生动,人物形象鲜明,是一篇很有影响力的文学作品。

〔原文〕

苏秦始将连横说秦惠王曰[①]："大王之国，西有巴、蜀、汉中之利[②]，北有胡貉、代马之用[③]，南有巫山、黔中之限[④]，东有肴、函之固[⑤]。田肥美，民殷富，战车万乘，奋击百万，沃野千里，蓄积饶多，地势形便，此所谓天府，天下之雄国也。以大王之贤，士民之众，车骑之用，兵法之教，可以并诸侯，吞天下，称帝而治。愿大王少留意，臣请奏其效。"

秦王曰："寡人闻之，毛羽不丰满者，不可以高飞；文章不成者[⑥]，不可以诛罚；道德不厚者，不可以使民；政教不顺者，不可以烦大臣。今先生俨然不远千里而庭教之，愿以异日。"

苏秦曰："臣固疑大王之不能用也。昔者神农伐补遂[⑦]，黄帝伐涿鹿而禽蚩尤[⑧]，尧伐驩兜[⑨]，舜伐三苗[⑩]，禹伐共工[⑪]，汤伐有夏[⑫]，文王伐崇[⑬]，武王伐纣，齐桓任战而伯天下[⑭]。由此观之，恶有不战者乎？古者使车毂击驰[⑮]，言语相结，天下为一；约从连横[⑯]，兵革不藏；文士并饬，诸侯乱惑；万端俱起，不可胜理；科条既备，民多伪态；书策稠浊，百姓不足；上下相愁，民无所聊；明言章理，兵甲愈起；辩言伟服，战攻不息；繁称文辞，天下不治；舌弊耳聋，不见成功；行义约信，天下不亲。于是乃废文任武，厚养死士，缀甲厉兵，效胜于战场。夫徒处而致利，安坐而广地，虽古五帝、三王、五伯[17]，明主贤君，常欲坐而致之，其势不能，故以战续之。宽则两军相攻，迫则杖戟相撞，然后可建大功。是故兵胜于外，义强于内；威立于上，民服于下。今欲并天下，凌万乘，诎敌国，制海内，子元元，臣诸侯，非兵不可。今之嗣主，忽于至道，皆惽于教，乱于治；迷于言，惑于语；沉于辩，溺于辞。以此论之，王固不能行也。"

说秦王书十上而说不行，黑貂之裘弊，黄金百斤尽，资用乏绝，去秦而归。羸縢履蹻[18]，负书担橐[19]，形容枯槁，面目犁黑，状有归色[20]。归至家，妻不下纴[21]，嫂不为炊，父母不与言。苏秦喟然叹曰[22]："妻不以我为夫，嫂不以我为叔，父母不以我为子，是皆秦之罪也！"乃夜发书，陈箧数十，得《太公阴符》之谋[23]，伏而诵之，简练以为揣摩[24]。读书欲睡，引锥自刺其股，血流至足，曰："安有说人主不能出其金玉锦绣，取卿相之尊者乎？"期年揣摩成，曰："此真可以说当世之君矣！"

于是乃摩燕乌集阙[25]，见说赵王于华屋之下，抵掌而谈[26]。赵王大悦，封为武安君，受相印，革车百乘[27]，锦绣千纯[28]，白璧百双，黄金万溢[29]，以随其后，约从散横，以抑强秦。

故苏秦相于赵而关不通[30]。当此之时，天下之大，万民之众，王侯之威，谋臣之权，皆欲决苏秦之策。不费斗粮，未烦一兵，未战一士，未绝一弦，未折一矢，诸侯相亲,贤于兄弟。夫贤人在而天下服,一人用而天下从。故曰:式于政[31],不式于勇;式于廊庙之内,不式于四境之外。当秦之隆,黄金万溢为用,转毂连骑,炫熿于道[32],山东之国,从风而服,使赵大重。且夫苏秦特穷巷掘门桑户棬枢之士耳[33]。伏轼撙衔[34],横历天下,廷说诸侯之王,杜左右之口,天下莫之能伉[35]。

将说楚王,路过洛阳,父母闻之,清宫除道,张乐设饮,郊迎三十里;妻侧目而视,倾耳而听;嫂蛇行匍伏,四拜自跪而谢。苏秦曰:"嫂何前倨而后卑也?"嫂曰:"以季子之位尊而多金。"苏秦曰:"嗟乎!贫穷则父母不子,富贵则亲戚畏惧。人生世上,势位富贵,盖可忽乎哉!"

〔注释〕

①苏秦:字季子,战国时期东周洛阳人,纵横家的代表人物。他一生的主要活动是为燕昭王做反间,入齐"恶齐、赵之交","治齐、燕之交"(《战国纵横家书》第四章),齐湣王末年被任命为相国。公元前284年,燕将乐毅率师伐齐,苏秦为燕反间暴露,车裂而死。连横:指与秦国联合攻击他国;秦在西,六国在东,东西为横。秦惠王:秦惠文王,战国时期秦国国君,嬴姓,秦孝公之子,名驷,谥惠文,又称惠文君。

②巴、蜀:古国名,巴在今重庆巴县一带,蜀在今四川成都一带。公元前316年秦灭巴、蜀,设立巴郡、蜀郡。汉中:郡名,在今陕西南部、湖北西部。公元前312年秦惠文王置郡。

③胡貉(hé):胡,我国古代北方的少数民族。貉,兽名,形似狐,皮可制裘。代马:代,原为国,后为赵所灭,设代郡,地在今山西东北部和河北

蔚县一带。其地产良马。

④巫山：山名，在今重庆巫山县东部。黔中：郡名，在今湖南西北部、贵阳东北部和湖北恩施及重庆黔江一带。

⑤肴：通“殽”，山名，在今河南洛宁北。函：函谷关，关名，在今河南灵宝市。

⑥文章：礼乐法度。

⑦神农：姜姓，即炎帝，传说中农业和医药的发明者。补遂：上古部落名。

⑧黄帝：上古部落联盟首领。涿(zhuō)鹿：地名，在今河北涿鹿县西南。禽：同“擒”，擒获、擒杀。蚩(chī)尤：传说古代九黎族首领。

⑨尧：上古部落联盟首领。驩(huān)兜：尧臣，为当时四凶(驩兜、共工、鲧、三苗)之一。

⑩舜：受尧禅让，继任部落联盟首领。三苗：上古部落名，在今湖南境内。

⑪禹：因治水有功，受舜禅让，继任部落联盟首领。共工：水官名，尧臣，四凶之一，被舜流放到幽州。

⑫汤：子姓，名履，又称“成汤”，为商族首领。有夏：夏朝。有，名词词头。

⑬文王：姬姓，名昌，周族首领，纣时为西方诸侯之长。崇：古国名，商的附属小国，在今陕西鄠邑。

⑭齐桓：齐桓公，春秋时齐国君主。姜姓，名小白。

⑮车毂击驰：使者的车子川流不息。毂，车轮中心的圆木，中有圆孔，可以插轴。

⑯约从：从同“纵”，南北为纵，东西为横，约纵即“合纵”，与“连横”相对，指山东六国相约以抗秦。

⑰五帝：原始社会末期五个部落联盟的首领，说法不一，一般指黄帝、颛顼(zhuānxū)、帝喾(kù)、帝尧、帝舜。三王：指夏、商、周三代开国君

王，即禹、汤、文王（武王）。五伯：指春秋时诸侯中的五个霸主，战国时人通常指齐桓公、晋文公、楚庄王、吴王阖闾、越王勾践。伯，通“霸”。

⑱羸（léi）：缠绕。縢（téng）：绑腿布。履：踩着。蹻（juē）：草鞋。

⑲橐（tuó）：口袋。

⑳归：高诱注当作“愧”，惭愧，音相近，故作归。

㉑纴（rèn）：织布机。

㉒喟（kuì）然：叹息的样子。

㉓《太公阴符》：太公指姜太公，周初的开国功臣姜尚，被封于齐。《阴符》相传为太公所写的兵法权谋的书。

㉔简练：选择。揣摩：谓揣诸侯之情，以其所欲切摩。摩，接近。

㉕燕乌集阙：宫阙名。

㉖抵（zhǐ）掌而谈：形容谈话融洽，因兴奋而拍掌。抵，拍。

㉗革车：一种战车。

㉘纯（tún）：束。

㉙溢：通“镒”，金二十两为一镒，一说二十四两。

㉚关不通：六国与秦断绝往来。关，指函谷关。

㉛式：用，任用。

㉜炫熿（xuànhuáng）：光耀显赫。

㉝掘（kū）：通“窟”。桑户：用桑条编的门扇。棬（quān）枢：用弯木做的门枢。

㉞轼：车厢前用作扶手的横木。撙（zǔn）：控制。衔：马嚼子。

㉟伉：通“抗”，匹敌，对等。

## 〔译文〕

苏秦最初用连横的策略游说秦惠王说：“大王的国家，西边有巴、蜀、汉中的物产可供利用，北边有胡地产的貉和代地产的马作为资财，南边有巫山、黔中的险要地势，东边有崤山、函谷关等易守难攻的要塞。土地肥沃，百姓富足，战车万辆，精兵百万，良田纵横千里，粮食储备丰富，地理形势便于攻守，这就是所说的天府之国，天下称雄的国家啊。以大王的贤能，百姓的众多，车马的精良，兵法的熟练，完全可以兼并诸侯，吞灭天下，成为统治天下的帝王。希望大王稍微留意，请允许我陈述一下如何取得这种效果。”

秦王说：“我听说，羽毛不丰满的鸟，不能高飞；礼乐制度不健全的国家，不能实施刑罚；道德不高尚的人，不能役使百姓；政治教化不顺民心，不能拿战争烦劳大臣。现在先生郑重地不远千里而来，亲临朝廷指教我，希望日后再来领教。”

苏秦说：“我本来就料到大王不会听从我的意见。从前神农氏讨伐补遂，黄帝涿鹿之战中擒杀蚩尤，唐尧流放驩兜，虞舜驱逐三苗，夏禹制伏共工，商汤征服夏桀，周文王消灭崇国，周武王攻克商纣，齐桓公凭借战争而称霸天下。由这些史实来看，哪有不用武力而成就大业的呢？从前各国使者奔走于道路，车辆往来不绝，诸侯们以言语相约，希图天下结为一体；相约合纵或连横，结果兵甲却不能收藏；文士们竞相以巧饰的言辞游说诸侯，使得诸侯迷乱昏惑；各种矛盾同时发生，简直难以清理；法令条规虽已齐备，但百姓更加虚伪奸恶；文书政令繁杂混乱，百姓生活贫困不堪；君臣互相愁怨，百姓更无所依靠；话说得明明白白，理讲得清清楚楚，战争却频繁发生；文士们讲着巧辩的言辞、穿着奇伟的衣服，战祸却难以休止；做繁杂的称引，讲华丽的文辞，天下仍不得太平；说的人舌头磨破了，听的人耳朵震聋了，也没有见到成功；诸侯以诚信相约，行仁义之事，却不能使天下相亲善。于是才弃文用武，重金收养敢死之士，缝制铠甲，磨砺兵器，在战场上争夺胜利。假使无所事事就能得到好处，稳坐朝堂就能扩大疆域，即使古代的五帝、三王、五霸等贤明君主，也常常希望能得到这样的效果，但实际上是不可能的，因此才用战争来实现它。两军对垒时就互相攻打，短兵相接时就持戟击刺，这样才能建立丰功伟业。所以军队在国外取得胜利，道义在国内就能增强；上面的君主树立起权威，下面的百姓才会服从。现在想要兼并天下，凌驾于大国之上，使敌国屈服，控制海内，统治百姓，使诸侯臣服，那就只有依靠战争不可。现今的君主都忽略了这个重要的道理，不懂得教化，不明于治道，整日迷惑于花言巧语，沉溺于辩言诡辞之中。这样看来，就难怪您不能采纳我的意见了。”

苏秦游说秦王的奏章先后上书十次，意见始终没有被采纳。他来秦时所穿的黑貂大衣破旧了，百斤的金属货币也用光了，生活费用失去了来源，只好离开秦国回家。他缠着绑腿，穿着草鞋，背着书囊，挑着行李，身体瘦弱，脸色黄黑，面带羞愧的神色。回到家里，正在织布的妻子不下织机迎接，嫂子不肯为他做饭，父母也不和他说话。苏秦长叹道：“妻子不把我当作丈夫，嫂子不把我当作弟弟，父母不把我当作儿子，这都是苏秦的过错啊。”于是当天晚上就取出藏书，打开了数十个书箱，找到一部姜太公写的叫作《阴符》的谋略书，埋头苦读，选择精要处熟记钻研，用心揣摩。读书困倦欲睡的时候，他就拿锥子刺自己的大腿，鲜血流到脚跟，他自言自语地说：“哪里会有游说人君却不能让他拿出金钱财物并使自己得到卿相尊位的呢？”一年后，苏秦终于揣摩成熟了，说：“这一次真可以说服当今的君主了。”

于是苏秦取道燕乌集阙，在华丽的宫室拜见并游说赵王，谈得非常融洽、投机。赵王非常高兴，封他为武安君，授予他相印，赏赐给他兵车百辆，锦绣千束，玉璧百双，黄金万镒，跟随在他身后，让他带着去游说各国，策划合纵联盟，拆散连横阵线，用以抑制强大的秦国。

由于苏秦在赵国为相，六国就和秦国断绝了往来。这个时候，广大的天下，众多的人民，威武的王侯，掌权的谋臣，都想要取决于苏秦的策略。没有破费一斗粮食，没有烦劳一个兵卒，没有派遣一个士人，没有折断一根弓弦，没有损失一支箭头，诸侯彼此亲近，胜过亲兄弟。所以说贤人在位，天下就归附；一人掌权，天下就顺从。所以说：能用政治解决的问题，就不要用武力去解决；能在国内解决的事情，就不必拿到国外去解决。当苏秦事业隆盛的时候，黄金万镒供他使用，车马结队相随，一路上声势显赫，崤山以东六国，像风吹草伏一样，望风而拜倒在他的脚下，从而使得赵国的地位大大提高。其实苏秦原先只不过是个住在穷街小巷、掘墙做门、用弯曲的桑木做门轴的穷困书生罢了。如今他却伏在车轼上，手勒缰绳，驱车周游列国，登廷游说各国君王，使得各国大臣无话可说，天下没有人能和他抗衡。

一次苏秦要去游说楚王，路过洛阳，他的父母听说此事，就打扫房屋，修整道路，准备乐器，安排酒席，到三十里的郊外去迎接他；他的妻子不敢正眼看他，侧着耳朵听他讲话；嫂子伏在地上，像蛇一样地爬行到苏秦面前，拜了四拜，跪在那里向苏秦赔礼道歉。苏秦说："嫂子你为什么以前那样傲慢，现在又这样卑下呢？"他的嫂子说："因为小叔您现在地位高而且很有钱啊。"苏秦说："哎呀！一个人在穷困潦倒时，就连父母也不把他当儿子，一旦富贵了，亲戚们都敬畏他。一个人生活在世上，权势地位和财富显贵怎么可以忽视呢?”

## 谋臣之拙(张仪说秦王曰)

〔**题解**〕

本篇选自《秦策一》,本文旧题有“张仪说秦王”,但文中所述史实,多数发生于张仪死后,最晚的在公元前256年,而张仪死于公元前309年,所以本文绝非张仪说辞。因本篇又见于《韩非子·初见秦》,有人据此认为作者当为韩非。但韩非使秦在公元前233年即秦始皇十四年,而文中所言秦王皆指秦昭王,无一字述及始皇时事,所以以韩非为此文作者亦不准确。此外又有学者认为是范睢、蔡泽或吕不韦所作,目前尚无定论。所以只能说这是秦昭王晚年时某策士的说辞。文章通过秦与楚、魏特别是与赵之间的三次大战进行分析,指出秦赏罚分明,在地形、兵力方面都占据优势,但由于秦国缺乏远见,谋臣拙而不忠,没有充分发挥战争的威力,在秦取楚的鄢陵之战、秦攻魏的华阳之战、秦攻赵的长平之战中,都没有抓住战机,乘胜追击,给了敌人喘息的机会,从而大为延缓了秦国兼并天下的进程。文章主张连续进攻,不与媾和,以成霸王之业,对于秦的统一具有一定的推动作用。这篇说辞运用了排比、连珠、顶真的修辞手法,使文章形成一种刚健流畅的气势,而其持论条分缕析,论证充分,正如鲍彪所言:“此士论事,深切著明……秦所以取天下,盖行其说”,是一篇很好的历史散文。

〔原文〕

(张仪)说秦王曰[1]:"臣闻之,弗知而言为不智,知而不言为不忠。为人臣不忠当死,言不审亦当死。虽然,臣愿悉言所闻,大王裁其罪。臣闻天下阴燕阳魏[2],连荆固齐[3],收余韩成从[4],将西面以与秦为难[5]。臣窃笑之。世有三亡,而天下得之,其此之谓乎!臣闻之曰:'以乱攻治者亡,以邪攻正者亡,以逆攻顺者亡。'今天下之府库不盈,囷仓空虚[6],悉其士民,张军数十百万,白刃在前,斧质在后,而皆去走不能死也,非其百姓不能死也,其上不能教也[7]。言赏则不与,言罚则不行,赏罚不信,故民不死也。

"今秦出号令而行赏罚,有功无功相事也。出其父母怀衽之中[8],生未尝见寇也,闻战顿足徒裼[9],犯白刃,蹈煨炭[10],断死于前者,比是也。夫断死与断生也不同,而民为之者,是贵奋也。一可以胜十,十可以胜百,百可以胜千,千可以胜万,万可以胜天下矣。今秦地形,断长续短,方数千里,名师数百万,秦之号令赏罚,地形利害,天下莫如也。以此与天下,天下不足兼而有也。是知秦战未尝不胜,攻未尝不取,所当未尝不破也。开地数千里,此甚大功也。然而甲兵顿,士民病,蓄积索,田畴荒,囷仓虚,四邻诸侯不服,伯王之名不成,此无异故,谋臣皆不尽其忠也。

“臣敢言往昔。昔者齐南破荆[11]，东破宋[12]，西服秦[13]，北破燕[14]，中使韩、魏之君[15]，地广而兵强，战胜攻取，诏令天下。清济浊河[16]，足以为限；长城钜防[17]，足以为塞。齐，五战之国也，一战不胜而无齐[18]。由此观之，夫战者，万乘之存亡也。

“且臣闻之曰：‘削株掘根，无与祸邻，祸乃不存。’秦与荆人战，大破荆，袭郢[19]，取洞庭、五渚、江南[20]。荆王亡走[21]，东伏于陈[22]。当是之时，随荆以兵，则荆可举。举荆，则其民足贪也，地足利也。东以弱齐、燕[23]，中以陵三晋。然则是一举而伯王之名可成也，四邻诸侯可朝也。而谋臣不为，引军而退，与荆人和。令荆人收亡国，聚散民，立社主[24]，置宗庙，令帅天下西面以与秦为难[25]，此固已亡伯王之道一矣[26]。

“天下有比志而军华下[27]，大王以诈破之[28]，兵至梁郭，围梁数旬，则梁可拔。拔梁则魏可举，举魏则荆、赵之志绝，荆、赵之志绝则赵危，赵危则荆孤。东以弱齐、燕，中陵三晋。然则是一举而伯王之名可成也，四邻诸侯可朝也。而谋臣不为，引军而退，与魏氏和，令魏氏收亡国，聚散民，立社主，置宗庙，此固已亡伯王之道二矣。

“前者穰侯之治秦也[29]，用一国之兵，而欲以成两国之功[30]，是故兵终身暴露于外，士民潞病于内，伯王之名不成，此固已亡伯王之道三矣。

“赵氏中央之国也，杂民之所居也。其民轻而难用，号令不治，赏罚不信，地形不便，上非能尽其民力。彼固亡国之形也，而不忧民氓，悉其士民军于长平之下[31]，以争韩之上党[32]。大王以诈破之[33]，拔武安[34]。当是时，赵氏上下不相亲也，贵贱不相信，然则是邯郸不守，拔邯郸，筦河间[35]，引军而去，西攻修武[36]，逾羊肠[37]，降代、上党[38]，代三十六县，上党十七县，不顿一甲[39]，不苦一民，皆秦之有也。代、上党不战而已为秦矣，东阳、河外不战而已反为齐矣[40]，中山、呼沲以北不战而已为燕矣[41]。然则是举赵则韩必亡，韩亡则荆、魏不能独立，荆、魏不能独立，则是一举而坏韩、蠹魏、挟荆，以东弱齐、燕，决白马之口以流魏氏[42]，一举而三晋亡，从者败[43]。大王拱手以须[44]，天下遍随而伏，伯王之名可成也。而谋臣不为，引军而退，与赵氏为和[45]。以大王之明，秦兵之强，伯王之业也[46]，曾不可得[47]，乃取欺于亡国，是谋臣之拙也。

"且夫赵当亡不亡，秦当伯不伯，天下固量秦之谋臣一矣。乃复悉卒以攻邯郸，不能拔也，弃甲折弩[48]，战栗而却，天下固量秦力二矣。军乃引退，并于李下[49]，大王又并军而致与战，非能厚胜之也，又交罢却[50]，天下固量秦力三矣。内者量吾谋臣，外者极吾兵力。由是观之，臣以天下之从，岂其难矣。内者吾甲兵顿，士民病，蓄积索，田畴荒，囷仓虚；外者天下比志甚固。愿大王有以虑之也！

“且臣闻之：‘战战栗栗，日慎一日。’苟慎其道，天下可有也。何以知其然也？昔者纣为天子，帅天下将甲百万，左饮于淇谷[51]，右饮于洹水[52]，淇水竭而洹水不流，以与周武为难。武王将素甲三千领[53]，战一日[54]，破纣之国，禽其身[55]，据其地，而有其民，天下莫伤。智伯帅三国之众[56]，以攻赵襄主于晋阳[57]，决水灌之，三年，城且拔矣。襄主错龟、数策、占兆[58]，以视利害，何国可降，而使张孟谈[59]。于是潜行而出，反智伯之约，得两国之众，以攻智伯之国，禽其身，以成襄子之功。

“今秦地断长续短，方数千里，名师数百万，秦国号令赏罚，地形利害，天下莫如也。以此与天下，天下可兼而有也。臣昧死望见大王，言所以一举破天下之从，举赵亡韩，臣荆、魏，亲齐、燕，以成伯王之名，朝四邻诸侯之道。大王试听其说，一举而天下之从不破，赵不举，韩不亡，荆、魏不臣，齐、燕不亲，伯王之名不成，四邻诸侯不朝，大王斩臣以徇于国，以主为谋不忠者。”

〔注释〕

①秦王：指秦昭襄王，战国时期秦国国君，嬴姓，名则，一名稷，秦惠文王之子，秦武王异母弟。

②此文以赵为主，谓北连燕，南连魏。天下：指赵国。阴：北。阳：南。

③荆：楚。固：固结。

④余韩：韩国在战国七雄中实力最弱，当时又丧失不少土地，故称余韩。成从：结成合纵联盟。从，通“纵”。

⑤为难：作对。

⑥囷（qūn）仓：粮仓。圆形的称囷，方形的称仓。

⑦教：原作“杀”，《韩非子》作“故”，清金正炜《战国策补释》认为当是“教”字之讹也。金说当时，据此而改。

⑧怀衽（rèn）：怀抱。衽，衣襟。

⑨徒裼（xī）：脱衣肉袒。裼，袒露身体的一部分。

⑩煨（wēi）炭：火炭。煨，热炭。

⑪破荆：公元前301年，齐联合韩、魏攻楚，楚将唐昧兵败被杀。

⑫东破宋：“东”原作“中”，与事实不符，且与下文重复，盖因声而讹。据《韩非子》校改。破宋，齐于公元前293年、公元前287年先后两次攻宋，并于公元前286年灭宋。

⑬服秦：公元前298年，齐与韩、魏共击秦，秦求和。

⑭破燕：公元前296年，齐、燕权之战，齐破燕三军，获燕二将。

⑮中使韩、魏之君：指公元前301年韩、魏与齐伐楚，公元前298年又与齐共同击秦。因韩、魏居于齐、楚、秦、燕、赵之间，故曰“中”。

⑯清济（jǐ）浊河：原作“济清河浊”，据诸祖耿《战国策集注汇考》改。济，济水，发源于今河南济源西王屋山，东流至山东定陶入齐境东北入大野泽，经今济南市北至博兴县入渤海。河，黄河，河水挟带大量泥沙，故曰“浊”。

⑰长城：战国时各国多筑有长城，齐国长城，西起今山东平阴县，东经泰山、沂山至今胶南琅琊台入海。钜防：防门，在今山东平阴县。

⑱一战不胜而无齐：公元前284年，燕昭王派乐毅率领燕、秦和三晋五国联军攻齐，攻占包括齐都临淄在内的七十多座齐城，齐滑（闵）王出逃于莒邑。

⑲袭郢：秦昭襄王二十八（前279）、二十九年（前278），秦将白起大举攻楚，攻占郢都和大片土地。郢，楚国都城，在今湖北江陵县北。

⑳洞庭：湖名，在今湖南岳阳西南。五渚：原作“五都”，《史记·苏秦

列传》裴骃《集解》引《战国策》作“五渚”，据此改。五渚，楚地，湘、沅、资、澧四水同注洞庭，北汇长江，故称“五渚”。江南：楚南境之地，秦昭襄王三十年（前276），秦取巫郡及江南为黔中郡。

㉑荆王：指楚顷襄王，战国时期楚国国君，芈姓，名横，楚怀王之子。

㉒陈：楚国城邑，在今河南淮阳县。

㉓弱：原作“强”，《韩非子》“强”作“弱”，据下文当以《韩》为是，依此改。

㉔立社主：迁都后重建社稷宗庙。社，土神，祭土神的地方亦称社。主，木主（牌位）。

㉕与秦为难：楚顷襄王二十三年（前276），楚国调兵收复部分失地，抵抗秦国。

㉖亡：原作“无”，据诸祖耿《战国策集注汇考》改。

㉗华下：华阳城下，华阳，战国时期韩国城邑，在今河南新郑北。

㉘诈：《韩非子》作“诏”，日本横田惟孝《战国策正解》疑“诈”为“计”之讹。秦昭王三十三年（前273），赵、魏伐韩，秦救之，败赵、魏联军于华阳。

㉙穰（ráng）侯：魏冉，秦昭襄王母宣太后异父弟。昭襄王年幼继位，他多次任相，封于穰和陶，号穰侯。他极力发展私家势力，富重于王室。

㉚两国：指秦和穰侯的封地陶。

㉛长平：赵国城邑，在今山西高平西。

㉜上党：郡名，在今山西东南部，治所在壶关（今长治市北）。秦昭襄王四十五年（前262）攻韩，四十七年（前260）韩献上党，而上党太守冯亭以上党降赵，赵派平原君赵胜受其降，发兵长平拒秦。

㉝按：秦昭襄王四十七年（前260）赵中秦反间计，使赵括代廉颇为将，大败于长平，秦将白起坑杀赵降卒四十余万。

㉞武安：在今河北武安县。秦昭襄王四十八年（前259），秦将王龁（hé）攻下赵地武安。

㉟筦:原作“完”,义不可通,《韩非子》作“筦”,据改。筦(guǎn),管辖,控制。河间:漳水、黄河之间,赵的东境,与燕、齐接境之地。

㊱修武:在今河南获嘉县。

㊲逾:越过。羊肠:坂道名,在今山西晋城南,即太行坂道。

㊳代:郡名,属赵国,在今山西东北部及河北蔚县一带。

㊴不顿一甲:原作“不用一领甲”,清金正炜《战国策补释》:“按此文本作‘不顿一甲’,与次句为对文。用即甲之误衍,领为顿之伪,又与一字倒置,遂至句法参差。《左氏》襄四年《传》:‘甲兵不顿’,注:顿,坏也。《汉书·严助传》:不劳一卒,不顿一戟,文与此正同。”

㊵东阳:地区名,在今河北太行山以东地区。河外:指赵东境清河以东地区,在今山东清河、武城一带。

㊶中山:古国名,春秋时鲜虞人所建,后称中山,公元前296年灭于赵。呼沲(tuó):沲:通“沱”,即今滹沱河,源于山西繁峙县泰戏山,流经河北,至天津入海。

㊷白马之口:黄河津名,在今河南滑县东。

㊸从者:从通“纵”,合纵的国家。

㊹须:通“胥”,等待。

㊺按:长平之战次年,秦相范雎害怕白起功过于已,威胁自己的地位,遂命罢兵,与赵和。

㊻伯王之业也:原作“伯王之业地”,姚云刘作“伯王之业也”,据此改。

㊼曾:原作“尊”,《韩非子》作“曾”,据此改。曾,乃,竟。

㊽折弩:原作“兵怒”,清金正炜《战国策补释》:“韩作‘弃甲兵弩’,怒作弩,是也。兵则折字之伪耳。”据此改。

㊾李下:李城之下。李城,地名,战国赵邑,在今河南温县东。

㊿罢:通“疲”,疲惫。

51淇:水名,源于今山西陵川县,流经河南辉县、林州、淇县、浚县,南入今卫河。

⑫洹(huán)水:水名,源于今河南林州林虑山,流经安阳,至内黄县入卫河。

⑬素甲:白色的盔甲。按:当时武王仍在为文王服丧。

⑭一日:甲子日。

⑮禽:通“擒”,擒拿。刘敞本、《韩非子》无“不”字。按:《韩非子》无。

⑯智伯:姓荀名瑶,春秋时期晋国六卿之一,封于智(今山西永济北)。

⑰赵襄主:赵鞅之子,名无恤,春秋时期晋国六卿之一。晋阳:赵地,在今山西太原市西南。

⑱错龟:烧龟甲测知吉凶祸福。数策:数蓍草测知吉凶祸福。占兆:用错龟、数策的办法判断吉凶祸福。

⑲张孟谈:赵襄子的谋臣。

## 〔译文〕

(张仪)游说秦王说:“我听说,不知道事情原委就胡乱发言是不明智的,知道对国家有利的事情却不说是不忠诚。作为臣子,不忠诚应当处死,说话不慎重也应当处死。虽然如此,我还是愿意把我所知道的都说出来,听凭大王判夺定罪。我听说,赵国北面可以连燕国,南面可以连魏国,联合楚国,团结齐国,收拢残破的韩国,结成合纵联盟,为的是向西抵抗秦国。我私下里感到好笑。世上有三种情况要导致亡国,大概这说的就是赵国吧!我听说:‘内政混乱的去攻打内政清明的要灭亡,用邪道治国的去攻打用正道治国的要灭亡,倒行逆施的去攻打顺应天理的要灭亡。’现在赵国的国库不充实,粮仓空虚,却出动全部军民,号称数十万的军队,向前面对锋利的兵器,后退有严酷的刑罚威逼,然而士兵仍然向后退却,不能去拼死,不是它的百姓不能去拼死,是因为国君不能进行教化的缘故啊。君主说要行赏却不兑现，说要惩罚却不实行，赏惩不讲信用，所以百姓不愿为国亡命而战。

“现在秦国发号施令，赏罚分明，有功无功都根据事实来确定。士兵们离开父母怀抱以后，有生以来不曾见过敌人，但一听说要打仗，他们就奋勇地跺足、赤膊，迎着刀剑勇往直前，赴汤蹈火在所不顾，这样决意拼死的人比比皆是。决意拼死和一心苟活是完全不同的两回事，而百姓都想决意拼死，这是为了得到国家的奖赏而不怕死的缘故。一人拼死能战胜十人，十人拼死能战胜百人，百人拼死能战胜千人，千人拼死能战胜万人，万人拼死就可以天下无敌了。现在秦国的土地，截长补短，纵横几千里，精兵数百万，秦国的号令严明、赏罚有信、地形便利，没有哪个国家能比得上。凭着这样的条件来对付诸侯，诸侯是不难被秦国兼有的。由此可见，秦国作战是不会不获胜的，攻城是不会攻不下的，遇到敌兵是不会打不败的。所以秦国开辟土地数千里，这是极为伟大的功业啊。然而现在秦国军队疲惫，民众困苦，积蓄殆尽，土地荒芜，粮仓空虚，四邻的诸侯不顺服，霸王的名号没有成就，出现这种情况没有别的缘故，就是因为谋臣都不能竭尽他们的忠心啊。

“我斗胆地说一说从前的事。从前齐国在南面打败楚国，东面灭掉宋国，西面降服秦国，北面战胜燕国，又役使中间的韩、魏两国的君王听从他们的命令，地域广阔，兵力强盛，战无不胜，攻无不取，号令行于天下。济水和黄河，足以构成险阻；长城堤防，足以构成险塞。齐国是五战五胜的强国，可是一次战役失利就使齐国亡国了。由此看来，用兵作战关系到万乘大国的生死存亡。

“而且我还听说：‘砍树拔根，不与祸害接近，祸害就不存在。’秦国和楚国交战，大败楚军，攻下郢都，夺取洞庭、五渚和江南。迫使楚王出逃，躲藏到郢都东面的陈城自守。在那个时候，秦国如果继续追击，那么就可以一举灭楚；攻下楚国，楚国的百姓和土地就能被秦国占有。进而东向削弱齐国和燕国，侵犯中部的韩、赵、魏三国。这样，一举就可以成就霸王的功业，使四邻的诸侯都来朝拜秦国。然而谋臣却不这样做，反而带领军队撤退，与楚国和解。让楚人得以有机会收拾残破的国家，招集散失的百姓，重建社稷宗庙的祭祀，率领诸侯西向和秦国为敌，这是失去称霸天下的第一个原因。

“赵国又和魏国同心协力，驻军华阳之下，大王下令打败他们，军队一直攻到大梁城外，如果包围大梁数旬，那么大梁就可以攻下。攻下大梁，魏国就灭亡了，灭亡魏国，那么楚国和赵国的联盟就会瓦解，楚国和赵国的联盟瓦解那么赵国就危险了，赵国危险，楚国就会孤立。这样，秦国向东可以削弱齐国和燕国，向中可以侵犯中部的三晋，这样一举就可以成就霸王的功名，让四邻的诸侯都来朝拜秦国。然而谋臣却不这样做，反而率军撤退，与魏国讲和，致使魏国收拾残破的国家，招集散失的百姓，重建社稷宗庙的祭祀，这是失去称霸天下的第二个原因。

“以前穰侯治理秦国时，动用一国的兵力，却想成就两国的功业，所以士兵终生暴露于外，民众疲惫于内，霸王的功名不能实现，这是失去称霸天下的第三个原因。

“赵国位居燕、齐、韩、魏的中央，是各诸侯国民众杂居的地方。赵国人民轻浮，难以任用，号令不严明，赏罚无信用，地形不便攻守，君王又不能充分调动民众的力量。赵国本来已经出现了亡国的趋势，却不能体恤百姓，竟然调动全部军民，驻守长平，去争夺韩国的上党。大王下令攻打赵国，接着夺取武安。在那个时候，赵国君臣不和睦，卿士互相不信任，既然这样，那么邯郸就难以坚守，如果攻下邯郸，控制河间，然后率军向西攻打修武，越过羊肠，降服代郡和上党郡，这样，代郡的三十六个县、上党的十七个县，无须损坏一件铠甲，不用让一个士卒受苦，就都能归秦国所有。代郡、上党不用武力就归属秦国了，东阳、河外不用武力就归属齐国了，中山、呼沱以北不用武力就归属燕国了。这样，攻下赵国，韩国就必然灭亡，韩国灭亡，那么楚国和魏国就不能单独存在；楚国和魏国不能单独存在，这样就一举攻破韩国、损害魏国、控制楚国，进而东向削弱齐国和燕国，再掘开白马口淹灌魏国，这样就一举灭亡赵、魏、韩三国，使合纵联盟失败。大王可以悠闲地等待着诸侯一个跟着一个来降服，霸王的功名就可以实现。然而谋臣不作为，却率军撤退，与赵国和解。凭着大王的贤明，秦国军队的强大，霸王的功业竟然不能实现，却被行将灭亡的赵国欺骗，这全是谋臣们的愚蠢所造成的。

“况且赵国应当灭亡却没有灭亡，秦国应当称霸却没有称霸，诸侯本来就看透了秦国的谋臣，这是其一。秦国又调动全部兵力去攻打邯郸，没能攻取，就丢下铠甲，背起弩弓，吓得哆哆嗦嗦地退却了，让诸侯就此看透了秦国的兵力，这是其二。军队已经退却，聚集到李城下，大王又合军赶到，与赵国奋力交战，非但没有取得大胜，反而和赵国都因疲困而退兵，使诸侯更加看透了秦国的力量，这是其三。他们向内看透了我们的谋臣，在外摸清了我们的兵力。由此看来，我认为诸侯建立合纵联盟是不难组织的。从内部看，我们的军队疲惫，民众困苦，积蓄殆尽，田地荒芜，粮仓空虚；从外部看，诸侯同力抗秦的决心很牢固。愿大王能认真考虑这种形势。

“而且我还听说：‘战战兢兢，一天比一天谨慎。’假如谨慎地遵循这个道理，那么天下就可以据有。怎么知道能这样呢？从前，殷纣王做天子的时候，率领天下百万将士，左饮淇水，右饮洹水，淇水被喝干，洹水也为之断流，凭着如此众多的将士讨伐周武王。武王率领穿戴白色盔甲的士卒三千人，奋战一天，灭亡殷国，擒获商纣，占据了他的领土，占有了他的百姓，天下没有人哀痛。智伯率领智、韩、魏三国军队，在晋阳攻打赵襄主，又掘开晋水淹灌晋阳，围攻了三年，晋阳城眼看要被攻下。赵襄主用错龟甲、数蓍草的办法判断凶吉，观察利害关系，看哪个国家可以争取过来，就派张孟谈去活动。于是张孟谈秘密出行，策反智伯和韩、魏两国的盟约，把韩、魏两国的军队争取过来，共同攻打智伯的军队，终于擒获了智伯，成就了赵襄主的功业。

“现在秦国的领土截长补短，纵横几千里，精兵数百万，秦国号令严明，赏罚有信，地形便利，没有哪个国家能比得上。凭着这样的条件来对付诸侯，天下就可以兼并而占有。我冒死请求拜见大王，说说一举而破坏诸侯的合纵联盟，攻下赵国，灭亡韩国，使楚、魏两国臣服，使齐国和燕来亲附，成就霸王之业，使四邻诸侯来朝拜的办法。大王权且听从我的主张，如果一举不能破坏诸侯合纵联盟，赵国攻不下来，韩国灭亡不了，楚、魏两国不来臣服，齐、燕两国不来亲附，霸王的功名不能成就，四邻诸侯不来朝拜，大王就杀了我，在全国示众，以此惩戒那些为大王出谋划策不尽忠的人。”

# 名实两副(司马错与张仪争论于秦惠王前)

〔题解〕

本篇选自《秦策一》,又见于《史记·张仪列传》和《新序·善谋》。秦惠文王承商鞅变法之利,国家富足,兵力强劲,因此始有外扩之志。但关于外扩的方向,司马错与张仪虽都从秦统一大业的角度出发,立足于名和利,主张却完全不同。张仪主张伐韩,直接占有中原心腹之地,以成就王业;司马错认为应先夺取巴、蜀,使其作为秦国的大后方以广国富民。经过激烈争辩,秦惠文王采纳了司马错的意见。这篇策文不仅是我们了解中国文化史上大西南开发情况的重要史料,而且司马错分析问题沉着冷静、明晰透辟,没有一般策士耸人听闻的夸饰之词,但对张仪主张之弊却是一语中的,对自己的主张则层次鲜明、循循善诱,具有很强的说服力。故而秦惠文王采纳了司马错的意见,并派他领兵伐蜀。

〔原文〕

司马错与张仪争论于秦惠王前[①]。司马错欲伐蜀[②],张仪曰:“不如伐韩。”王曰:“请闻其说。”

对曰:“亲魏善楚,下兵三川[③],塞轘辕、缑氏之口[④],当屯留之道[⑤],魏绝南阳[⑥],楚临南郑[⑦],秦攻新城、宜阳[⑧],以临二周之郊[⑨],诛周主之罪,侵楚、魏之地[⑩],周自知不救，九鼎宝器必出[11]。据九鼎，按图籍[12]，挟天子以令天下，天下莫敢不听，此王业也。今夫蜀，西辟之国而戎狄之伦也[13]，弊兵劳众，不足以成名；得其地，不足以为利。臣闻'争名者于朝，争利者于市'。今三川、周室，天下之市、朝也，而王不争焉，顾争于戎狄，去王业远矣。"

司马错曰："不然。臣闻之，欲富者，务广其地；欲强者，务富其民；欲王者，务崇其德。三资者备，而王道兴矣[14]。今王之地小民贫，故臣愿从事于易。夫蜀，西辟之国也，而戎狄之伦也，而有桀、纣之乱。以秦攻之，譬如使豺狼逐群羊也。取其地足以广国，得其财足以富民，缮兵不伤众而彼已服矣。故拔一国而天下不以为暴；利尽西海[15]，诸侯不以为贪。是我一举而名实两附，而又有禁暴正乱之名。今攻韩，劫天子，劫天子，恶名也，而未必利也，又有不义之名，而攻天下之所不欲，危！臣请谒其故：周，天下之宗室也；齐，韩之与国也。周自知失九鼎，韩自知亡三川，则必将二国并力合谋，以因于齐、赵，而求解乎楚、魏。以鼎与楚，以地与魏，王不能禁。此臣所谓'危'，不如伐蜀之完也。"

惠王曰："善！寡人听子。"卒起兵伐蜀，十月取之，遂定蜀。蜀主更号为侯，而使陈庄相蜀[16]。蜀既属，秦益强富厚，轻诸侯。

〔注释〕

①司马错：战国时期秦将，秦惠文王二十二年（前316）率兵灭蜀。张

仪：战国时期魏国贵族后代，著名纵横家。秦惠文王十年（前328）为秦相。游说各国连秦，瓦解齐、楚联盟，使秦日强。秦惠文王：战国时期秦国国君，嬴姓，名驷，谥惠文，又称惠文王、惠文君，秦孝公之子。

②蜀：古国名，在今四川西部，都城在今成都市。

③三川：地区名，属韩，境内有黄河、洛水、伊水三条河，故名。

④轘（huán）辕：山名，在今河南偃师县南，中有轘辕关，为历代控守要地。缑（gōu）氏：在今河南偃师县东南、轘辕关西北，历来为军事要地。

⑤屯留：韩地，在今山西屯留县东南。

⑥南阳：地区名，属魏国，因在太行山南、黄河之北，故名。

⑦南郑：战国时期韩国都城，在今河南新郑西。

⑧新城：战国时期韩邑，在今河南伊川县西南。宜阳：战国时期韩邑，在今河南宜阳县西北洛河北岸。

⑨二周：战国时，周分裂为东周、西周二小国，东周都巩（今河南巩义西南），西周都河南洛邑（今河南洛阳市）。

⑩此句与上"亲魏善楚"不合，疑"楚魏"当为"三川"。清金正炜《战国策补释》："疑侵当作侠，侠与挟通，地当为从。"可备一说。

⑪九鼎：古代象征国家政权的传国之宝。

⑫图籍：地图和户籍。

⑬伦：原作"长"，《史记》《新序》并作"伦"，据此改。

⑭原作"欲富国者，务广其地；欲强兵者，务富其民；欲王者，务博其德。三次者备，而王随之矣"，据《太平御览》卷460引无"国""兵"字，"博"作"崇"，"随之"作"道兴"，《新序》同。据此改。

⑮西海：指蜀国。

⑯陈庄：战国时期秦臣。公元前314年，秦惠文王封公子通为蜀侯，任他为蜀相。

〔译文〕

司马错和张仪在秦惠文王面前争论。司马错主张攻打蜀国，张仪说："不如攻打韩国。"秦惠文王说："请让我听听您的意见。"

张仪回答说："我们先亲近魏国，和楚国友好，然后再从三川出兵，阻塞轘辕山、缑氏山的关口，挡住屯留的坂道，让魏国切断韩国通往南阳的道路，让楚国进攻韩国的首都南郑，秦国攻打新城和宜阳，兵力一直打到东周、西周的城郊，声讨二周国君的罪行，占领三川一带的土地。二周之君知道自己已无法解救，肯定会献出九鼎宝器。我们占有了九鼎，掌握了地图和户籍等档案，就可以胁迫周天子来号令天下诸侯，诸侯没有敢不听从的，这才是帝王的大业啊。现在蜀国只不过是西方偏僻的小国，属于戎族、狄族等之类的野蛮人，我们进攻它，使军队疲惫、民众劳苦，却不能成就帝王之名，夺取那块土地不能获得很大利益。我听说：'争夺名望要到朝廷去，争夺利益要到市场去。'如今三川、周室就好比是天下的朝廷和市场，大王不到那里去争夺，反而到戎、狄一类的地区去争夺，这距离建立霸主大业就太远了。"

司马错说："不是这样的。我听说，想要国家富强，务必开拓疆土；想要军队强大，一定要使人民富足；想要建立王业，务必崇尚恩泽。这三个条件具备了，那么王业也一定会兴盛起来。如今大王的土地狭小、百姓贫穷，所以我希望从容易的事情着手。蜀国确实是西方偏僻的国家，属于戎族、狄族之类的野蛮人，又有如夏桀、商纣那样的内部祸乱。我们去攻打它，就像是让豺狼去驱赶羊群一样容易。占领它的土地足以扩大我们的国土，夺取它的财富足以使百姓富足，不用损伤民众，蜀国就已经归服。所以灭掉一个国家，而天下的人也不认为我们残暴；占有蜀国的全部财富，诸侯也不会认为我们贪婪。这样我们用兵一次就可以名利双收，而且能得到清除暴虐和勘定暴乱的好名声。现在去攻打韩国，胁迫天子，胁迫天子是很坏的名声，而且未必能得到什么好处，又落得个不义的名声，攻打天下人不想攻打的国家，实在危险！请让臣进一步说明其中的缘故：周是天下尊奉的王室；齐是韩、周的盟国。周国知道自己将会失去九鼎，韩国知道自己将要失去三川，那么这两个国家一定会齐心协力，并依靠齐国和赵国的疏通，向楚国和魏国请求调解救援。周国把九鼎送给楚国，韩国把土地让给魏国，大王也无法禁止他们这样做。这就是我所说的危险，不如攻打蜀国能万无一失。”

秦惠文王说：“好！我听从你的意见。”秦国终于出兵进攻蜀国，用了十个月攻占蜀国，平定全蜀。把蜀国君王贬为侯，并派陈庄去做蜀国的相国。蜀国归属秦国以后，秦国就愈加强大富足起来，更加轻视东方诸侯了。

## 张仪诳楚(齐助楚攻秦)

〔题解〕

本篇选自《秦策二》，又见于《史记·张仪列传》。据《史记·楚世家》载，楚怀王十六年(前313)，齐、楚合兵，攻占了秦地。齐、楚两大国联盟遂成秦国的大患，于是秦国派张仪出使楚国，使用商於之地六百里作为诱饵，游说楚怀王绝齐亲秦。陈轸识破了秦国的计谋，但楚怀王利令智昏，贪图眼前利益，贸然破坏了齐、楚联盟，结果秦地不可得，反而兵败地削，自食其果。这一事件是楚国国势变弱和秦兼并六国的重要转折点。作为纵横家的张仪，利用了楚怀王的愚蠢和贪婪，巧言如簧，仅凭三寸不烂之舌就使楚、齐绝交，楚国孤立，从而影响了整个战国时代的历史走向。本文在充分展示战国策士在当时具有举足轻重作用的同时，还通过人物的对话与行动，将巧言令色、言而无信的张仪，盲目轻信、暴躁轻率的楚怀王，见识卓异、头脑清醒的陈轸的性格和形象生动地展示出来，是一篇叙事写人的佳作。

〔**原文**〕

齐助楚攻秦，取曲沃[①]。其后，秦欲伐齐，齐、楚之交善，惠王患之[②]，谓张仪曰[③]："吾欲伐齐，齐、楚方欢，子为寡人虑之，奈何？"张仪曰："王其为臣约车并币，臣请试之。"

张仪南见楚王[④]，曰："弊邑之王所说甚者[⑤]，无先大王；唯仪之所甚愿为臣者，亦无先大王。弊邑之王所甚憎者，无先齐王；唯仪之所甚憎者，亦无先齐王[⑥]。今齐王之罪其于弊邑之王甚厚，弊邑欲伐之，而大国与之欢，是以弊邑之王不得事令，而仪不得为臣也。大王苟能闭关绝齐，臣请使秦王献商於之地，方六百里[⑦]。若此，齐必弱，齐弱则必为王役矣。则是北弱齐，西德于秦，而私商於之地以为利也，则此一计而三利俱至。"

楚王大说，宣言之于朝廷，曰："不穀得商於之田[⑧]，方六百里。"群臣闻见者毕贺，陈轸后见，独不贺。楚王曰："不穀不烦一兵，不伤一人，而得商於之地六百里，寡人自以为智矣！诸士大夫皆贺，子独不贺，何也？”陈轸对曰：“臣见商於之地不可得，而患必至也，故不敢妄贺。”王曰：“何也？”对曰：“夫秦所以重王者，以王有齐也。今地未可得，而齐先绝，是楚孤也，秦又何重孤国？且先出地绝齐，秦计必弗为也。先绝齐，后责地[9]，且必受欺于张仪。受欺于张仪，王必惋之。是西生秦患，北绝齐交，则两国兵必至矣。”楚王不听，曰：“吾事善矣！子其弭口无言，以待吾事。”楚王使人绝齐，使者未来，又重绝之。

张仪反[10]，秦使人使齐，齐、秦之交阴合。楚因使一将军受地于秦。张仪至，称病不朝。楚王曰：“张子以寡人不绝齐乎？”乃使勇士往詈齐王[11]。张仪知楚绝齐也，乃出见使者，曰：“从某至某，广从六里[12]。”使者曰：“臣闻六百里，不闻六里。”仪曰：“仪固以小人，安得六百里？”使者反报楚王，楚王大怒，欲兴师伐秦。陈轸曰：“臣可以言乎？”王曰：“可矣。”轸曰：“伐秦非计也，王不如因而赂之一名都，与之伐齐，是我亡于秦而取偿于齐也，楚国不尚全乎[13]？王今已绝齐，而责欺于秦，是吾合齐、秦之交也，国必大伤[14]。”

楚王不听，遂举兵伐秦。秦与齐合，韩氏从之。楚兵大败于杜陵[15]。故楚之土壤士民非削弱，仅以救亡者，计失于陈轸，过听于张仪。

〔注释〕

①曲沃:有两处,本文的曲沃在今河南陕县西南的曲沃镇。

②惠王:指秦惠文王,战国时期秦国君,嬴姓,名驷,谥惠文,又称惠文君,秦孝公之子。

③张仪:魏国贵族后代,战国时期著名纵横家。主张连横,瓦解齐、楚联盟。

④楚王:指楚怀王,战国时期楚国国君,芈姓,名槐,楚威王之子。

⑤说:同“悦”。

⑥“甚”前原无“所”字,鲍本、《史记》“之”后有“所”字,依文例,当有,据此改。先:原作“大”。黄丕烈:《史记》四者皆作“先”,当是。齐王:指齐宣王,妫姓、田氏,名辟疆,齐威王之子。

⑦商於(wū):指今陕西商州以南直至汉中的广大地区。

⑧不穀(gǔ):王侯自谦的称呼。

⑨责:求取,索取。

⑩反:通“返”。

⑪詈(lì):骂。

⑫广从(zòng):宽长。东西距离曰广,南北距离曰从。

⑬乎:原作“事”,据高诱注改。

⑭国:原作“固”,曾巩本、鲍本、《史记·楚世家》并作“国”,今据改。

⑮杜陵:战国时,秦、楚地无杜陵之名,秦有杜阳,地近楚,杜陵或杜阳之误。

〔译文〕

齐国帮助楚国攻打秦国,夺取了秦国的曲沃。后来秦国想去讨伐齐国,可是齐、楚两国关系友好,秦惠文王很忧虑这件事,他就对张仪说:“我想去讨伐齐国,但是齐国和楚国关系此时正融洽密切,您替我谋划一下,该怎么办?”张仪说:“请大王给我准备好车马和礼物,让我去试试看。”

张仪南行见到了楚怀王,说道:“我们君王最喜欢的人,没有先于大王的;就是我张仪最愿意做他的臣子的,也没有先于大王您的了。我们君王最憎恶的人,没有先于齐王的;即使是我张仪最厌恶的人,也没有先于齐王的了。现在齐王的罪恶对于我们君王来说是最为深重的,我们想去讨伐齐国,可是楚国却和齐国的关系很友好,因此我们君王没有办法为大王效劳,而使我张仪也不能来做您的臣子。大王如果能封闭关口与齐国绝交,我就请求我们君王献上商於这块面积六百里的土地。如果这样,孤立的齐国一定会衰弱,衰弱的齐国就必然会听从大王的役使。这样一来,贵国在北面削弱了齐国,在西面给了秦国恩惠,而私下里又得到了商於这个地方的利益,这样用一个计策就能同时得到三种好处。”

楚王非常高兴,就在朝廷宣告说:“我将得到商於六百里的土地了。”大臣们听到这个消息都来祝贺,陈轸最后才来,唯独他不贺喜。楚王说:“我没有烦劳一兵一卒,没有死伤一个人,却得到商於六百里的土地,我自以为是很明智的事!群臣百官都向我贺喜,唯独您不道贺,为什么呢?”陈轸回答说:“依我看商於这块土地不但得不到,而且祸患必将接踵而至,所以不敢轻易道贺。”楚王问:“怎么讲?”陈轸答道:“秦国之所以看重大王,是因为大王有齐国这个盟友。现在土地未必能到手,却先和齐国绝交,这样楚国就陷入孤立,秦国又怎么能看重一个孤立的国家呢?况且,如果先让秦国交出土地,然后再与齐国绝交,估计秦国必定不肯这样做。我们先跟齐国绝交，然后再向秦国索取土地，就必将受到张仪的欺骗。受到张仪的欺骗，大王一定会悔恨的。这样一来，西面惹出秦国的祸患，北面和齐国断绝外交，那么秦、齐两国的军队一定会攻打上来。”楚王不听陈轸的劝告，说：“我这件事办得很好，请闭上你的嘴巴别说了，等着瞧我的成功吧！”楚王派人去和齐国断交，使者还没有回来，又急着重新派人去宣布绝交。

张仪返回秦国，秦国就派人出使齐国，于是齐、秦两国暗中结成联盟。楚国随即派了一位将军去秦国接受土地，楚国将军到了秦国，张仪推说有病，不去上朝。楚王说：“张仪认为我没有和齐国断交吗？”于是又派勇士前往齐国，当面大骂齐王。张仪确认楚国已经和齐国断交了，这才出来接见楚国使者，说：“从这里到那里，长宽六里。”楚国使者说：“我听说是六百里，没听说是六里啊。”张仪说：“我本来就是个小人物，哪里会有六百里土地呢？”使者返回报告楚王，楚王大怒，想要出兵攻打秦国。陈轸说：“我可以讲话了吗？”楚王说：“可以讲。”陈轸说：“讨伐秦国不是个好办法，大王不如趁此时机送给秦国一个大都邑，和秦国一起去讨伐齐国，这样我们虽然有一个都邑落到秦国的手里，但是可以从齐国那里补偿回来，楚国不还是没有受到损失吗？大王现在已经和齐国断交，又去责备秦国欺骗我们，这样做等于是我们促成了齐、秦两国的联合，我们国家必然会受到更大的损失。”

楚王不听陈轸的话，于是发兵攻打秦国。秦国与齐国联合作战，韩国也出兵跟随他们。楚国军队在杜陵被打得大败。本来楚国的土地并不狭小，人民并不懦弱，却只落得个免于灭亡的地步，是因为没有采纳陈轸的计策，而错误地听信了张仪诡诈游说的缘故。

# 息壤在彼(秦武王谓甘茂曰)

〔题解〕

本篇选自《秦策二》,又见于《史记·樗(chū)里子甘茂列传》《新序·杂事》。在司马错与张仪的战略主张中,秦惠文王首先同意了司马错攻占巴、蜀的建议,但张仪所提出的攻韩、窥周也并未被全然废弃,而是成为秦国控制中原的主要战略方案。本篇中的秦武王虽是“举鼎绝膑”的主角,看似鲁莽,实则非常有野心和胸襟。武王三年,派甘茂实施宜阳战役,以期建立“不朽”之业。受命攻打宜阳的甘茂担心会因内部的掣肘而失败,故用“曾参杀人”的故事说明自己的处境,贴切自然,形象生动。武王于是和其盟于息壤,君臣盟约虽属罕见,但能说明任人专一是事情成功的必要条件。秦国凭借君臣之间的相互信任,顺利攻下宜阳,实现了秦国控制中原的关键战略目标。

〔原文〕

秦武王谓甘茂曰[①]:“寡人欲车通三川,以窥周室,而寡人死不朽乎!”甘茂对曰:“请之魏,约伐韩。”王令向寿辅行[②]。

甘茂至魏,谓向寿:“子归告王曰:‘魏听臣矣,然愿王勿攻也。’事成,尽以为子功。”向寿归以告王,王迎甘茂于息壤[③]。

甘茂至，王问其故，对曰："宜阳[4]，大县也，上党、南阳[5]，积之久矣，名为县，其实郡也。今王倍数险，行千里而攻之，难矣。臣闻张仪西并巴、蜀之地[6]，北取西河之外[7]，南取上庸[8]，天下不以为多张仪而贤先王。魏文侯令乐羊将[9]，攻中山，三年而拔之。乐羊反而语功[10]，文侯示之谤书一箧[11]。乐羊再拜稽首[12]，曰：'此非臣之功，主君之力也。'今臣羁旅之臣也[13]，樗里疾、公孙衍二人者挟韩而议[14]，王必听之，是王欺魏，而臣受公仲侈之怨也[15]。昔者曾子处费[16]，费人有与曾子同名族者而杀人。人告曾子之母，曾子之母曰[17]：'吾子不杀人'。织自若。有顷，人又曰：'曾参杀人！'其母尚织自若也。顷之，一人又告之曰：'曾参杀人！'其母惧，投杼逾墙而走。夫以曾参之贤与母之信也，而三人疑之，则慈母不能信也。今臣之贤不及曾子，而王之信臣又未若曾子之母也，疑臣者不适三人，臣恐王之为臣投杼也。"[18]王曰："寡人不听也，请与子盟。"于是与之盟于息壤。

果攻宜阳，五月而不能拔也。樗里疾、公孙衍二人在，争之王，王将听之，召甘茂而告之。甘茂对曰："息壤在彼。"王曰："有之。"因悉起兵，复使甘茂攻之，遂拔宜阳。

〔注释〕

①秦武王：嬴姓，名荡，秦惠文王子。甘茂：战国时期楚国下蔡人，仕

秦,武王时平定蜀乱,为左丞相。昭襄王时,受向寿谗毁,奔齐,卒于魏。

②向寿:秦昭襄王母宣太后的外族,武王近臣。辅行:副使。

③息壤:战国时期秦国城邑,在今陕西咸阳市东郊。

④宜阳:韩国城邑,在今河南宜阳县。

⑤上党:郡名,在今山西东南部,治所在壶关(今长治市北)。南阳:地区名,属魏国,因在太行山南、黄河之北,故名。

⑥张仪:魏国贵族后代,战国时期著名纵横家。秦惠文王十年(前328)为秦相。巴、蜀:古国名,巴在今重庆市东部,蜀在今四川西部。公元前316年,秦惠王灭巴、蜀,分置巴、蜀二郡。

⑦西河:战国时期魏国郡,黄河在今山西、陕西之间的一段为南北走向,以其在冀州之西,古代称西河。事在秦惠文王八年(前330)。

⑧上庸:县名,本庸国,春秋时楚国置县,在今湖北竹山县。事在秦惠文王二十六年(前312)。

⑨魏文侯:姬姓,名斯,初为晋卿,公元前403年与韩、赵三家分晋,俱列为诸侯。乐羊:魏文侯将领。

⑩反:同“返”。

⑪谤书:告状的书信。谤,公开指责别人的过失。箧(qiè):小箱子。

⑫稽首:古代一种跪拜礼,拱手至地,头也至地,且做长时间的停留,为古人最恭敬的礼节。稽,留。

⑬羁旅:寄居做客。甘茂为下蔡人,下蔡属楚,故甘茂自谓“羁旅之臣”。

⑭樗里疾:战国时期秦国贵族,秦惠文王异母弟,名疾,因居于樗里(今陕西渭南),故名。武王时为丞相,能言善辩,足知多谋,人称“智囊”。公孙奭:原作公孙衍,《史记》作公孙奭。公孙衍即犀首,黄丕烈谓:“奭与犀首别一人,即公孙郝、公孙赫,亦云公孙显。”公孙奭为战国时期秦国公子,其母与樗里疾之母都是韩国人。

⑮公仲侈:战国时期韩国公族,任相国。

⑯曾子：曾参（shēn），春秋时鲁国人，字子舆，孔子弟子。费（bì）：战国鲁国邑，在今山东费县西北。

⑰"曾子之母曰"中"曾"字之前原有"曰：曾参杀人"五字，《太平御览》卷826引作："人告曾子之母，母曰"，无此五字。无此五字文意清楚，且不繁于重复，故据此删。

⑱"之"字原在"臣"字旁，据诸祖耿《战国策集注汇考》改。

## 〔译文〕

秦武王对甘茂说："我想把战车通到韩国的三川，以便伺机吞并周室，那么我就会死而不朽了。"甘茂答道："请允许我到魏国去，联合魏国一起讨伐韩国。"秦武王就派亲信向寿作为副使和他一起出行。

甘茂到了魏国，对向寿说："您回去报告大王，说：'魏国答应我的要求了，但我希望大王暂时不要进攻韩国。'这件事办成了，功劳都归您。"向寿回到秦国，把甘茂的话告诉了秦武王，秦武王就到息壤迎接甘茂。

甘茂到了息壤，秦武王问他不让攻韩的缘故。甘茂回答道："宜阳是韩国的大县，上党、南阳两地的财力积聚在那里已经很久了，它名义是个县，实际上相当于一个郡。现在大王派军队经过重重险阻、千里行军去攻打它，实在是困难啊！我听说张仪为秦国在西面吞并了巴、蜀，在北面攻下了西河以西，在南面又夺取了上庸，可是人们不因此而称赞张仪，而是颂扬先王贤明。魏文侯派乐羊带领军队攻打中山，攻了三年才攻下来。乐羊回来称道自己的功劳，魏文侯就把一箱子诽谤他的书信给他看。乐羊惊恐万状地跪拜请罪说：'这不是我的功劳，全仗着主上的力量！'如今我只是一个客居秦国的人，樗里疾、公孙奭两个人如果怀着对韩国的偏袒而非议我攻韩的不当，大王一定会听信他们，这样大王就欺骗了魏国，而我也要受到韩相公仲侈的怨恨了。从前曾子住在费邑，费邑有一个和曾子同名同姓的人杀了人。有人去告诉曾子的母亲，曾子的母亲说：'我的儿子不会杀人。'曾母仍然泰然自若地织布。过了一会儿，又有人来告诉曾母说：'曾参杀人了。'曾母仍然照样织布。过了一会儿，又有人来告诉曾母说：'曾参杀人了。'曾母就害怕了，扔下梭子，翻过垣墙逃走了。像曾参这样贤德的人，母亲又对他十分信任，可是因为前后有三个人怀疑他杀了人，结果连这位慈母也不敢信任曾子了。现在我的贤德不如曾子，而大王对我又不如曾母对曾子那样信任，怀疑我的人又不止三人，我担心大王也会为我扔掉梭子逃跑的。"秦武王说："我不会听信那些人的话的，请让我跟您订立誓约吧。"于是秦武王跟甘茂在息壤订立了盟约。

果然甘茂攻打宜阳时，连续五个月仍然没有攻下。樗里疾、公孙奭二人就在秦王面前争论进攻宜阳的失误，秦武王打算听取他们的意见，召回甘茂告诉他撤军的事。甘茂回答说："息壤立下的盟约还在那里呀！"秦王说："是的。"于是把全国的军队都调动起来，又派甘茂继续攻打宜阳，终于攻克了宜阳。

# 远交近攻(范雎至秦)

〔题解〕

本篇选自《秦策三》,又见于《史记·范雎蔡泽列传》,包括范雎初见昭王和几年后(前266)论"四贵危国"的说辞。范雎本魏国智士,在魏国受到当权者魏齐的折辱,由秦国的王稽入秦。而范雎走上政治舞台时的秦国,正面临着一个以宣太后为后台,以穰侯为代表的"四贵"当国的局面,他们一方面致力于发展私家势力;另一方面为了维护自己的重权又极力排斥六国士人,极大地影响了昭王的利益和秦国的发展。在此情况下,范雎以一羁旅之臣,直斥秦国之弊是有着极大的政治风险的,稍不小心,就会遭到"今日言之于前,明日伏诛于后"的命运。所以范雎的这一段说辞,先是引而不发,反复陈述自己对秦王尽忠而不避死的决心,终于赢得了昭王的信任;然后逐步积累力量,蓄养气势,全面铺开,引古论今,指出秦国问题的严重性,建议昭王铲除"四贵",这样才能够"内固其威,外重其权"。范雎的这篇说辞,最终取得了"废穰侯,逐华阳,强公室,杜私门,蚕食诸侯,使秦成帝业"(李斯《谏逐客书》)的效果,与其"烦情入机,动言中务"(《文心雕龙·论说》)高超的论说手法是分不开的,是战国策士善于论说的典范文章。

〔原文〕

范雎至秦①,王庭迎②,谓范雎曰:"寡人宜以身受令久矣，会义渠之事急[3]，寡人日自请太后。今义渠之事已，寡人乃得以身受命。躬窃闵然不敏[4]，敬执宾主之礼。”范雎辞让。是日见范雎，见者无不变色易容者。

秦王屏左右[5]，宫中虚无人。秦王跪而请曰[6]：“先生何以幸教寡人？”范雎曰：“唯唯。”有间，秦王复请，范雎曰：“唯唯。”若是者三。秦王跽曰[7]：“先生不幸教寡人乎？”范雎谢曰：“非敢然也。臣闻始时吕尚之遇文王也[8]，身为渔父而钓于渭阳之滨耳[9]，若是者交疏也。已一说而立为太师，载与俱归者，其言深也。故文王果收功于吕尚，卒擅天下而身立为帝王。即使文王疏吕尚而弗与深言，是周无天子之德，而文、武无与成其王也。今臣羁旅之臣也，交疏于王，而所愿陈者皆匡人君臣之事[10]，处人骨肉之间，愿以陈臣之陋忠，而未知王心也，所以王三问而不对者是也。臣非有所畏而不敢言也，知今日言之于前，而明日伏诛于后，然臣弗敢畏也。大王信行臣之言，死不足以为臣患，亡不足以为臣忧，漆身而为厉[11]，被发而为狂，不足以为臣耻。五帝之圣焉而死[12]，三王之仁焉而死[13]，五伯之贤焉而死[14]，乌获之力焉而死[15]，奔、育之勇焉而死[16]，死者人之所必不免也。处必然之势，可以少有补于秦，此臣之所大愿也，臣何患乎？伍子胥橐载而出昭关[17]，夜行而昼伏，至于蓤水[18]，无以饵其口，坐行蒲服，乞食于吴市，卒兴吴国，阖庐为霸[19]。使臣得进谋如伍子胥，加之以幽囚，终身不复见，是臣说之行也，臣何忧乎？箕子、接舆[20]，漆身而为厉，被发而为狂，无益于殷、楚。使臣得同行于箕子、接舆，可以补所贤之主，是臣之大荣也，臣又何耻乎？臣之所恐者，独恐臣死之后，天下见臣尽忠而身蹶也，是以杜口裹足，莫肯即秦耳。足下上畏太后之严[21]，下惑奸臣之态；居深宫之中，不离保傅之手；终身暗惑，无与照奸。大者宗庙灭覆，小者身以孤危，此臣之所恐耳。若夫穷辱之事，死亡之患，臣弗敢畏也。臣死而秦治，贤于生也。”

秦王跽曰：“先生是何言也！夫秦国僻远，寡人愚不肖，先生乃幸至此，此天以寡人慁先生[22]，而存先王之宗庙也[23]。寡人得受命于先生，此天所以幸先王而不弃其孤也。先生奈何而言若此？事无大小，上及太后，下至大臣，愿先生悉以教寡人，无疑寡人也。”范雎再拜[24]，秦王亦再拜。

范雎曰：“大王之国，北有甘泉、谷口[25]，南带泾、渭[26]，右陇、蜀[27]，左关、阪[28]；战车千乘，奋击百万。以秦卒之勇，车骑之多，以赴诸侯[29]，譬若驰韩卢而逐蹇兔也，霸王之业可致。今反闭关而不敢窥兵于山东者[30]，是穰侯为国谋不忠[31]，而大王之计有所失也。”

王曰：“愿闻所失计。”

雎曰：“大王越韩、魏而攻强齐，非计也。少出师则不足以伤齐，多之则害于秦。臣意王之计，欲少出师而悉韩、魏之兵，则不义矣。今见与国之不可亲，越人之国而攻，可乎？疏于计矣。昔者，齐人伐楚[32]，战胜，破军杀将，再辟千里，肤寸之地无得者[33]，岂齐不欲地哉？形弗能有也。诸侯见齐之罢露[34]，君臣之不亲，举兵而伐之[35]，主辱军破[36]，为天下笑。所以然者，以其伐楚而肥韩、魏也。此所谓藉贼兵而赍盗食者也[37]。王不如远交而近攻，得寸，则王之寸；得尺，亦王之尺也。今舍此而远攻，不亦缪乎[38]？且昔者中山之地方五百里，赵独擅之，功成、名立、利附，则天下莫能害。今韩、魏，中国之处而天下之枢也。王若欲霸，必亲中国而以为天下枢，以威楚、赵。赵强则楚附，楚强则赵附。楚、赵附则齐必惧，惧必卑辞重币以事秦[39]，齐附而韩、魏可虚也[40]。”王曰：“寡人欲亲魏，魏多变之国也，寡人不能亲。请问亲魏奈何？”范雎曰：“卑辞重币以事之。不可，削地而赂之。不可，举兵而伐之！”于是举兵而攻邢丘[41]，邢丘拔而魏请附。

曰：“秦、韩之地形，相错如绣，秦之有韩，若木之有蠹，人之病心腹。天下有变，为秦害者，莫大于韩。王不如收韩。”王曰：“寡人欲收韩，韩不听，为之奈何？”范雎曰：“举兵而攻荥阳[42]，则成睪之路不通[43]；北斩太行之道[44]，则上党之兵不下[45]；一举而攻荥阳，则其国断而为三，韩见必亡，焉得不听？韩听而霸事可成也。”王曰：“善。”

范雎曰：“臣居山东，闻齐之内有田单[46]，不闻其王。

闻秦之有太后、穰侯、泾阳、华阳、高陵[47]，不闻其有王。夫擅国之谓王，能专利害之谓王，制杀生之威之谓王。今太后擅行不顾，穰侯出使不报，泾阳、华阳击断无讳，高陵进退不请[48]，四贵备而国不危者，未之有也。为此四者下，乃所谓无王已。然则权焉得不倾，而令焉得从王出乎？臣闻善为国者，内固其威而外重其权。穰侯使者操王之重，决裂诸侯，剖符于天下[49]，征敌伐国，莫敢不听。战胜攻取，则利归于陶，国弊御于诸侯；战败则怨结于百姓，而祸归社稷。《诗》曰：'木实繁者披其枝，披其枝者伤其心。大其都者危其国，尊其臣者卑其主。'淖齿管齐之权[50]，缩闵王之筋[51]，县之庙梁，宿昔而死[52]。李兑用赵[53]，减食主父[54]，百日而饿死。今秦，太后、穰侯用事，高陵、泾阳、华阳佐之[55]，卒无秦王，此亦淖齿、李兑之类已。臣今见王独立于庙朝矣，且臣将恐后世之有秦国者，非王之子孙也。"

秦王惧，于是乃废太后[56]，逐穰侯，出高陵，走泾阳、华阳于关外[57]。昭王谓范雎曰："昔者齐公得管仲[58]，时以为仲父。今吾得子，亦以为父。"

〔注释〕

①范雎(jū)：战国时期魏国人，字叔。公元前266年任秦相，封于应(今河南鲁山县东)，故又称应侯。司马迁在《史记》中写作"范睢(suī)"，刘向在《战国策》中写作"范雎(jū)"，各遵原著。

②王：指秦昭襄王（亦称昭王），战国末年秦国国君，嬴姓，名稷，武王弟。

③清王念孙《读书杂志·战国微》认为："今者"二字即一"会"字讹。《史记·范雎蔡泽列传》作"会义渠之事急"，据此改。义渠，西戎小国。

④躬：自身。闵然：昏昧的样子。敏：聪明。

⑤屏（bǐng）：屏退。

⑥跪：古人席地而坐，两膝着地以臀着足跟。跪则伸直腰腿，以示庄重。

⑦跽（jì）：长跪。双膝着地，上身挺直，表示郑重、尊敬。

⑧吕尚：本姓姜，先世封于吕，故称吕尚，字子牙。后钓于渭水之滨，遇文王，文王说："吾太公望子久矣。"故又号"太公望"。西周初年立为师（武官名），辅佐武王伐纣灭商，武王尊之为"师尚父"，封于齐，为齐国始祖。文王：指周文王。

⑨渭阳：渭水的北岸。渭，水名。阳，水的北岸、山的南面。

⑩原作"皆匡君之事"，但此句当与下文为偶语，故据诸祖耿《战国策集注汇考》改。

⑪漆身：以漆涂身。厉（lài）：通"癞"。

⑫五帝：原始社会末期五位部落联盟的首领，一般指黄帝、颛顼、帝喾、唐尧、虞舜。

⑬三王：指夏、商、周三代开国君王，即夏禹、商汤、周文王（武王）。

⑭五伯：指春秋时诸侯中的五个霸主，《孟子·告子》赵岐注以齐桓公、晋文公、秦穆公、宋襄公、楚庄王为五霸。但战国时人通常指齐桓公、晋文公、楚庄王、吴王阖闾、越王勾践为五霸。伯，通"霸"。

⑮乌获：秦武王时的力士。

⑯奔、育：指孟奔、夏育，二人都是战国时期著名的勇士。奔，也作"贲"。

⑰伍子胥：名员（yùn），字子胥，春秋时期楚国大夫伍奢之子。楚平王杀其父、兄，子胥奔吴，佐吴王阖闾伐楚，得报父兄之仇。后吴王夫差败越

王勾践，子胥反对与越人和，力主灭越。夫差不听，并因此事赐死子胥。后越果灭吴。橐（tuó）：口袋。伍子胥奔吴时，藏在橐中。昭关：春秋楚国关名，为楚、吴边境要隘，在今安徽含山县西北。

⑱蔆（líng）水：溧水，源出今安徽芜湖，东流注入江苏太湖。

⑲阖庐：春秋末年吴国君，姬姓，名光，吴王诸樊之子。

⑳箕子：商纣王叔父，封于箕。谏纣王不听，就披发佯狂。接舆：春秋时楚人，为佯狂避世的隐士。

㉑足下：后代用为一般的尊称，但在《战国策》中常用以尊称国君。

㉒慁（hùn）：乱，打扰，烦扰。

㉓庙：据《史记》作“宗庙”。

㉔再拜：拜两次，表示礼节的隆重。

㉕甘泉：山名，在今陕西淳化县西北。谷口：地名，即古寒门，在今陕西礼泉县东北。

㉖泾、渭：皆为水名，流经陕西中部。

㉗右陇、蜀：右，秦国西部。陇，陇山，在今陕西陇县西北。蜀，古国名，在今四川西部。

㉘左关、阪：左指秦国东部。关，指函谷关。阪，指崤山，因其山上有峻坡，又称崤阪山。

㉙赴：原作“当”，诸祖耿《战国策汇注集考》据《太平御览》卷460引而改，今从。

㉚山东：指崤山以东的六国。

㉛穰侯：魏冉，战国时期秦国大臣，秦昭襄王母宣太后异父弟。昭襄王年幼继位，他多次任相，封于穰，号穰侯。

㉜公元前301年，齐、魏、韩攻楚，大败楚军于重丘，杀死楚将唐昧，楚宛、叶以北地为魏、韩所得。

㉝肤寸：古代长度单位，一指宽为寸，四指为肤，极言其小。

㉞罢（pí）露：羸弱困乏。

㉟指公元前284年，乐毅率燕、秦、赵、魏、韩五国之兵伐齐之事。

㊱主辱：指乐毅攻入齐都临淄，齐滑王逃至莒。军破：指齐军败于济西。

㊲赍(jī)：以物赠人。

㊳缪：通"谬"，错误，荒谬。

㊴币：用作礼物的玉、马、皮、帛等。

㊵虚：同"墟"，指消灭韩、魏，化为废墟。

㊶事当在秦昭襄王四十一年(前266)。邢丘：战国时期魏国城邑，在今河南温县东。

㊷荥阳：战国时期韩国城邑，在今河南荥阳东北。

㊸成睾(gāo)："成皋"，战国时期韩国邑，在今河南荥阳汜水镇。

㊹太行：今山西、河南、河北三省境内的太行山脉。

㊺上党：战国时期韩国郡名，在今山西东南部，治所在壶关(今长治市北)。

㊻田单：战国时期齐国名将，临淄人。燕国将领乐毅破齐后，坚守即墨五年。后行反间计，出奇兵一举收复失地七十余城，迎立襄王，被任为相国，封安平君。

㊼太后：指秦昭襄王母，芈姓。昭襄王年幼即位，由她执掌政权，号宣太后。华阳：芈戎，战国时期楚国人，秦宣太后同父弟，昭襄王之舅，入秦后封为华阳君，又封为新城君。高陵：高陵君，战国时期秦国人，昭襄王同母弟，名悝，号高陵君。按：此句原无"高陵"，而下文两次出现"高陵"，吴师道均以此处当依《史记》补"高陵"。秦之四贵，实不包括太后，故以补"高陵"为确。

㊽高陵进退不请：原作无此六字，此据姚注和《史记》增补。

㊾剖符：指与各国断绝外交关系。剖，分，坏。符，信符。

㊿淖(nào)齿：战国时期楚国将领。乐毅讨伐齐国时，楚国派他解救齐国，被任为齐国相。

⑤①闵王：也作“湣王”，战国时期齐国君，妫姓，名地。齐宣王之子。

⑤②宿昔：一夜之间。昔，通“夕”。

⑤③李兑：战国时期赵国司寇，惠文王时为相，封奉阳君。

⑤④主父：赵武灵王，战国时期赵国国君，嬴姓，名雍。公元前 299 年传位给王子何（惠文王），自号主父。

⑤⑤“华阳”二字，据姚注和《史记》补。

⑤⑥史无废太后事，仅夺其权。

⑤⑦“华阳”二字，据姚注和《史记》补。

⑤⑧齐公：齐桓公，春秋时齐国君，姜姓，名小白。管仲：管敬仲，名夷吾，字仲，颍上人。齐桓公任命为卿。

## ［译文］

范雎到了秦国，秦王亲自走到宫院的堂阶上迎接，秦王对范雎说：“我早就应该亲自聆听您的教诲了，正赶上义渠的事情紧急，我每天要亲自请示太后。现在义渠的事情已经完结，我才能亲自接受您的指教。我这人昏昧迟钝不聪明，请让我现在恭敬地施行宾主的礼节吧。”范雎推辞礼让。这一天凡是看见范雎的人，无不改颜换色，肃然起敬。

秦王让左右的人退去，宫中再没有其他人。秦王跪在座席上向范雎请教说：“先生用什么来指教我？”范雎说：“是，是。”过了一会儿，秦王又一次请教，范雎还是说：“是，是。”一连三次都是这样。秦王长跪在座席上挺直身子说：“先生难道不肯指教我吗？”范雎道歉说：“不是我胆大妄为如此。我听说当初吕尚遇见周文王的时候，吕尚只是个渔夫，在渭水北岸钓鱼罢了，像这个时候，他们的关系还是很疏远的。不久，文王听了他的一席话，就封他为太师，和他乘车一起回去，是因为他们谈得深切投机。所以文王果然从吕尚身上收到了功效，终于取得天下，自己当上了帝王。假使文王疏远吕尚而不肯和他屈膝长谈，这就说明周族没有做天子的德行，而文王、武王也就没有人辅佐成就帝王大业了。现在我只不过是个寄居于秦国做客的人，和大王的交情生疏，我想说的又都是匡正君臣的大事，处在人家至亲骨肉之间，虽然我很想献出自己浅陋的忠心，却不了解大王您的心意，这就是大王三次发问而我不敢对答的原因。我不是因为有所畏惧而不敢直言，臣知道今天把话说了，明天就可能被处死，但我也不敢有所畏惧。大王果真采纳我的意见，那么死不能成为我的祸患，逃亡也不值得我忧虑，漆身生癞、披发装疯也不会使我感到耻辱。像五帝这样圣明的人也要死，像三王这样仁义的人也要死，像五霸这样贤能的人也要死，像乌获这样有力量的人也要死，像孟奔、夏育这样勇武的人也要死，死亡是人们一定不能避免的。面对这必然来临的死亡，可以对秦国有微小的补益，这就是我最大的愿望了，我还有什么好忧虑的呢？从前伍子胥被装在口袋里逃出昭关，夜晚走路，白天躲藏，到达溧水后，没有什么东西用来充饥，只好匍匐爬行，在吴国街市上讨饭，却最终复兴了吴国，使阖庐成为霸主。假使我能像伍子胥一样进献计谋，即使把我囚禁起来，终生不能与大王见面，只要我的主张得以施行，我还担心什么呢？箕子、接舆，漆身生癞、披发装疯，对于殷、楚无所补益。假使我的行为和箕子、接舆相同，可以对我认为贤明的君主有所补益，这是我最大的荣幸，我又有什么耻辱呢？我所担心的是，只怕我死了以后，天下的人见我为大王尽忠而招致死亡，因此就闭口不言，裹足不前，再没有人肯到秦国来了。如今大王您对上害怕太后的威严，对下又被奸臣谄媚的态度迷惑；居住在深宫里面，离不开太保太傅的照料；终身昏昧糊涂，没有人替您察知奸佞。其后果往大说是国家灭亡，往小看则是自身处于孤立而危险，这才是我所恐惧的。至于我个人困窘受辱的事情，死亡流放的灾祸，我都不畏惧。如果我的死亡能够换来秦国政治清明，那将比我活着更有意义。”

秦王直身长跪在座席上，说：“先生这是说的什么话呀！秦国所处偏僻荒远，我又愚昧不才，先生竟然有幸到这里来，这是上天让我烦劳先生，而使先王的宗庙祭祀得以保存啊。我能够有机会聆听先生的教诲，这也是上天同情先王而不抛弃他的遗孤啊。先生怎么能说这样的话呢？无论事情的大小，上自太后，下至大臣，希望先生都能给我指点，不要对我有疑虑。”范雎向秦王拜了两拜，秦王也再拜还礼。

范雎说：“大王的国家，北面有甘泉、谷口，南面横着泾水、渭水，西面有陇西、蜀郡，东面有函谷关、崤山，并且有战车千辆，精兵百万。凭着秦国士兵的勇悍，车骑的众多，去和诸侯周旋，应该就像驱赶韩卢犬追逐跛脚兔一样容易，成就霸王的功业是完全可以办到的。可是现在却反而闭关自守，不敢出兵攻打崤山以东的六国诸侯，这是因为穰侯没有为国家忠心谋划，而大王的策略也有失误的地方。”

秦王说：“我很愿听听失误在什么地方。”

范雎说：“大王越过韩国和魏国去攻打强大的齐国，这个策略失当。出兵少就不能损伤齐国，出兵多就会对秦国造成危害。我推测大王的打算是想让秦国少出兵，而让韩国和魏国出动全部军队，但这是不合乎道义的。现在发现同盟国不可深信，还要越过他们的国境去攻打另一个国家，这样能行吗？这是策略上的失误。从前，齐国攻打楚国，获得胜利，打败了楚军，杀死了楚将，又开辟了千里土地，可是最后连尺寸之地都没有得到，难道齐国不想要土地吗？是形势迫使它不能占有啊。诸侯看到齐国羸弱困乏，君臣之间不团结，于是就兴兵攻打它，齐闵（湣）王蒙受侮辱，军队惨遭失败，被天下人耻笑。造成这种结局的原因，是它去攻打楚国却增强了韩、魏两国的实力。这就是所谓借武器给强盗，送粮食给小偷啊。大王不如结交远处的国家而攻打近处的国家，这样得到一寸土地，就是大王的一寸土地；得到一尺土地，也是大王的一尺土地。现在大王不用这样的策略而去攻打远处的国家，难道不是犯了严重的错误吗？再说从前中山国的土地纵横五百里，赵国独自占有了它，大功告成，名声大振，利益全归赵国，天下没有谁能奈何得了它。现在韩国和魏国处在中原地区，是天下的枢纽。大王如果想要成就霸业，就一定要亲近中原的国家以便控制天下的枢纽。这样就可以威胁楚国和赵国。赵国强大，那么楚国就会归附秦国；楚国强大，赵国就来归附秦国。楚国和赵国都来归附秦国，齐国就一定会害怕，齐国害怕就必然会用谦卑的言辞和丰厚的礼物来侍奉秦国。齐国归附了，韩国和魏国就可以成为废墟了。”秦王说：“我也想亲近魏国，但魏国是个反复无常的国家，我无法亲近它。请问怎么亲近魏国呢？”范雎说：“用谦卑的言辞和丰厚的礼物去讨好它？不行，割地送给它？也不行，那就出兵去攻打它。”于是，秦国出兵攻打邢丘，邢丘被攻下以后，魏国请求归附秦国。

范雎又对秦王说：“秦国和韩国的地形，像绣花一样相互交错，秦国旁边有韩国，就像树木上有蛀虫，人的疾病进入心腹一样。天下形势一旦有变，对秦国构成危害最大的莫过于韩国。

大王不如收服韩国。”秦王说：“我想收服韩国，可是韩国不服从，应该怎么办呢？”范雎说：“出兵攻打荥阳，那么成皋之路就不通了；向北截断太行山的隘道，那么上党地区的援兵就无法南下；一举攻占荥阳，韩国就会被截成三段。韩国眼看必然要灭亡，怎么能不服从？韩国服从了，秦国的霸业就可以成功了。”秦王说：“好”。

范雎说：“我居住在山东的魏国时，只听说齐国有田单，从没听说过他们的齐王；只听说秦国有太后、穰侯、泾阳君、华阳君、高陵君，不曾听说秦国有大王您。所以能掌控整个国家的才称得上是王，能处理国家利害关系的才称得上是王，能掌握生杀予夺权威的才称得上是王。现在太后独断专行无所顾忌，穰侯擅派使者都不向大王禀告，泾阳君、华阳君随意杀人毫无忌惮，高陵君离开和回来都不会向您请示，四个显贵横行而国家不陷入危亡，是从来没有过的。大王处在这四个权贵之下，这就是我们所说的秦国无王啊。那么这个国家的政权哪能不倾覆，政令哪能由大王发出呢？我听说善于治理国家的君主，对内要巩固自己的威望，对外要加强自己的权力。穰侯手下的人凭借大王的权势，分割诸侯的土地，任意动用兵符，攻打各国，没有人敢不听从。打了胜仗，攻占了土地，利益就归他自己的封地陶邑，国家困乏疲弊而被诸侯控制；打了败仗，就跟百姓结下怨仇，而祸患则由国家承担。《诗》上说：‘树木上的果实太多了，树枝就会折断；树枝折断了，树心就要受伤害。封地太大了，国家就有危险；臣子地位尊贵了，国君地位就要降低。’淖齿掌握了齐国的大权，就像抽了齐闵（湣）王的筋，把他吊在庙堂的大梁上，一夜之间就死了。李兑在赵国掌权，减掉主父的日常饮食，一百天后使他活活饿死了。现在秦太后、穰侯掌权,高陵君、泾阳君、华阳君辅佐他们,终究会取代大王,这也和淖齿、李兑一类人的行为极为类似啊。我现在看到大王在宗庙和朝廷上孤立无援,很担心后世统治秦国的人,将不是大王的子孙。”

秦昭襄王听了很害怕,于是就削弱了太后的权力,驱逐穰侯,把高陵君、泾阳君、华阳君驱逐到函谷关以外。秦昭襄王对范雎说:“从前齐桓公得到管仲,尊称他为‘仲父’。现在我得到了您,也会把您当作父辈一样敬重。”

## 让贤而授(蔡泽见逐于赵而入韩、魏)

〔题解〕

本篇选自《秦策三》,又见于《史记·范雎蔡泽列传》。范雎因为任用郑安平、王稽失当,正在害怕受到牵连。蔡泽此时入秦游说范雎,敏锐地抓住了范雎的这种心态。他以确凿的历史教训,列举了大量兔死狗烹、鸟尽弓藏,国君忌惮功臣而明智之士及时全身远祸的事例,意在乘人之危,劝应侯功成身退,进而夺取相位。蔡泽的这番说辞,成功打动了以精明机敏著称的范雎,这得益于本文大量的事实论证和反复对比的手法,从而将贪位招祸和功成身退不同的选择所带来的结果,清晰地呈现于范雎面前,迫使范雎做出抉择。

〔原文〕

蔡泽见逐于赵而入韩、魏①,遇夺釜鬲于涂②。闻应侯任郑安平、王稽皆负重罪[3]，应侯内惭。乃西入秦，将见昭王[4]。使人宣言以感怒应侯，曰："燕客蔡泽，天下骏雄弘辩之士也。彼一见秦王，秦王必相之而夺君位。"

应侯闻之，使人召蔡泽。蔡泽入，则揖应侯[5]。应侯固不快，及见之，又倨。应侯因让之，曰："子常宣言代我相秦，岂有此乎？"对曰："然。"应侯曰："请闻其说。"蔡泽曰："吁！君何见之晚也[6]？夫四时之序，成功者去。夫人生手足坚强，耳目聪明，而心圣知[7]，岂非士之所愿与？"应侯曰："然。"蔡泽曰："质仁秉义，行道施德于天下，天下怀乐敬爱，愿以为君王，岂不辩智之期与？"应侯曰："然。"蔡泽复曰："富贵显荣，成理万物，万物各得其所；生命寿长，终其年而不夭伤；天下继其统，守其业，传之无穷，名实纯粹，泽流千世，称之而毋绝，与天地终始，岂非道之符[8]，而圣人所谓吉祥善事与？"应侯曰："然。"泽曰："若秦之商君[9]，楚之吴起[10]，越之大夫种[11]，其卒亦可愿欤？"

应侯知蔡泽之欲困己以说，复曰："何为不可？夫公孙鞅事孝公[12]，极身毋二虑，尽公不还私，信赏罚以致治，竭智能，示情素，蒙怨咎，欺旧交，虏魏公子卬[13]，卒为秦禽将破军，攘地千里。吴起事悼王[14]，使私不害公，谗不蔽忠，言不取苟合，行不取苟容，行义不顾毁誉，必有伯主强国，不辞祸凶。大夫种事越王[15]，主离困辱[16]，悉忠而不解[17]，主虽亡绝，尽能而不离，多功而不矜，贵富不骄怠。若此三子者，义之至，忠之节也。故君子杀身以成名，义之所在，身虽死，无憾悔，何为不可哉？”

蔡泽曰：“主圣臣贤，天下之福也；君明臣忠，国之福也；父慈子孝，夫信妇贞，家之福也。故比干忠[18]，不能存殷；子胥知[19]，不能存吴；申生孝[20]，而晋国乱。是有忠臣孝子，国家灭乱，何也？无明君贤父以听之。故天下以其君父为戮辱，怜其臣子。夫待死而后可以立忠成名，是微子不足仁[21]，孔子不足圣[22]，管仲不足大也[23]。”于是应侯称善。

蔡泽得少间，因曰：“商君、吴起、大夫种，其为人臣，尽忠致功，则可愿矣。闳夭事文王[24]，周公辅成王也[25]，岂不亦忠乎？以君臣论之，商君、吴起、大夫种，其可愿孰与闳夭、周公哉？”应侯曰：“商君、吴起、大夫种不若也。”蔡泽曰：“然则君之主，慈仁任忠，不欺旧故，孰与秦孝公、楚悼王、越王乎？”应侯曰：“未知何如也。”蔡泽曰：“主固亲忠臣，不过秦孝、越王、楚悼。君之为主正乱、批患、折难，广地、殖谷，富国、足家、强主，威盖海内，功章万里之外，不过商君、吴起、大夫种。而君之禄位贵盛，私家之富过于三子，而身不退，窃为君危之。语曰：‘日中则移，月满则亏。’物盛则衰，天之常数也；进退、盈缩、变化，圣人之常道也。昔者，齐桓公九合诸侯[26]，一匡天下，至葵丘之会[27]，有骄矜之色，畔者九国。吴王夫差无适于天下[28]，轻诸侯，凌齐、晋[29]，遂以杀身亡国。夏育、太史启叱呼骇三军[30]，然而身死于庸夫。此皆乘至盛不及道理也。夫商君为孝公平权衡、正度量、调轻重[31]，决裂阡陌[32]，教民耕战，是以兵动而地广，兵休而国富，故秦无敌于天下，立威诸侯，功已成矣，遂以车裂。楚地持戟百万，白起率数万之师[33]，以与楚战，一战举鄢、郢[34]，再战烧夷陵[35]，南并蜀、汉[36]，又越韩、魏，攻强赵，北坑马服[37]，诛屠四十余万之众，流血成川，沸声若雷，使秦业帝。自是之后，赵、楚慑服，不敢攻秦者，白起之势也。身所服者七十余城，功已成矣，赐死于杜邮[38]。吴起为楚悼罢无能，废无用，损不急之官，塞私门之请，壹楚国之俗，南收杨越[39]，北并陈、蔡[40]，破横散从，使驰说之士，无所开其口，功已成矣，卒支解。大夫种为越王垦草创邑，辟地殖谷，率四方之士，专上下之力，以禽劲吴，成霸功，勾践终倍而杀之[41]。此四子者，成功而不去，祸至于此。此所谓信而不能诎[42]，往而不能反者也。范蠡知之[43]，超然避世，长为陶朱。君独不观博者乎[44]？或欲大投，或欲分功，此皆君之所明知也。今君相秦，计不下席，谋不出廊庙，坐制诸侯，利施三川[45]，以实宜阳[46]，决羊肠之险[47]，塞太行之口[48]，又斩范、中行之途[49]，栈道千里通于蜀、汉，使天下皆畏秦。秦之欲得矣，君之功极矣，此亦秦之分功之时也。如是不退，则商君、白公、吴起、大夫种是也。君何不以此时归相印，让贤者而授之？必有伯夷之廉[50]，长为应侯，世世称孤[51]，而有乔、松之寿[52]，孰与以祸终哉？此则君何居焉？”

应侯曰：“善。”乃延入坐，为上客。

后数日，入朝，言于秦昭王曰：“客新有从山东来者蔡泽，其人辩士，臣之见人甚众，莫有及者，臣不如也。”秦昭王召见，与语，大说之，拜为客卿[53]。应侯因谢病，请归相印。昭王强起应侯，应侯遂称笃，因免相。昭王新说蔡泽计画，遂拜为秦相[54]，东收周室[55]。

蔡泽相秦王，数月，人或恶之，惧诛，乃谢病归相印，号为刚成君。居秦十余年，事昭王、孝文王、庄襄王[56]，卒事始皇帝[57]。为秦使于燕，三年而燕使太子丹入质于秦[58]。

〔注释〕

①蔡泽：战国时期燕国人，曾游说各国诸侯，但都不被任用。公元前255年入秦，说范雎，后被任为国相。数月后辞相，封刚成君。

②釜：蒸锅。鬲（lì）：空足鼎。涂：同“途”。

③按：范雎荐举郑安平为将、王稽为河内太守，后郑安平兵败降赵，王稽与诸侯通。“秦之法，任人而所任不善者，以其罪罪之”（《史记·范雎蔡泽列传》），故蔡泽入秦，力谏范雎辞了相位以自保。应侯：范雎，战国时期魏国人，字叔。入秦说昭襄王，公元前266年任秦相，封于应（河南鲁山县东），号应侯。郑安平：魏国人。曾救范雎，与范雎同至秦国。王稽：战国时期秦国谒者令，因荐范雎，任为河东郡太守。

④时当秦昭襄王五十二年。

⑤揖（yī）：拱手作揖。蔡泽以布衣身份揖卿相，是为不恭，故下句说“应侯固不快”。

⑥君何：原作“何君”，据鲍本、《史记》改。

⑦原作无“而心”二字，《史记》作“而心圣知”，于义为顺。知：同“智”。

⑧符：验证，效果。

⑨商鞅：战国时期卫国公子，公孙氏，名鞅。初为魏相公叔痤家臣，痤病，荐鞅为相。后亡魏入秦，说孝公，任左庶长，升为大良造，因功封于商，称商君。秦惠文王时被车裂而死。

⑩吴起：战国时期卫国人。初为鲁国将领，后任魏国西河太守。因遭陷害，逃奔楚国，为令尹，辅佐悼王变法。悼王死，宗室大臣作乱，被射杀。

⑪大夫种：文种，春秋末年越国大夫，字少禽。曾辅佐越王勾践保国灭吴，后被勾践赐剑自杀。

⑫公孙鞅：商鞅。孝公：战国时期秦国君，嬴姓，名渠梁，秦献公之子。

⑬公子卬（áng）：魏惠王之子，战国魏将。公子卬本为商鞅的旧友，故曰欺旧交。

⑭悼王：战国时期楚国君。芈姓，名类（一作“疑”），楚声王之子。

⑮越王：指勾践，姬姓，春秋末年越国君，曾被吴国打败，屈服求和。后用范蠡、文种等人整顿国政，转弱为强，灭亡吴国，成为霸主。

⑯离：通“罹”，遭遇。

⑰解：同“懈”，懈怠。

⑱比干：殷末大臣，纣王叔父，官少师。曾屡次劝谏纣王，被剖心而死。

⑲子胥：春秋时吴国大夫，名员（yùn），字子胥，楚大夫伍奢之子。楚平王杀其父兄，子胥奔吴，佐吴王阖闾伐楚，得报父兄之仇。后因劝谏吴王夫差先灭越国而君臣失和，夫差赐剑令其自杀。知：同“智”。

⑳申生：春秋时晋献公太子。献公宠爱骊姬，骊姬诬陷申生意欲毒杀献公。申生为了全孝，既不申辩，也不逃亡，自杀而死。

㉑微子：商纣王之兄，名启。纣王乱政，微子谏不听，佯狂避祸，亡命

于外。

㉒孔子：名丘，字仲尼，春秋末期鲁国人，儒家学派创始人。曾有言曰：“邦有道则仕，邦无道则可卷而怀之”“危邦不入，乱邦不居”。

㉓管仲：名夷吾，字仲，春秋时期颍上人。由鲍叔牙推荐，被齐桓公任命为卿。大：高尚。

㉔闳（hóng）夭：周文王时大臣，又辅佐武王伐商，成就王业。文王：指周文王。

㉕周公：文王之子，武王之弟，姬姓，名旦。因采邑在周（今陕西岐山东北），称周公。武王死后，由他摄政，长期主持国政。成王：西周君王，武王之子，姬姓，名诵。

㉖齐桓公：春秋时齐国君。姜姓，名小白。九合：多次聚合。

㉗事在齐桓公三十五年（前651）。葵丘：春秋时宋国地，在今河南兰考县境内。

㉘夫差（chāi）：春秋末年吴国君，姬姓，吴王阖闾之子。

㉙公元前484年，吴救鲁与齐战于艾陵，大破齐军。公元前482年，诸侯会盟于黄池，吴与晋争霸。

㉚夏育：春秋时力士。太史启：姓太史，名启，古代勇士。

㉛平权衡、正度量：指商鞅变法时统一度量衡，颁布标准的度量衡器。权，秤锤。衡，秤杆。调轻重：指调整赋税的轻重。

㉜指商鞅变法时破除井田制的疆界，重新划分土地。阡陌：田间小路，南北曰阡，东西曰陌。

㉝白起：战国时期秦国名将，郿（今陕西眉县）人。秦昭襄王时从左庶长官至大良造，屡战获胜，因功封武安君。后因与秦王、相国范雎意见不合，被逼自杀。

㉞事在公元前279年。郢：战国时期楚国都城，在今湖北江陵县西北。公元前278年被白起攻破。

㉟事在公元前278年。夷陵：战国时期楚国城邑，在今湖北宜昌市

东南。

㊱事在秦惠文王二十二年(前316),不关白起事。蜀、汉:指蜀郡和汉中一带。或当为“巫、黔中”之误。

㊲坑:活埋。马服:指赵括,马服君赵奢之子,亦称马服子,长平之战赵军统帅。

㊳事在公元前257年。秦攻赵都邯郸,白起与昭襄王、范雎意见不合,被迫自杀。杜邮:又名杜邮亭,战国时期秦国城邑,在今陕西咸阳市东。

㊴杨越:百越之一支,在今湖南以南,广东、广西一带。

㊵事当在吴起相楚前数十年,此说有误。陈:周武王灭商后所封的诸侯国,妫姓,建都宛丘(今河南淮阳县)。公元前478年为楚惠王所灭。蔡:西周时分封的诸侯国,姬姓。周武王封其弟叔度于蔡,以监殷。因叛乱被逐,立其子蔡仲胡,都上蔡(今河南上蔡县西),后迁新蔡(今河南新蔡县),又迁州来,谓之下蔡。公元前447年为楚所灭。

㊶倍:同“背”,即负心、忘恩负义。

㊷信(shēn):同“伸”。诎(qū):同“屈”。

㊸范蠡:春秋末年楚国人,字少伯,越国大夫。越被吴所败时,曾质于吴。回越后与文种辅佐勾践灭吴,功成不居,游于齐,自称鸱夷子皮。后居陶,自称陶朱公,以经商致富。

㊹博:通“簙”,古代的一种棋戏。

㊺三川:指河、洛、伊三水之间地。

㊻宜阳:战国时期韩国城邑,在今河南宜阳县西北洛河北岸。

㊼羊肠:坂道名。萦曲如羊肠,故名。在今山西晋城南太行山上。

㊽太行(háng):今山西、河南、河北三省境内的太行山脉。

㊾范、中行:春秋末年晋国六卿之二,此指三晋。

㊿伯夷:商末孤竹君之子,与弟叔齐互让君位,逃至周。至周,反对武王灭商,又逃到首阳山,不食周粟而死。

51孤:古代王侯对自己的谦称。

㊾乔、松：王子乔和赤松子，古代传说中长生不老的仙人。

53客卿：别国人来本国做官，地位相当于卿，而以客礼待之者。

54事在秦昭襄王五十二年（前255）。

55公元前256年，秦灭西周。

56孝文王：战国时期秦国国君，嬴姓，名柱，秦昭襄王之子。庄襄王：战国时期秦国国君，嬴姓，名异人，易名子楚，孝文王之子。

57始皇帝：秦始皇，秦朝的开创者，嬴姓，名政，庄襄王子。

58事在公元前235年。入质：到秦国做人质。

〔译文〕

蔡泽被赵国驱逐先后辗转到了韩国和魏国，在路上他的锅鼎等炊具被人夺去。他听说范雎任用的郑安平、王稽等都身负重罪，范雎心里很不安。于是蔡泽就往西进入秦国，打算去拜见秦昭襄王。他先派人四处扬言以激怒范雎，说："燕人蔡泽，是当今天下才智超群、辩才高超的人。他一见秦王，秦王就一定用他为相而夺去范雎的官位。"

范雎听说后，派人去召见蔡泽。蔡泽进来，只对范雎拱了拱手。范雎本来就不高兴，等见到他后，又认为蔡泽的态度非常傲慢无礼。范雎就责备他说："您曾经扬言要代替我做秦国的丞相，难道真有这样的事吗？"蔡泽回答说："是的。"范雎说："请让我听听您的高论。"蔡泽说："啊！您的见识怎么这样迟钝啊？春夏秋冬四季循环往复，完成自己的任务就要离开了。一个人活着，手足坚强，耳聪目明，心灵聪慧，难道不是所有人的愿望吗？"范雎说："是的。"蔡泽又说："以仁为本，主持正义，在天下行道施德，天下的人都崇拜他、敬爱他，都愿让他做自己的君王，难道不是聪明才辩之士所期望的吗?”范雎说:“是的。”蔡泽又说:“享受富贵显荣,护养治理万物,让万物各得其所;寿命长久,享尽天年而不夭折;让天下继承他的传统,坚守他的事业,无穷无尽地流传下去,名与实都完美无瑕,恩泽施及千代,后人对他的称颂不绝,与天地一样长久,这不就是符合自然规律,是圣人所说的吉祥好事吗?”范雎说:“是的。”蔡泽说:“像秦国的商鞅、楚国的吴起、越国的文种,他们的最终结局也是人们愿意看到的吗?”

范雎知道蔡泽要用辩词使自己处于困窘的境地,于是又说:“为什么不可以呢?公孙鞅为秦孝公服务,忠心无二,尽忠国家而不顾自己,赏罚严明,把国家治理得很好,竭尽自己的才能,表现出一腔忠诚,遭受着怨恨和责难,欺骗老朋友,俘虏了魏国的公子印,终于为秦国擒获敌将、打败敌军,夺取了千里土地。吴起侍奉楚悼王,使得私家不能损害公家,使谗言不能蒙蔽忠良,说话不随便附和,做事不苟且相容,坚持正义,不顾忌诽谤和赞誉,为了使君主称霸、国家强盛,不怕大难临头。大夫文种服侍越王勾践,越王遭受围困和凌辱,他竭尽忠心毫不懈怠,越王虽然处于亡国绝世的境地,他仍竭尽全力而不离开,虽然功劳很大但不自我夸耀,虽然荣华富贵但不傲慢。像这三个人,都可谓是义气的极致和忠贞的表率。所以有道德修养的人甘愿牺牲生命来成就美名,只要是节义存在的地方,即使为它去死,也没有遗憾和悔恨,为什么不可以做呢?”

蔡泽说:“君主圣明而臣下贤良,这是天下人的福分;君主英明而臣下忠诚,这是国家的福气;父亲慈爱而儿子孝顺,丈夫诚实而妻子贞节,这是家庭的幸福。所以比干忠心,但不能保住殷朝；子胥聪明，可不能保住吴国；申生孝顺，晋国却发生内乱。这些人都是忠臣孝子，可是国家或灭亡或内乱，为什么呢？是因为没有英明的君主和贤德的父亲来听取他们的意见。所以天下以这样的昏君愚父为耻辱，却同情他们的忠臣和孝子。如果等到死了以后才能够立忠成名，那么微子就不足以称为仁人，孔子不值得称为圣人，管仲不配称为高尚的人。”这个时候范雎认为蔡泽讲得好。

蔡泽稍微停了一下，又接着说：“商君、吴起、大夫种，他们作为臣下，竭尽忠心，建立功业，都是人们愿意效法的人。闳夭侍奉周文王，周公辅佐周成王，难道不也是忠心耿耿吗？从君臣关系来看，在后人愿意效法这方面，商君、吴起、大夫种和闳夭、周公相比怎么样？”范雎说：“商君、吴起、大夫种比不上闳夭和周公。”蔡泽说：“既然这样，那么您的国君在慈爱仁德、信任忠臣、不欺骗老友这方面，和秦孝公、楚悼王、越王勾践相比怎么样？”范雎说：“不知道能否比得上。”蔡泽说：“您的国君固然亲近忠臣，但比不上秦孝公、越王勾践和楚悼王。您为您的国君拨乱反正，排除患难，扩大疆土，发展农业，富国富民，使国君强大，威力超过天下诸侯，功业昭著万里之外，但这功业也还超不过商君、吴起、大夫种。可是您的地位尊贵，俸禄丰厚，家里的财富超过他们三人，您自己却不主动引退，我私下里替您感到危险。俗话说：‘太阳到达中天就要偏斜，月亮圆满就要亏缺。’事物发展到顶点就要衰败，这是自然界的普遍规律；前进后退，扩展收缩，随着时间的推移而变化，这是圣人通常遵循的准则。从前，齐桓公多次主持诸侯盟会，一次就匡正了天下，到葵丘之会的时候，就表现出骄傲自大的情绪，结果有多个国家背叛了他。吴王夫差无敌于天下，轻视诸侯，欺凌齐国和晋国，终于因此而身死国亡。夏育、太史启一声呼喊，能吓倒三军，然而自己却死于平庸之辈的手下。这些人都是在声名大盛的时候没有达到通晓道理的缘故。商君为秦孝公统一度量衡，颁布标准的度量衡器，调整赋税的轻重，废除井田的疆界，重新划分土地，教育百姓学习耕种，习练军事，因此军队一出动就能扩大领土，军队休整下来国家也能富强，所以秦国无敌于天下，在诸侯中树立了威信，功业已经成就了，结果却被五马分尸。楚国的士兵有上百万，白起率领几万人的军队和楚军作战，一战拿下鄢和郢，二战烧毁夷陵，南面吞并蜀、汉，又越过韩国和魏国进攻强大的赵国，北面活埋赵括的军队，屠杀四十多万士兵，血流成河，吼声如雷，使秦国成就了帝业。从此以后，赵国和楚国畏惧秦国的威势而屈服，他们不敢进攻秦国，这都是白起的功劳。白起亲自攻下的城池就有七十余座，丰功伟业已告成，却被秦昭襄王赐死在杜邮。吴起为楚悼王罢免没有才能的人，废除没用的制度，裁减不急需的官员，堵塞了贵族的请托，统一楚国的风俗，南面攻打扬越，北面吞并陈国和蔡国，破除连横，解散合纵，使四处奔走游说的人没有开口的机会，功业已经成就，却最终被肢解而死。文种为越王勾践垦荒拓地，创建城邑，开垦田地，种植庄稼，率领军队，团结上下，降服强劲的吴国，成就霸王的功业，勾践到底还是背叛并杀了他。这四个人，都是成就了功业而不肯离去，以致招致了这样的灾祸。这就是人们所说的能伸不能屈、能进不能退的后果啊。范蠡懂得这些道理，以超脱的姿态避开世俗，长久地做经商致富的陶朱公。您难道没有见过玩棋戏的人吗？有人想孤注一掷个人独吞，有人想步步为营与人分享，这些都是您所清楚地知道的啊！现在您在秦国为相，出主意不用离开座席，定谋略不用走出朝廷，坐在家里控制诸侯，取得了三川之地，充实了宜阳的兵力，截断了羊肠坂的险塞，堵塞了太行山的入口，断绝了三晋之间的联络，修筑千里栈道通向蜀、汉，使各国诸侯都畏惧秦国。秦国的目标实现了，您的功劳也达到了顶点，这也正是该让大家分享成果的时候了。如果这时候不隐退，那就是商君、白起、吴起、大夫种的下场啊。您为什么不趁这个时候归还相印，让位给贤德的人呢？您这样做，一定会获得伯夷那样廉洁的声誉，长久地享受应侯的爵位，世世代代称孤道寡，而且还能像王子乔、赤松子一样长寿，这和遭受祸患而告终的结局相比哪个更好呢？那么您的结局应该在哪里呢？”

范雎说：“对。”于是请蔡泽入座，尊为上客。

过了几天，范雎上朝，对秦昭襄王说道：“有一位新近从山东来的客人蔡泽，这人是一位辩士，我所见过的人很多，没有一个能赶得上他，我也自愧不如。”秦昭襄王召见蔡泽，和他交谈，很喜欢他，授予他客卿的职位。范雎于是称病辞官，请求归还相印。秦昭襄王挽留他，他就声称病情严重，于是免去了他丞相的职位。秦昭襄王一开始就赞赏蔡泽的谋划，于是就授予他秦国丞相的职位，后来向东收服周王室。

蔡泽辅佐秦昭襄王几个月后，有人说他坏话，他害怕被杀，就称病归还相印，秦昭襄王封他为刚成君。他在秦国居留了十多年，先后侍奉秦昭襄王、秦孝文王、秦庄襄王，最后服侍秦始皇。他曾经替秦国出使燕国，三年以后终于使燕国派太子丹到秦国来做人质。

# 莫若善楚(说秦王曰)

〔题解〕

本篇选自《秦策四》,又见于《史记·春申君列传》和《新序·善谋》,这是一篇为楚说秦王的说辞,无说者姓名。时间约在秦王政十二年即公元前235年,这一年魏国投靠秦国,想借秦国之力与秦伐楚,夺取原来宋国的土地。这篇文章就是在秦准备伐楚的情况下,一位策士想要说服秦王打消伐楚的念头。文章首先说明秦王在当时极具威势的情况下应适可而止,以免物极必反;其次说明韩、魏为秦之仇雠(chóu),破楚而使魏、韩得利,并且增加了齐国的力量;最后阐述秦、楚交好,秦可坐收其利。整篇说辞引经据典,极尽纵横捭阖之能事。

〔原文〕

说秦王曰①:"物至而反,冬夏是也;致至而危,累碁是也②。今大国之地半天下,有二垂③,此从生民以来,万乘之地,未尝有也。先帝文王、庄王④,王之身,三世而不接地于齐,以绝从亲之要⑤。今王使盛桥守事于韩⑥,成桥以其地入秦。是王不用甲,不伸威,而出百里之地,王可谓能矣。王又举甲兵而攻魏,杜大梁之门⑦,举河内⑧,拔燕、酸枣、虚、桃人⑨,楚、魏之兵云翔不敢校⑩,王之功亦多矣。

“王休甲息众三年[11]，然后复之，又取蒲、衍、首垣[12]，以临仁、平丘[13]，小黄、济阳婴城[14]，而魏氏服矣。王又割濮、磨之北[15]，属之燕，断齐、赵之要，绝楚、魏之脊。天下五合六聚而不敢救也，王之威亦惮矣。王若能持功守威，省攻伐之心，而肥仁义之地，使无复后患，三王不足四[16]，五伯不足六也[17]。

“王若负人徒之众，仗兵甲之强，壹毁魏氏之威，而欲以力臣天下之主，臣恐有后患。《诗》云：‘靡不有初，鲜克有终。’《易》曰：‘狐濡其尾。’此言始之易，终之难也。何以知其然也？智氏见伐赵之利[18]，而不知榆次之祸也[19]；吴见伐齐之便，而不知干隧之败也[20]。此二国者，非无大功也，没利于前[21]，而易患于后也。吴之信越也，从而伐齐，既胜齐人于艾陵[22]，还为越王禽于三江之浦[23]。智氏信韩、魏，从而伐赵，攻晋阳之城[24]，胜有日矣，韩、魏反之，杀智伯瑶于凿台之上[25]。今王妒楚之不毁也，而忘毁楚之强韩、魏也。臣为大王虑而不取也。《诗》云：‘大武远宅不涉。’从此观之，楚国援也，邻国敌也。《诗》云：‘他人有心，予忖度之。跃跃毚兔[26]，遇犬获之。’今王中道而信韩、魏之善王也，此正吴信越也。臣闻‘敌不可易，时不可失’，臣恐韩、魏之卑辞虑患而实欺大国也。此何也？王既无重世之德于韩、魏，而有累世之怨焉。夫韩、魏父子兄弟接踵而死于秦者，百世矣。本国残，社稷坏，宗庙隳，刳腹折颐[27]，首身分离，暴骨草泽，头颅僵仆，相望于境。父子老弱系虏相随于路，鬼神狐祥无所食，百姓不聊生，族类离散，流亡为臣妾者[28]，满海内矣。韩、魏之不亡，秦社稷之忧也。今王之攻楚，不亦失乎？且王攻楚之日[29]，则恶出兵？王将藉路于仇雠之韩、魏乎？兵出之日，而王忧其不反也，是王以兵资于仇雠之韩、魏。王若不藉路于仇雠之韩、魏乎，必攻随阳右壤[30]。随阳右壤，此皆广川大水，山林溪谷不食之地，王虽有之，不为得地。是王有毁楚之名，无得地之实也。且王攻楚之日，四国必悉起应王[31]。秦、楚之兵，构而不离，魏氏将出兵而攻留、方与、铚、胡陵、砀、萧、相[32]，故宋必尽[33]。齐人南面，泗北必举[34]。此皆平原四达膏腴之地也，而王使之独攻。王破楚以肥韩、魏于中国而劲齐。韩、魏之强，足以校于秦矣。齐南以泗为境，东负海，北倚河，而无后患，天下之国莫强于齐。齐、魏得地葆利而详事下吏[35]，一年之后，为帝若未能，于以禁王之为帝有余。夫以王壤土之博，人徒之众，兵革之强，一举事而注怨于楚[36]，诎令韩、魏归帝重于齐，是王失计也。

"臣为王虑，莫若善楚。秦、楚合而为一，以临韩，韩必授首。王襟以山东之险[37]，带以河曲之利[38]，韩必为关中之侯[39]。若是，王以十万戍郑[40]，梁氏寒心，许、鄢陵婴城[41]，而上蔡、召陵不往来也[42]。如此而魏亦关内侯矣。王一善楚，而关内二万乘之主，注地于齐，齐之右壤，可拱手而取也。是王之地，一经两海，要绝天下也。是燕、赵无齐、楚，齐、楚无燕、赵也。然后危动燕、赵，直摇齐、楚[43]，此四国者，不待痛而服矣。”

〔注释〕

①秦王：指秦始皇，秦朝的开创者，嬴姓，名政。此指秦王政十二年，即公元前235年。

②累碁（qí）：堆叠棋子。碁，同“棋”。

③二垂：指占有天下西北二陲。垂，通“陲”，边陲。

④文王：指秦孝文王，战国时期秦国国君，嬴姓，名柱，昭襄王之子。庄王：庄襄王，战国时期秦国国君，嬴姓，名异人，后易名子楚，孝文王之子。

⑤从亲：合纵联盟。要：同“腰”。

⑥盛桥：又作成桥，秦王政之弟，封长安君。守事于韩：入韩为臣，为秦监守。守事，奉行公事。

⑦大梁：战国时期魏都，在今河南开封。

⑧河内：地区名，在今河南沁阳一带。

⑨事在秦王政五年（前242）。燕：在今河南延津县东北。酸枣：在今河南延津县西。虚：同“墟”，即殷墟，在今河南安阳小屯村。桃人：在今河南长垣县西北。四地皆魏邑。

⑩魏：原作“燕”，《文选·辩亡论》李善注引《战国策》作“楚、魏”，《史记》《新序》作“邢、魏”，疑“邢”当为“荆”之讹，荆，即楚。云翔：盘旋反顾。校（jiào）：对抗，较量。

⑪原作“王申息众二年”，《史记》《新序》“申”作“休甲”，当是，据此改。二年，当为“三年”。

⑫事在秦王政九年（前238）。蒲：又称“蒲阪”，在今河南长垣县西南。衍：又称衍氏，在今河南郑州市北。首垣：又称“长垣”，在今河南长垣

县东北。三地皆魏邑。

⑬仁：未详，当与平丘近。平丘：在今河南省长垣西南。

⑭小黄：又称“黄”，在今河南开封县东。济阳：在今河南兰考县东北。二地皆魏邑。婴城：绕城自守。

⑮濮、磨：包括今河北大名、山东聊城一带。濮，水名。磨，黄丕烈曰：“历”字之误。濮历之北，指今河南濮阳地。

⑯三王：指夏、商、周三代开国君王，即夏禹、商汤、周文王（武王）。

⑰五伯：指春秋时诸侯中的五个霸主，战国时人通常指齐桓公、晋文公、楚庄王、吴王阖闾、越王勾践。伯，通“霸”。

⑱智氏：指智伯瑶，即荀瑶，谥号“襄子”，春秋时期晋国六卿之一，封于智（今山西永济北）。

⑲榆次：在今山西榆次县北。

⑳干隧：春秋吴国地名，在今江苏苏州市西北。

㉑没：原作“设”。《史记》《新序》、鲍本并作“没”，据此改。没，贪。

㉒艾陵：战国时期齐国城邑，在今山东济南莱芜区东北。

㉓禽：同“擒”。三江：指江苏境内的娄江、松江、东江。浦：水滨。

㉔晋阳：在今山西太原市西南。

㉕凿台：台名，在今山西榆次县南。

㉖毚（chán）：狡猾。

㉗隳（huī）：毁坏，崩毁。刳（kū）：剖开。颐：面颊。

㉘臣妾：奴隶，男曰臣，女曰妾。《史记》《新序》“臣妾”下有“者”字，据此改。

㉙且：原作“是”，鲍本、《史记》《新序》并作“且”，据此改。

㉚随阳右壤：指随水之西，即今湖北随州西部地区。随，水名，在今湖北随州。右壤，西边的地方。

㉛四国：指韩、魏、赵、齐。

㉜留：在今江苏沛县东南。方与：在今山东鱼台县西。铚：在今安徽

宿州西南。胡陵：在今江苏沛县北五十里。砀（dàng）：在今安徽省砀山西南。萧：在今安徽萧县西北。相：在今安徽濉（suī）溪县西北。

㉝故宋：指上述七城邑。

㉞泗：水名，在今山东省中部，源出山东泗水县东蒙山南麓，因四源并发，故名。

㉟葆：通“保”。详（yáng）：通“佯”，假装。下吏：低级官吏。不直称秦王，故言下吏。

㊱事：原作“众”，《史记》《新序》作“事”，据此改。金正炜曰：“地”当作“怨”，“怨”损半字，因误为“地”。事：指战事。注怨：属怨，结怨。

㊲襟：屏障。山东：指殽山以东。

㊳带：围绕。河曲：黄河拐弯处。黄河到潼关后，曲而东流，即所谓河曲。

㊴关中之侯：下文的关内侯，秦爵名，享有封邑的大臣。此言韩为秦藩臣。

㊵原作“十成”，无“万”字，据《史记》《新序》“十”下脱“万”字，“成”乃“戍”之误，当为“王以十万戍郑”。

㊶许：战国时期魏国城邑，在今河南许昌市东。鄢陵：安陵，战国时期魏国城邑，在今河南鄢陵县北。

㊷上蔡：战国时期楚国城邑，在今河南上蔡县西南。召陵：战国时期楚国城邑，在今河南郾城东。

㊸原作“持齐、楚”，《史记》《新序》并作“直摇齐、楚”，据此改。

〔译文〕

有人游说秦王政说：“事情发展到极点就要走向它的反面，冬去夏来就是这样；东西堆叠到最高点就很危险，堆叠棋子就是这样。现在贵国的领土占了天下的一半，又拥有西、北两大边陲，这是自从有人类以来，大国的领地从不曾有这样广大的。先帝孝文王、庄襄王以及大王三代君主，领土始终没有与齐国相连，以便拦腰切断诸侯合纵的联盟。现在大王派遣盛桥到韩国奉行公事，结果盛桥把他所辖之地并给了秦国。这样大王不动用军队，不展示声威，就获得了百里之地，可见大王确实有才能。大王又出动军队进攻魏国，堵塞了大梁的要道，占据河内，攻克了燕、酸枣、虚、桃人等地，楚国和魏国的军队徘徊不前，不敢和秦军较量，大王的功劳也够多啦。

“大王让军民休整了三年然后再度出兵，又夺取了蒲、衍、首垣等地，兵临仁和平丘，小黄和济阳只能环城自守，于是魏国便屈服了。大王又割取濮上、历山以北地区给予燕国，拦腰切断齐、赵两国的联系，断绝了楚、魏两国的通道。诸侯多次会商也不敢相互救援，大王的声威也确实无与伦比了。大王如果能保持已经取得的功绩，守住已有的威势，收敛攻伐的欲望，加强仁义之道，使国家没有后顾之忧，这样三王就不难成为四王，五霸也不难成为六霸了。

“大王如果倚仗人口众多，凭恃军队强大，乘着击败魏国的威势，就想用武力使诸侯臣服，我担心会有后患。《诗经》说：‘做任何事情总有个开头，但很少能善始善终。’《周易》说：‘小狐狸从水里走过，终因体力不支而沾湿尾巴。’这都是说开头容易而善终困难。怎么知道是这样的呢？从前智伯瑶只看到了进攻赵氏的好处，却没有预知到榆次的杀身之祸；吴国只看到进攻齐国的好处，却没有预见在干隧身死国灭的失败。这两个国家并不是没有大功，只是贪图眼前的利益，就忽视了以后的祸患。吴王相信了越国，舍弃越国而去攻打齐国，在艾陵战胜了齐军以后，凯旋而还却在三江水边被越王擒获。智伯信任韩氏和魏氏，舍弃韩、魏而去攻打赵氏，围攻晋阳，眼看就要胜利了，韩氏和魏氏却背叛了他，把智伯瑶杀死在凿台之下。现在大王担心楚国不灭，却忘记了灭楚反而会加强韩国和魏国的势力。我替大王考虑，这样做是不可取的。《诗经》说：‘不入侵居住在远处的地方。’由此看来，楚国是秦国的友邦，而邻国才是秦国的敌人。《诗经》说：‘别人怀着害人之心，我能揣度出来。狡猾的兔子虽然蹦跳迅速，一旦遇到猎犬也会被捕获。’现在大王半途相信魏、韩二国和秦国友好，这正和当初吴国相信越国一样。我听说，‘对敌人不能掉以轻心，对时机决不可轻易失去’，我担心韩、魏二国言辞谦卑，低声下气，实际上是想欺骗秦国。为什么这样说呢？因为大王历来对韩国和魏国没有恩德，又世代和它们结有怨仇。韩国和魏国的父子兄弟接连被秦国杀害的，世代都有。国家残破，土神、谷神庙被破坏，宗庙被毁坏，剖腹断颈，身首分离，尸骨暴露在荒野沼泽，头颅丢在地上，这种情况随处可见。老父弱子被俘获，一个挨一个走在路上，鬼神的孤魂，没人祭祀，百姓民不聊生，家族分离失散，流浪逃亡成为奴仆婢妾的到处都有。韩国和魏国不灭亡，将是秦国的忧患。可是现在大王却要攻打楚国，岂不是大错特错吗？再说，大王攻打楚国的时候，打算从哪条道路出兵呢？大王将向仇敌韩国和魏国借路吗？那么大王从军队出发的那天起，就要担心他们不能返回秦国了，这样，大王实际是用武力来资助仇敌韩国和魏国。大王如果不向仇敌韩国和魏国借路，那就一定要攻打楚国随水西边的地区。而楚国随水西部地区都是大河大水、山林深谷等不长庄稼的地方，大王即使占领了它，也和不得土地没有什么区别。这样，大王空有攻下楚国的恶名，却没有扩大疆域的实惠。况且大王进攻楚国的时候，赵、韩、魏、齐四国一定都会出兵对付秦国。秦、楚交战，无暇他顾，魏国就会出兵攻打留、方与、铚、胡陵、砀、萧、相等地，旧日属于宋国的那些地盘一定全部被魏国占有。齐国向南进攻，一定会占领泗水以北的地盘。这些都是四通八达、肥沃富饶的平原地区，而大王却让它们独自占领。大王打败楚国，却扩大了韩、魏在中原地区的领土，并增强了齐国的实力。韩、魏强大了就足以跟秦国抗衡，齐国南面以泗水为界，东面背靠大海，北面倚仗黄河，没有任何后顾之忧，天下诸侯就没有比齐国更强大的了。齐国和魏国扩大了领土，确保了利益，假意讨好大王，一年以后，虽然不能称帝，但是阻止大王称帝的力量还是绰绰有余的。凭着大王广博的土地、众多的人口、强大的兵力，一旦出战和楚国结怨，反而让韩、魏把帝王的权势送给齐国，这就是大王失策的地方啊。

"我替大王考虑，不如和楚国亲善。秦、楚两国联合以兵临韩国，韩国必然会俯首称臣。大王以崤山以东险要的地势作为屏障，倚仗河曲富饶的物产，韩国只不过就像是秦国所封的关内侯一样。如果能这样，大王派十万精兵驻扎在韩国，魏国就一定会为之胆战心惊，如果许和鄢陵两城闭关自守，楚国的上蔡、召陵就会与魏国断绝往来。如果这样，魏国也就像秦国所封的关内侯一样了。大王一经与楚国亲善，那两个充当关内侯的大国就都和齐国连接起来，这时大王就可以轻而易举地夺取齐国西部的地区。这样一来，大王的领土从西海直达东海，贯穿天下。于是燕、赵失去齐、楚的援助，齐、楚也不能依靠燕、赵了。如此就会威胁燕、赵，控制齐、楚，这四个国家无须急攻就会臣服了。"

# 奇货可居(濮阳人吕不韦贾于邯郸)

〔题解〕

本篇选自《秦策五》,所记内容与《史记·吕不韦列传》不尽相同。春秋战国时期,商业已经取得了很大的发展。有些大商人贱买贵卖,囤积居奇,取得了大量的财富,因此可以凭借其财力在政治上交通王侯,与闻政事。本文所写的是吕不韦与他父亲的一段对话,正是一个商人做政治交易前的盘算。吕不韦以商业投机的眼光,分析了秦国王后无子的情况,看准异人具有"奇货可居"的可能性,于是弃"珠玉之赢",先后游说异人、阳泉君和赵国,终于使"异人无国而有国,王后无子而有子"。由于吕不韦有拥立的大功,故由大商贾摇身一变而为侯爵之尊,一番政治交易赢得了预期的成功。

〔原文〕

濮阳人吕不韦贾于邯郸[①],见秦质子异人[②],归而谓父曰:"耕田之利几倍?"曰:"十倍。""珠玉之赢几倍?"曰:"百倍。""立主定国之赢几倍[③]?"曰:"无数。"曰:"今力田疾作,不得暖衣余食;今定国立君,泽可以遗世。愿往事之。"

秦子异人质于赵,处于𨛬城[④],故往说之,曰:"子傒有承国之业[⑤],又有母在中。今子无母于中,外托于不可知之国，一日倍约，身为粪土。今子听吾计事，求归，可以有秦国。吾为子使秦，必来请子。”

乃说秦王后弟阳泉君曰[6]：“君之罪至死，君知之乎？君之门下，无不居高官尊位[7]，太子门下无贵者。君之府藏珍珠宝玉，君之骏马盈外厩，美女充后庭。王之春秋高矣[8]，一日山陵崩[9]，太子用事，君危于累卵，而不寿于朝生[10]。说有可以一切[11]，而使君富贵千万岁，其宁于太山四维，必无危亡之患矣。”阳泉君避席[12]：“请闻其说。”不韦曰：“王年高矣，王后无子，子傒有承国之业，士仓又辅之[13]。王一日山陵崩，子傒立，士仓用事，王后之门，必生蓬蒿。子异人，贤材也，弃在于赵，无母于内，引领西望，而愿一得归。王后诚请而立之，是子异人无国而有国，王后无子而有子也。”阳泉君曰：“然。”入说王后，王后乃请赵而归之。

赵未之遣，不韦说赵曰：“子异人，秦之宠子也，无母于中，王后欲取而子之。使秦而欲屠赵，不顾一子以留计[14]，是抱空质也。若使子异人归而得立，赵厚送遣之，是不敢倍德畔施[15]，是自为德讲。秦王老矣，一日晏驾[16]，虽有子异人，不足以结秦。”赵乃遣之。

异人至，不韦使楚服而见[17]。王后悦其状，高其知，曰：“吾楚人也。”而自子之，乃变其名曰楚。王使子诵，子曰：“少弃捐在外，尝无师傅所教学，不习于诵。”王罢之，乃留止。间曰：“陛下尝轫车于赵矣[18]，赵之豪桀得知名者不少。今大王反国[19],皆西面而望。大王无一介之使以存之,臣恐其皆有怨心,使边境早闭晚开。”王以为然,奇其计。王后劝立之。王乃召相,令之曰:“寡人子莫若楚。”立以为太子。

子楚立[20],以不韦为相,号曰文信侯,食蓝田十二县[21]。王后为华阳太后,诸侯皆致秦邑。

〔注释〕

①濮阳:战国时期卫国城邑,在今河南濮阳县西南。吕不韦:战国时期卫国濮阳人,早年为大商人,因帮助异人继承王位,任为相,封文信侯。秦王政即位,尊为“仲父”。后因嫪毐事免相自杀。邯郸:赵国都城,在今河北邯郸市。贾(gǔ):做买卖。

②质子:两国交往派到对方国中做人质的太子或宗室子弟。异人:子楚,嬴姓,秦昭襄王之孙,孝文王之子,时在赵为质。后即位为庄襄王。

③原作“立国家之主,赢几倍”,《史记·吕不韦列传》张守节《正义》引,《太平御览》卷480引,并作“立主定国之赢几倍”,据此改。

④虒(yí)城:战国时期赵国邑,即“聊城”,在今山东聊城西北五十里。

⑤子傒:秦孝文王的太子,异人的异母兄弟。

⑥秦王后:指安国君妻华阳夫人。阳泉君:华阳夫人的弟弟,封阳泉君。

⑦原无“官”字,《史记·吕不韦列传》张守节《正义》引有,据此补。

⑧王:指秦孝文王。春秋高:年岁大。原无“矣”字,《史记·吕不韦列传》张守节《正义》引有,据此补。

⑨山陵崩:喻秦王死,这是一种避讳的说法。

⑩朝(zhāo)生:指朝生暮死的生物,也有指朝生夕落的槿花。

⑪说:计谋,办法。一切:权宜,变通。

⑫避席：表示谦敬的礼节。古人席地而坐，离开自己的座席而起，叫避席。

⑬士仓：当为“杜仓”，秦昭襄王时的丞相。

⑭留计：停止攻赵的计划。

⑮倍：同“背”。畔：通“叛”。

⑯晏驾：君王死的讳称。

⑰楚服：穿楚地的服装，华阳夫人为楚人，以使她高兴。

⑱陛下：指孝文王。轫（rèn）车于赵：在赵居留。轫车，止车。轫，阻止车轮转动的木头。孝文王从前曾出质于赵，讳言“质”，故言“轫车于赵”。

⑲反：同“返”。

⑳子楚立：是为秦庄襄王。

㉑言以蓝田十二县的租税为其俸禄。蓝田：战国时期楚国城邑，在今湖北宜城东南。

〔译文〕

濮阳人吕不韦在邯郸经商，见到秦国在赵国做人质的异人，回家后问他的父亲说：“种田能得到几倍利益？”他父亲答道：“十倍。”他又问：“做珠宝生意可以获利几倍？”父亲回答说：“百倍。”又问：“拥立一位君主，安定一个国家能有几倍的盈利？”父亲答道：“不计其数。”吕不韦说：“如今努力耕田，辛勤劳作，还是穿不暖，吃不饱。如果稳定一个国家，拥立一个国君，所得到的好处可以传给后世。我打算去做这样的事。”

秦国公子异人在赵国做人质，住在聊城。吕不韦特意去对异人说：“子傒有继承秦国的条件，他的母亲又在宫廷中。现在您的母亲在宫中不得宠无法支持您，您又被寄居在多变难测的赵国，一旦赵国背盟弃约，您将化为粪土。现在您听从我的计策安排，设法要求回到秦国去，就可以拥有秦国。我替您到秦国去活动，秦国一定会迎接您回去。”

于是吕不韦对秦王后的弟弟阳泉君说：“您将犯有死罪，您知道吗？您门下的人没有不是官高位尊的，可是太子门下却没有一个显贵的人。您的仓库里藏满了珍珠宝玉，您的马棚里养的都是骏马，后宫里充满了美女。秦王年事已高，一旦去世，太子继位，您的处境就极其危险，性命像朝生暮死的生物一样朝不保夕。有一个权宜之计可以使您富贵千万年，比支撑泰山的四柱还要安稳牢固，绝无危亡的忧患。”阳泉君离开了座席说：“愿意听听您的高见。”吕不韦说：“秦王年事已高，王后没有儿子，子傒有继承国家大业的条件，又有杜仓辅佐。大王一旦去世，子傒继位，杜仓掌权，王后的门庭一定会冷落得长出杂草。公子异人是个贤能的人，如今被遗弃在赵国，在宫廷里没有得宠支持他的母亲，他每天伸长脖子向西仰望，希望有朝一日能够回到秦国。如果王后能够请求秦王立他为太子，这样本来不能继承王位的异人就能继承王位了，没有儿子的王后也就有儿子了。”阳泉君说：“是这样！”于是进宫劝说王后，王后就请赵国让异人返回秦国。

但赵国并没有将异人送回国，吕不韦就去游说赵王说：“公子异人是秦王宠爱的儿子，他的母亲在宫中没有地位，王后想接他回去做儿子。假使秦国真想灭掉赵国，就不会顾惜一个儿子做人质而停止攻赵的计划，这样赵国只是拥有一个没有实际用处的人质。如果让王子异人回国立为太子，赵国用厚礼送他回去，异人一定不会忘恩负义的，这是赵国自己用恩德与秦国结好。秦王已经老了，一旦去世，即使赵国掌握着王子异人，也不能与秦国结好。”于是，赵国就把异人送了回去。

异人回到秦国，吕不韦让他穿上楚地的服装去拜见王后，王后很喜欢他的仪表，认为他聪明过人，说道：“我本是楚国人啊。”从此就把他认作自己的儿子，并给他改名叫“楚”。秦王让子楚诵读经书，子楚说：“我很小就在赵国做人质，没有老师可教学，不熟悉诵经。”秦王作罢，把他留在宫中居住。异人空隙之时对秦王说：“陛下当初也曾经在赵国住过，赵国有名望的人，您结识得不少，现在大王回国了，他们都向西遥望，惦念着您，可是大王并没有派出一个使者去慰问他们，我担心他们对大王会有抱怨之心，让边境早关晚开，使局势不稳。”秦王认为他说得有道理，对他的才能感到惊异。王后劝秦王立他为太子。秦王于是把相国召来，下令说：“我的儿子中没有人能比得上子楚。”于是就把子楚立为了太子。

子楚即位，拜吕不韦为相，封号为文信侯，以蓝田十二县的租赋供他享用。王后被尊为华阳太后，诸侯都给秦国送来了封邑。

## 外诽不听（四国为一）

〔**题解**〕

本篇选自《秦策五》，提出了君主应当如何任用人才的问题。在楚、吴、燕、代“四国为一，将以攻秦”而秦国君臣束手无策的时候，姚贾挺身而出，“绝其谋，止其兵”，改善了和四国的关系。秦王政因此重赏了姚贾，任其为上卿。但韩非却认为姚贾本是魏国监门之子，出身微贱，而且曾经为盗于梁，见逐于赵，不堪任用。针对韩非的攻击，姚贾引述了历史上那些出身低贱，但得明君重用皆成大功的事例，提出了明君用人不应求全责备，应不计出身贵贱、任人唯贤的主张。

〔**原文**〕

四国为一[①]，将以攻秦。秦王召群臣宾客六十人而问焉[②]，曰："四国为一，将以图秦，寡人屈于内[③]，而百姓靡于外，为之奈何？"群臣莫对。姚贾对曰[④]："贾愿出使四国，必绝其谋而安其兵。"乃资车百乘，金千斤，衣以其衣冠[⑤]，带以其剑。姚贾辞行，绝其谋，止其兵，与之为交，以报秦。秦王大悦，封贾千户[⑥]，以为上卿。

韩非短之[⑦]，曰："贾以珍珠重宝，南使荆、吴，北使燕、代之间三年，四国之交未必合也，而珍珠重宝尽于内，是贾以王之权、国之宝，外自交于诸侯，愿王察之。且梁监门子[⑧]，尝盗于梁，臣于赵而逐。取世监门子、梁之大盗、赵之逐臣，与同知社稷之计，非所以厉群臣也。"

王召姚贾而问曰："吾闻子以寡人财交于诸侯，有诸？"对曰："有之。"王曰："有何面目复见寡人？"对曰："曾参孝其亲[⑨]，天下愿以为子；子胥忠于君[⑩]，天下愿以为臣；贞女工巧，天下愿以为妃[⑪]。今贾忠王，而王不知也。贾不归四国[⑫]，尚焉之？使贾不忠于君，四国之王尚焉用贾之身？桀听谗而诛其良将[13]，纣闻谗而杀其忠臣[14]，至身死国亡。今王听谗，则无忠臣矣。”

王曰：“子监门子，梁之大盗，赵之逐臣。”姚贾曰：“太公望[15]，齐之逐夫，朝歌之废屠[16]，子良之逐臣[17]，棘津之不雠庸[18]，文王用之而王[19]。管仲[20]，齐鄙之贾人也[21]，南阳之弊幽[22]，鲁之免囚[23]，桓公用之而伯[24]。百里奚[25]，虞之乞人[26]，传卖以五羊之皮[27]，穆公相之而朝西戎[28]。文公用中山盗[29]，而胜于城濮[30]。此四士者，皆有诟丑大诽天下，明主用之，知其可与立功。使若卞随、务光、申屠狄[31]，人主岂得其用哉？故明主不取其污，不听其非，察其为己用。故可以存社稷者，虽有外诽者不听，虽有高世之名，无咫尺之功者不赏[32]。是以群臣莫敢以虚愿望于上。”

秦王曰：“然。”乃复使姚贾而诛韩非。

〔注释〕

①四国：下文所说荆、吴、燕、代。荆：楚。

②秦王：指秦王政，时当其十四年。

③屈（jué）：枯竭。

④姚贾：战国时期魏国人，曾仕于赵国，始皇时仕于秦。

⑤第一个衣，读作 yì，穿着。

⑥原作“贾封千户”，《史记·老子韩非列传》裴骃《集解》引作“封姚贾千户”，据此改。

⑦韩非：战国时期韩国公子（前 208？—前 233），与李斯同为荀况的

学生。著有《韩非子》。他的法治主张得到秦王政的重视,被邀至秦。后被李斯陷害入狱,自杀而死。短:原作“知”,今据姚注和《史记·老子韩非列传》裴骃《集解》引《战国策》文改为“短”。

⑧梁:魏。监门:守城门者。

⑨曾参(shēn):春秋时鲁国人,字子舆。

⑩子胥:姓伍名员(yùn),字子胥,春秋时期楚大夫伍奢之子。为报杀父兄之仇而奔吴,佐吴王阖闾伐楚。后因劝谏吴王夫差拒绝越国求和而被疏远,夫差赐剑令其自杀。

⑪妃:匹配,这里是配偶的意思。

⑫归:通“馈”,赠送。

⑬指桀杀关龙逢。

⑭指纣剖比干之心。

⑮太公望:姜太公,姜姓,吕氏,字子牙,号太公望。西周初年立为师(武官名),辅佐文王、武王灭商,封于齐,为齐国始祖。

⑯朝歌:殷都,在今河南淇县。废屠:指不会经营的屠夫。

⑰子良:齐国人。

⑱棘津:在今河南淇县南。雠:售,卖出去。庸:受雇佣,出卖劳动力。

⑲文王:周文王。王:称王。

⑳管仲:管敬仲,名夷吾,字仲,颍上人。由鲍叔牙推荐,被齐桓公任命为卿。

㉑齐:原作“其”。清金正炜《战国策补释》:“按‘其’字疑当为‘齐’,声之误也。”贾(gǔ)人:商人。

㉒南阳:在今泰山以南、汶水以北一带,以其在泰山之南得名。弊幽:隐蔽,埋没。弊,通“蔽”。

㉓免囚:齐国内乱,管仲随公子纠奔鲁,鲍叔牙随公子小白奔莒,后小白入齐为君(齐桓公),鲁人杀公子纠,囚管仲。鲍叔牙迎回管仲,荐为桓公相,故称。

㉔桓公：齐桓公，春秋时齐国国君。姜姓，名小白。伯：通“霸”，称霸。

㉕百里奚：春秋时虞国大夫。

㉖虞：周文王时建立的诸侯国，姬姓，在今山西平陆。公元前655年为晋国所灭。

㉗传卖：转卖。百里奚曾以五张公羊皮自卖，为人养牛，又被秦穆公以五张公羊皮赎回。

㉘穆公：秦穆公，嬴姓，名任好，春秋时秦国国君。相之：让他做国相。朝西戎：使西戎来朝，事在公元前623年。

㉙文公：姬姓，名重耳，春秋时晋国国君，献公之子。中山：古国名，在今河北正定东北。中山盗：指晋文公的侍从皂须。

㉚城濮：春秋时期卫国城邑，在今山东鄄城西南临濮集。事在公元前632年。

㉛卞随、务光：商汤时隐士，汤胜桀后，要让天下给他们，他们认为受到侮辱，投水而死。申屠狄：殷朝末年人，因不忍见纣王无道，抱石自沉于洞水。

㉜咫：周八寸为咫。

## 〔译文〕

楚、吴、燕、代四国联合，准备要攻打秦国。秦王政召集大臣宾客六十人向他们询问对策，说：“四国联合在一起，将要图谋秦国，现在我们国内财力困窘，老百姓在外受苦，对此该怎么办呢？”群臣中没有人回答。姚贾回答说：“我愿意出使四国，一定打消他们的念头，使他们按兵不动。”秦王于是给他准备了百辆车子，黄金千斤，让他穿上自己的衣服，戴上自己的帽子，佩带自己的宝剑。姚贾辞别秦王，游说成功，打消了四国攻秦的念头，让他们停止了军事行动，并且和他们结交而还。秦王非常高兴，封给姚贾食邑千户，并拜他为上卿。

韩非攻击姚贾说：“姚贾带上珍贵的珠宝向南出使楚、吴，向北出使燕、代，在四国之间活动了三年，和四国关系不一定搞得好，却把秦国的珍珠重宝用完了，这是姚贾借用大王的权威和国家的珍宝，在外面和诸侯私下里结交，希望大王明察。况且姚贾是魏国大梁守门人的儿子，曾经有在魏国偷盗的前科，又曾在赵国为臣而被驱逐出境。大王录用一个世代相传的看门人的儿子，又是魏国的大盗、赵国的逐臣，和他一起商量国家的大政方针，这恐怕不是鼓励群臣之道啊。”

秦王召见姚贾问他说：“我听说您用我的财宝和诸侯结交，有这回事吗？”姚贾答道：“有这回事。”秦王说：“您还有什么脸面又来见我呢？”姚贾回答说：“曾参孝敬他的父母，天下的人都希望他做自己的儿子；伍子胥忠于他的君王，天下诸侯都希望他做自己的臣下；贞洁的女子善于女工，天下的男人都希望她做自己的配偶。现在我对大王忠心耿耿，大王却不了解、信任我。如果我不让四国归服秦王，还能让他们归服谁呢？假使我不忠心于大王，四国的君王怎么会信任我呢？从前夏桀听信谗言杀死了关龙逢，殷纣听信谗言残杀了比干，最终导致身遭惨死，国家灭亡。如今大王听信谗言，就不会再有忠臣了。”

秦王说：“您是守门人的儿子，魏国的大盗，赵国的逐臣。”姚贾说：“太公望，是东海之滨被老妇赶走的丈夫，是在朝歌卖不出去肉的屠夫，是被子良驱逐的臣子，还是在棘津出卖劳力而无人雇用的人，周文王举用了他而称王天下。管仲，是齐国边远地区的小商贩，是在南阳不为人知的人，又是鲁国释放的囚犯，齐桓公任用了他而成为天下的霸主。百里奚，是虞国乞讨的人，被人用五张羊皮转卖到秦国，秦穆公任命他为丞相而使西戎臣服。晋文公任用中山的盗贼凫须，因而取得了城濮之战的胜利。这四个人，都忍受过耻辱，被天下人所毁谤，但英明的君主却能举用他们，因为知道他们可以为自己建功立业。假使像卞随、务光、申屠狄那样的高洁隐士，君主怎么能够让他们为自己效力呢？所以英明的君主不看重他们的缺点，不听信他们的过失，只考虑他们能为自己所用的才能。所以，凡是可以安定国家的人，即使外面有对他的恶意诽谤也一概不听，即使有高出世人的名声而没有一点儿功劳，也一概不加以奖赏。这样群臣中就没有人敢对国君存有无功受禄的非分之想了。”

秦王说：“您说得对。”于是继续任用姚贾而把韩非杀了。

# 齐　策

## 能自知人(靖郭君善齐貌辨)

〔题解〕

本篇选自《齐策一》,又见于《吕氏春秋·知士》,齐貌辨是一个不拘小节、"为人多疵"的人,门人不喜欢他,连素以爱士出名的孟尝君对他都颇有微词,但靖郭君力排众议,不仅怒怼非议者,而且坚持给予齐貌辨最优厚的礼遇。齐威王死,齐宣王立,靖郭君和他的关系很不融洽,被迫辞职,郁闷地回到了自己的封邑薛地。这时候,齐貌辨挺身而出,不顾生命危险,使齐宣王重新召回靖郭君,让他重掌齐权。靖郭君善于知人,不因别人的看法动摇自己的立场;齐貌辨知恩图报,士为知己者死,使身处逆境的靖郭君重新得到新王的信任。孔子说:"不患人之不己知,患不知人也。"靖郭君可谓知人也矣。

〔原文〕

靖郭君善齐貌辨[①]。齐貌辨之为人也多疵,门人弗说[2]。士尉以证靖郭君[3],靖郭君不听,士尉辞而去。孟尝君又窃以谏[4],靖郭君大怒,曰:“刬而类[5],破吾家,苟可慊齐貌辨者[6],吾无辞为之。”于是舍之上舍,令长子御,旦暮进食。

数年,威王薨[7],宣王立[8]。靖郭君之交大不善于宣王,辞而之薛,与齐貌辨俱留。无几何,齐貌辨辞而行,请见宣王。靖郭君曰:“王之不说婴甚,公往,必得死焉。”齐貌辨曰:“固不求生也,请必行。”靖郭君不能止。

齐貌辨行至齐。宣王闻之,藏怒以待之。齐貌辨见宣王,王曰:“子,靖郭君之所听爱夫!”齐貌辨曰:“爱则有之,听则无有。王之方为太子之时,辨谓靖郭君曰:‘太子相不仁,过颐豕视[9],若是者倍反[10]。不若废太子,更立卫姬婴儿郊师[11]。’靖郭君泣而曰:‘不可,吾不忍也。’若听辨而为之,必无今日之患也。此为一。至于薛,昭阳请以数倍之地易薛[12],辨又曰:‘必听之。’靖郭君曰:‘受薛于先王[13],虽恶于后王[14],吾独谓先王何乎?且先王之庙在薛,吾岂可以先王之庙与楚乎?’又不肯听辨。此为二。”宣王大息,动于颜色,曰:“靖郭君之于寡人一至此乎!寡人少,殊不知此。客肯为寡人来靖郭君乎?”齐貌辨对曰:“敬诺。”

靖郭君衣威王之衣冠,带其剑[15],宣王自迎靖郭君于郊,望之而泣。靖郭君至,因请相之。靖郭君辞,不得已而受。七日,谢病,强辞[16],三日而听。

当是时，靖郭君可谓能自知人矣。能自知人，故人非之不为沮。此齐貌辨之所以外生、乐患、趣难者也⑰。

〔注释〕

①靖郭君：战国时期齐国公族田婴，齐威王少子，孟尝君父。曾任齐国相，封于薛（在今山东滕州西），称薛公，号靖郭君。齐貌辨：战国时期齐国贤士，一作齐昆辩，《汉书·古今人表》作“昆辨”，《太平御览》卷368云“靖郭君善昆辨”，可备一说。

②说：通“悦”，高兴，喜欢。

③士尉：战国时期齐国人，靖郭君门客。证：谏正。

④孟尝君：田文，战国时期齐国贵族，袭其父田婴的封爵，亦称薛公，号孟尝君。

⑤刬（chǎn）：同“铲”，灭。而类：你们这些人。而，你。

⑥慊（qiè）：满足。

⑦威王：妫姓，名婴（因）齐。

⑧宣王：妫姓，名辟疆，齐威王之子。

⑨过颐：耳后见腮，面颊过长。豕视：下邪偷视，眼神不正。

⑩倍：原作“信”，清黄丕烈曰：“信”即“倍”之讹。王念孙说同。倍反：背叛。

⑪郊师：卫姬之子，齐宣王庶弟。

⑫昭阳：战国时期楚国令尹。

⑬先王：指齐威王。

⑭后王：指齐宣王。

⑮带：原作“舞”，刘本作“带”，《吕氏春秋》作“带”，据此改。

⑯“强辞”后原有“靖郭君辞不得”六字，清黄丕烈按：“《吕氏春秋》无‘靖郭君辞不得’六字，为是。”今据此改，于文意为顺。

⑰外生：置生死于度外。乐患：乐于解人忧患。趣（cù）难：救人危难。

趣,同"趋",奔赴。

〔译文〕

靖郭君田婴对齐貌辨非常欣赏。齐貌辨这个人有很多小毛病,靖郭君的门客都不喜欢他。门客士尉因此劝说靖郭君,靖郭君不听,士尉于是辞别靖郭君走了。孟尝君又私下里劝说靖郭君,靖郭君勃然大怒,说:"铲除你们这些人,毁掉我的家,如果能让齐貌辨感到满意,我都不会拒绝做。"于是把齐貌辨安置在上等住宅,让自己的长子侍奉他,早晚按时供奉酒饭。

过了几年,齐威王死了,齐宣王即位。靖郭君和齐宣王的关系很不好,于是只好辞别宣王到封地薛邑去了,齐貌辨也跟他一起去了。没过多久,齐貌辨向靖郭君辞行,请求去拜见齐宣王。靖郭君说:"大王很不喜欢我,您去见他,一定会死在那里。"齐貌辨说:"我本来就不是为了求生才去的,请您务必准许我去。"靖郭君没能阻止住他。

齐貌辨来到齐都,齐宣王听说之后,满怀怒气地等着他。齐貌辨拜见齐宣王,宣王说:"你就是靖郭君所听信和喜爱的那个人吧?"齐貌辨说:"喜爱倒是事实,听信却谈不上。当年大王您做太子的时候,我曾对靖郭君说:'太子的相貌不好,面颊过长,眼神不正,像这样的人容易悖逆反叛。不如把太子废掉,另立卫姬的儿子郊师。'靖郭君听了哭着说:'不行,我不忍心这样做。'如果靖郭君能照我的话去做,就肯定不会有今天的忧患了。这是第一。到了薛城以后,楚国令尹昭阳请求用比薛城大几倍的地方来交换薛地,我又劝靖郭君说:'一定要答应这件事。'靖郭君说:'我从先王那里接受了薛地,虽然现在得罪了后王,但是如果把薛地换出去，我如何向先王交代呢？再说先王的宗庙还在薛地，我难道还能把先王的宗庙交给楚国吗？'靖郭君又不肯听我的。这是第二。"齐宣王听罢不禁长声叹息，表情有所改变，说道："靖郭君对我竟然到这种地步吗？我年轻，丝毫也不了解这些事。您能替我把靖郭君请回来吗？"齐貌辨说："遵命。"

靖郭君回来后，穿上齐威王赐给他的衣服，戴的是威王赐给他的帽子，佩带的是威王赐给他的宝剑。齐宣王亲自到郊外迎接靖郭君，看到他就流下眼泪。靖郭君到了朝廷，宣王就请他做相国。靖郭君再三推辞，不得已才接受。过了七天，靖郭君以身体有病为由一再请求辞去相位，过了三天，齐宣王才答应。

当时，靖郭君可以称得上是善于发现人才的人了。他自己能识人才，所以别人非难他也毫不动摇。这就是齐貌辨置生死于度外、乐于解他人忧患、救他人急难的原因啊。

## 邹忌比美（邹忌修八尺有余）

〔题解〕

本篇选自《齐策一》，说明人君纳谏的重要性。邹忌不如徐公美，但是其妻、其妾、其客出于各自不同的原因，一致认为他"美于徐公"。这是一件生活中的小事，但邹忌头脑冷静，善于思考，从中分析出治国理政的道理，并以此劝谏齐威王，取得了齐国大治的效果。文章通过人物外貌、语言、行动、心理的描写，刻画了谋臣邹忌的鲜明形象。由耐人寻味的生活小事，推己及人，引出深刻道理，寓说理于叙事之中，言简意赅，发人深思。

〔原文〕

邹忌修八尺有余①，身体昳丽②。朝服衣冠，窥镜，谓其妻曰："我孰与城北徐公美③？"其妻曰："君美甚，徐公何能及君也！"城北徐公，齐国之美丽者也。忌不自信，而复问其妾曰："吾孰与徐公美？"妾曰："徐公何能及君也！"旦日，客从外来，与坐谈，问之客曰："吾与徐公孰美？"客曰："徐公不若君之美也！"明日，徐公来，孰视之，自以为不如。窥镜而自视，又弗如远甚。暮，寝而思之，曰："吾妻之美我者，私我也；妾之美我者，畏我也；客之美我者，欲有求于我也。"

于是入朝见威王④，曰："臣诚知不如徐公美，臣之妻私臣，臣之妾畏臣，臣之客欲有求于臣，皆以美于徐公。今齐地方千里，百二十城，宫妇左右，莫不私王；朝廷之臣，莫不畏王；四境之内，莫不有求于王。由此观之，王之蔽甚矣！"王曰："善。"乃下令："群臣吏民，能面刺寡人之过者，受上赏；上书谏寡人者，受中赏；能谤议于市朝，闻寡人之耳者，受下赏。"

令初下，群臣进谏，门庭若市。数月之后，时时而间进⑤。期年之后⑥，虽欲言，无可进者。燕、赵、韩、魏闻之，皆朝于齐。此所谓战胜于朝廷。

〔注释〕

①邹忌：战国时期齐国人，以善鼓琴游说齐威王，任命为相国。先封

于下邳,后封于成,号成侯。八尺:约相当于今市尺五尺三寸,相当于 1.70 米的身高。

②昳(yì)丽:美丽,有神采。

③孰与:表示比较的习惯说法,用来询问互相比较的结果。

④威王:战国时期齐国国君,妫姓,田氏,名婴(因)齐。

⑤间(jiàn)进:断断续续地进谏。

⑥期(jī)年:一周年。

〔译文〕

邹忌身高八尺有余,容貌光艳照人。早晨穿戴好衣帽,对着镜子端详自己,对他的妻子说:“我和城北徐公相比谁更漂亮?”他的妻子说:“您漂亮极了,徐公哪里比得上您!”城北徐公,是齐国有名的美男子。邹忌不相信会是这样,又问他的妾说:“我和徐公相比谁更漂亮?”妾说:“徐公哪能比得上您呢!”第二天,来了一位客人,邹忌同他交谈时又问:“我和徐公比谁更漂亮?”客人回答说:“徐公比不上您漂亮!”第二天,徐公来访,邹忌仔细端详他,觉得自己不如徐公漂亮。又对着镜子端详自己,更觉得比徐公差得很远。晚上睡觉时在床上反复思考这件事,醒悟道:“我的妻子认为我漂亮,是因为她偏爱我;侍妾说我漂亮,是因为她害怕我;客人夸我漂亮,是因为他有求于我!”

于是,邹忌上朝去见齐威王,说:“我确实知道自己不如徐公漂亮,我的妻子偏爱我,我的侍妾害怕我,我的客人想有求于我,都说我比徐公漂亮。现在齐国土地纵横千里,有一百二十座城池,宫中的后妃和侍臣,没有一个不偏爱大王的;朝廷里的群臣,没有一个不害怕大王的;全国的百姓,没有一个不想求助于大王的。由此看来，大王所受的蒙蔽实在太多了！”齐威王说：“说得好！”于是颁布了一道命令：“朝廷群臣、小吏或百姓，凡是能当面指责我过错的，给予上等奖赏；能上书直言规劝我的，给予中等奖赏；能在公共场合批评议论我并能传到我耳朵里的，给予下等奖赏。”

命令刚公布的时候，君臣纷纷前来进言规劝，宫廷门前就像集市一样热闹。几个月后，只是断断续续地还有人来进言规劝。一年以后，即使有人想进言规劝，也没有什么可说的了。燕、赵、韩、魏等国听说了这件事，都来朝见齐威王。这就是人们所说的，通过朝廷上的举措，不需要出兵作战，就可战胜别的国家了。

## 临淄甚富（苏秦为赵合从）

**〔题解〕**

本篇选自《齐策一》，是战国晚期纵横家假托苏秦合纵的拟作。为了突出齐国“欲西事秦”这一决策的失误，文章以铺张扬厉的笔法，列举了齐国地势、国力、经济、人口等各方面的优势，渲染了齐国的兵强马壮、国富民强，并特别强调了齐国远离秦国的意义。虽是一篇模拟之作，但对了解齐国经济的发展，具有重要的意义。

**〔原文〕**

苏秦为赵合从①，说齐宣王曰：“齐南有太山②，东有琅邪③，西有清河④，北有渤海，此所谓四塞之国也。齐地方二千里，带甲数十万，粟如丘山。齐车之良，五家之兵[5]，疾如锥矢，战如雷电，解若风雨，即有军役，未尝倍太山、绝清河、涉渤海也。临淄之中七万户[6]，臣窃度之，下户三男子，三七二十一万，不待发于远县，而临淄之卒，固以二十一万矣。临淄甚富而实，其民无不吹竽[7]、鼓瑟[8]、击筑[9]、弹琴[10]、斗鸡[11]、走犬[12]、六博[13]、蹋鞠[14]者。临淄之途，车毂击[15]，人肩摩，连衽成帷，举袂成幕，挥汗成雨。家敦而富，志高而扬。夫以大王之贤与齐之强，天下不能当。今乃西面事秦，窃为大王羞之！

"且夫韩、魏之所以畏秦者，以与秦接界也，兵出而相当，不至十日，而战胜存亡之机决矣。韩、魏战而胜秦，则兵半折，四境不守；战而不胜，以亡随其后。是故韩、魏之所以重与秦战，而轻为之臣也。

"今秦攻齐则不然，倍韩、魏之地，过卫阳晋之道[16]，径亢父之险[17]，车不得方轨，马不得并行，百人守险，千人不能过也。秦虽欲深入，则狼顾，恐韩、魏之议其后也。是故恫疑虚猲[18]，高跃而不敢进，则秦不能害齐亦已明矣。夫不深料秦之不奈我何也，而欲西面事秦，是群臣之计过也。今无臣事秦之名，而有强国之实，臣固愿大王少留计。"

齐王曰："寡人不敏，今主君以赵王之教诏之，敬奉社稷以从。"

〔注释〕

①苏秦:本章为纵横家模拟练习之作,此苏秦及下文的齐宣王都是假托人名。

②太山:泰山。

③琅邪(yá):山名,亦写作“琅琊”,在今山东诸城东南。

④清河:指济水,是齐、赵边境界河。

⑤五家之兵:又称“五都之兵”,为齐军主力。终战国之世,齐国未设郡,而设有类似于郡的都,全国设五都。五都各有持戟之士,即为“五家之兵”。

⑥临淄:战国时期齐国国都,在今山东淄博东北。

⑦竽:管乐器,笙类,三十六簧,长四尺二寸。

⑧瑟:弦乐器,似琴,二十五弦,长七八尺。

⑨筑:弦乐器,形似筝,弹奏时以竹尺击弦。

⑩琴:弦乐器,古为五弦,后用七弦。

⑪斗鸡:用鸡相斗的游戏。

⑫走犬:指田猎活动。

⑬六博:亦作“陆博”,一种棋戏,六支箸(筹码),十二个棋子,六黑六白,两人对局,每人六个棋子,故称六博。

⑭蹋鞠:蹴鞠的别称,一种游戏,类似现代的踢足球。蹋,同“踏”。鞠,皮球。

⑮毂(gǔ):车轮中心的圆木,中间有孔,可以插轴。

⑯阳晋:战国卫地,在今山东郓城西。

⑰径:通“经”,经过。亢父(gāngfǔ):在今山东济宁市南。

⑱猲(hè):古通“吓”,恐吓。

〔译文〕

苏秦为赵国合纵的事,游说齐宣王说:“齐国的南面有泰山，东面有琅琊山，西面有清河，北面有渤海，这就是所谓四方都有险隘做要塞的国家。齐国方圆两千里，披甲执锐的精兵数十万，粮食堆积如山。三军的勇士，五家的精选部队，行动起来就像射箭那样快，战斗的威力像雷电那样猛烈，战争结束时又像风雨飘乎即逝一样迅速，即使有军事行动，敌军也不可能越过泰山，穿过清河，横渡渤海。单是临淄城中就有七万户人家，我私下里估算一下，每户中不少于三个男子，三七二十一万，不需要从边远地区征调士兵，临淄城中的兵力就已经可以达到二十一万了。临淄非常富庶繁华，这里的百姓没有不会吹竽、鼓瑟、击筑、弹琴、斗鸡、赛狗、赌博、踢球的。临淄城的大街上，车轴时常互相撞击，街上的行人肩膀挨着肩膀，把衣襟连起来可以成为帷帐，举起衣袖可以成为帐幕，挥出的汗水就像下雨。家家都非常富有，人人都心胸远大而志气高扬。凭着大王的贤明与齐国的强盛，天下诸侯没有谁敢来对抗。可是如今您却俯首西边服侍秦国，我私下为大王感到羞愧！

“要说韩、魏两国之所以惧怕秦国，是因为它们与秦国接壤，双方出动军队相互对抗，不到十天，胜败存亡就见分晓了。倘使韩、魏两国战胜秦国，那么它们的兵力就会损伤一半，四面的边境就无法防守；要是战而不胜，就会走到灭亡的边缘。所以韩、魏不敢轻易和秦国开战，而是选择向秦表示屈服啊。

“现在秦国攻打齐国的情形则完全不同。背后有韩、魏的威胁，要穿过卫国阳晋的要道，通过亢父的天险，两车不能并驾，两马不能并行，一百人守住险隘，一千人都无法通过。秦国虽然想要深入作战，也得像狼一样张皇四顾，唯恐韩、魏从后面偷袭，所以只好虚声恫吓，跳得挺高却不敢前进，所以说秦国不能危害齐国,是很明显的事情。不能充分地考虑到秦国不能把我们怎么样,却想向西事奉秦国,这是群臣的计谋失当啊。现在没有臣事秦国的名声,却将得到强国的实际地位,我希望大王考虑一下。”

齐宣王说:“我不够聪敏,现在您把赵王的教诲明确地告诉我,我恭敬地把国家托付给您。”

## 画蛇添足(昭阳为楚伐魏)

〔**题解**〕

本篇选自《齐策二》,又见于《史记·楚世家》,事在公元前323年。楚国令尹昭阳为楚伐魏,取得了“覆军杀将,得八城”的辉煌战绩,他想乘势进攻齐国。齐威王让正在出使齐国的秦使陈轸去游说,陈轸以一名旁观者的身份,通过“画蛇添足”这个故事,意在向昭阳说明,做事应该见好就收,适可而止,这才是保身护爵的正确做法。陈轸用私人的利益打动昭阳,这是游说之士的惯用伎俩。但“画蛇添足”这个寓言,却成为本篇的点睛之笔,自古及今,常常被人引用讽刺那些不顾客观实际,只凭主观臆断脱离实际的人。

〔**原文**〕

昭阳为楚伐魏[①],覆军杀将,得八城,移兵而攻齐。陈轸为齐王使[②],见昭阳,再拜贺战胜,起而问:“楚之法,覆军杀将,其官爵何也?”昭阳曰:“官为上柱国[③],爵为上执珪[④]。”陈轸曰:“异贵于此者,何也?”曰:“唯令尹耳[5]。”陈轸曰：“令尹贵矣，王非置两令尹也。臣窃为公譬，可乎？楚有祠者，赐其舍人酒一卮[6]。舍人相谓曰：‘数人饮之不足，一人饮之有余。请各画地为蛇[7]，先成者饮酒。’一人蛇先成，引酒且饮之，乃左手持卮，右手画蛇，曰：‘吾能为之足。’未成，一人之蛇成，夺其卮，曰：‘蛇固无足，子安能为之足？’遂饮其酒。为蛇足者终亡其酒。今君相楚而攻魏，破军杀将，得八城，又移兵欲攻齐[8]。齐畏公甚，公以是为名足矣[9]，官之上非可重也。战无不胜而不知止者，身且死，爵且偃[10]，犹为蛇足也。”昭阳以为然，解军而去。

〔注释〕

①昭阳：战国时期楚国公族，楚怀王时做令尹、柱国。

②陈轸（zhěn）：战国时期著名策士，仕楚，亦曾仕秦、仕魏。据《史记·楚世家》载，陈轸当时正为秦使齐，齐王向他问计，于是他往见昭阳。齐王：指齐威王，妫姓，田氏，名因齐，田齐桓公田午之子，战国时期齐国（田齐）第四代国君。时当其三十四年。

③上柱国：又称“柱国”，战国时期楚国最高武官。

④上执珪（guī）：又称“执珪”，战国时期楚国最高官爵。

⑤令尹：战国时期楚国最高行政长官，相当于其他诸侯国的相国，当时昭阳是楚国的令尹。

⑥卮（zhī）：盛酒的器皿。原作“赐其舍人卮酒”，清王念孙《读书杂志》曰：“卮上当有‘一’字。以酒仅一卮，故下文曰‘数人饮之不足，一人饮之有余’也。若无‘一’字，则文意不明。”《艺文类聚》卷25引作：“赐其舍人酒一卮”，《太平御览》卷460引同，据此改。

⑦原作无“各”字，据《太平御览》卷933引、《后汉书·袁绍传》注引而改。

⑧又移兵：原作“不弱兵”，《艺文类聚》卷25、96、98，皆引作“又移兵”，《史记》作“又移兵”，据此改。

⑨原作“足”上有“居”字：姚云，一本去“居”字。鲍本“居”作“亦”。或为“名”字误衍，据此删。

⑩爵且偃：原作“爵且后归”，《艺文类聚》卷25、《太平御览》卷460引，并作“爵且偃”，与“身且死”为偶语，据此改。

## 〔译文〕

昭阳率楚军攻打魏国，击溃魏军，杀死魏将，攻取八座城池，又调动军队去攻打齐国。陈轸受齐王派遣，去见昭阳。他向昭阳拜了两拜，祝贺他打了胜仗，起身问昭阳：“依照楚国的规定，击溃敌军，杀死敌将，能够得到什么样的官爵？”昭阳说：“官为上柱国，爵为上执珪。”陈轸说：“此外还有比这更高的官爵吗？是什么？”昭阳说：“只有令尹了。”陈轸说：“令尹是最尊贵的官，可是楚王不会设置两个令尹的。请允许我为您打个比方可以吗？楚国有一个举行祭祀的人，赏赐给他的门客们一壶酒，门客们一起商量说：‘几个人喝这壶酒不够，一个人喝还有剩余，让我们各自在地上画蛇，先画成的人就喝酒。’其中一个人先把蛇画成了，拿过酒来刚要喝，左手拿着酒壶，右手去画蛇，说：“我能给蛇画上脚。”蛇脚还没画完，另一个人把蛇画完了，夺过那酒壶，说：‘蛇本来没有脚，您怎么能给它画上脚呢？’便喝了那壶酒。给蛇画脚的人最终失去了那壶酒。现在您身为楚相而攻打魏国，击溃魏军，杀死魏将，还占领八座城池，您又想调动军队攻打齐国。齐国很畏惧您，您有这样的威名也就够了，官爵也不可能再增加了。每次都打胜仗却不知适可而止的人，将会死于战事，死后爵位毫无意义，这就像画蛇添足一样啊。”昭阳认为陈轸的话有道理，就撤军回国了。

## 舍长之短（孟尝君有舍人而弗悦）

〔题解〕

本篇选自《齐策三》。通过孟尝君想要驱逐舍人这件事，鲁仲连提出了如何使用人才的问题：金无足赤，人无完人，每个人身上都各有优缺点。因此，用人的核心在于扬长避短，所谓“用人如器，各取所长”是也。这在今天也是非常精辟的人才使用见解，对用人、育人都极富启发意义。

〔原文〕

孟尝君有舍人而弗悦①，欲逐之。鲁连谓孟尝君曰②：“猿猴错木据水③，则不若鱼、鳖；历险乘危，则骐骥不如狐狸。曹沫之奋三尺之剑④，一军不能当⑤；使曹沫释其三尺之剑，而操铫鎒与农夫居垄亩之中⑥，则不若农夫。故物舍其所长，之其所短，尧亦有所不及矣。今使人而不能，则谓之不肖；教人而不能，则谓之拙。拙则罢之，不肖则弃之，使人有弃逐，不相与处，而来害相报者，岂非世之立教首也哉！”孟尝君曰：“善。”乃弗逐。

〔注释〕

①孟尝君：田文，战国时期齐国贵族，袭其父田婴的封爵，封于薛，称

薛公，号孟尝君，战国四公子之一，有食客数千。

②鲁连：鲁仲连，战国时期齐国人，善于计谋策划，常周游各国，排解纠纷。

③错：通“措”，废弃，放弃。

④曹沫：曹刿，春秋时期鲁国人，以勇力事鲁庄公。相传随庄公与齐桓公相会于柯，劫桓公与齐国盟约，收复失地。

⑤军：军队编制单位，一万二千五百人。

⑥铫（yáo）：大锄。镨：同“耨”（nòu），锄一类的锄草工具。

〔译文〕

孟尝君有一个门客，可是不喜欢他，想要把他赶走。鲁仲连对孟尝君说：“猿猴离开树木到水里去生活，它就不如鱼、鳖；翻越险阻攀登高峰，骏马就比不上狐狸。曹沫举起三尺宝剑，一个军的人也不能抵挡；假使让曹沫放下他的三尺之剑，而手握锄耨和农夫一起在田地里耕作，那么他比不过农夫。因此，一个人如果舍弃他的长处，取用他的短处，就是尧也有比不上别人的地方。现在让人做他能力达不到的事，就认为他没本事；教人如果教他学不会的东西，就认为他笨拙。认为他笨拙就不用他，认为他没本事就抛弃他，这些人被抛弃、被赶走，不能和他们一起相处，他们就会来伤害你、报复你，这哪里是社会进行教化的首要任务啊！”孟尝君说：“对。”于是就不赶那人走了。

## 日见七士（淳于髡一日而见七士于宣王）

〔题解〕

本篇选自《齐策三》。写淳于髡向齐宣王一天推荐了七位士人，齐宣王以“千里而一士”“百世而一圣”为由，认为他推荐得太多，从而怀疑他推荐这些士人的才能。淳于髡就用鸟兽和药材作为例子，说明了“物以类聚”“人以群分”的道理，比喻之生动形象，实在非同一般，尤其是文末自划为“贤者之畴”，认为宣王向自己取士，简直如同向黄河掬水、向燧石取火一样容易，从中所彰显出的自信与得意，使其“滑稽多辩”的风采跃然纸上。

〔原文〕

淳于髡一日而见七士于宣王[①]。王曰：“子来，寡人闻之，千里而一士，是比肩而立；百世而一圣，若随踵而至也。今子一朝而见七士，则士不亦众乎？”淳于髡曰：“不然。夫鸟同翼者而聚飞[②]，兽同足者而俱行。今求柴胡、桔梗于沮泽[③]，则累世不得一焉。及之睾黍、梁父之阴[④]，则郄车而载耳[⑤]。夫物各有畴，今髡贤者之畴也。王求士于髡，譬若挹水于河[⑥]，而取火于燧也。髡将复见之，岂特七士也？”

〔注释〕

①淳于髡（kūn）：战国时期齐国稷下学士，以博学著称，滑稽多辩，善于劝谏。见（xiàn）：介绍，推荐。宣王：战国时期齐国国君，妫姓，田氏，名辟疆，威王之子。按：此句“士”原作“人”，《太平御览》卷993引“人”作“士”，据此改。

②飞：原作“居”。《太平御览》卷993引作“夫鸟同翼者俱飞，兽同足者俱行”，据此改。

③桔（jié）梗：多年生草本植物，叶卵形或卵状披针形，花暗蓝色或暗

紫白色，根可入药。沮(jù)泽：水草丛生的沼泽地。

④睪黍：山名，未详所在。梁父：山名，在今山东泰安东南。阴：山北。

⑤郄车：郄同“郤(xì)”，敞开形式，不加覆盖。

⑥挹(yì)：舀。

〔译文〕

淳于髡在一天之内就向齐宣王推荐了七位贤士。齐宣王说：“您来！我听说，一千里远的地方才能出现一个贤士，就像是肩挨肩站在这；百世之交才能出现一位圣人，就像是脚尖挨着脚跟出现一样。现在您一天之内就推荐七个贤士，那么贤士岂不是也太多了吗？”淳于髡说：“不对。飞行能力相同的鸟才在一起飞行，足力相等的野兽才在一起奔跑。现在要到水草丛生的沼泽地去寻找柴胡、桔梗，那么几代也找不到一根。但如果到睪黍山、梁父山的山阴面去寻找，就可以敞开车子来装载了。任何事物都有各自的类别，现在我淳于髡是属于贤士这一类人。大王向我征求贤士，就像是在黄河里舀水，在燧石中取火一样源源不断。我还将向您推荐贤士，又岂止是这七个人呢！”

## 市义营窟（齐人有冯谖者）

〔题解〕

本篇选自《齐策四》，是《战国策》中千古传诵的名篇。战国时盛行养士之风，孟尝君亦以养士著称于世。本文通过孟尝君礼待食客冯谖，突出了孟尝君礼贤下士的风范。而通过弹铗三歌、焚券市义、西游于梁等情节，成功地刻画了冯谖利用诸侯之间错综复杂的关系为孟尝君营造“三窟”的深谋远虑和过人才智。文章采用欲扬先抑的手法，通过人物的语言和行动描写突出人物的性格。通篇采用的是对比衬托的手法，不仅使情节的发展波澜起伏，引人入胜，也使人物形象更为立体丰满。清人浦起龙《古文眉诠》卷13评道：“此冯谖传也，屈伸具态。其计谋，不出为巨室老，无绝殊者。喜其叙置不平铺，且为史传开体。”可见此文手法之妙。

**〔原文〕**

齐人有冯谖者①，贫乏不能自存，使人属孟尝君②，愿寄食门下。孟尝君曰：“客何好？”曰：“客无好也。”曰：“客何能？”曰：“客无能也。”孟尝君笑而受之曰：“诺。”左右以君贱之也，食以草具③。

居有顷，倚柱弹其剑，歌曰：“长铗④，归来乎！食无鱼。”左右以告。孟尝君曰：“食之，比门下之鱼客。”居有顷，复弹其铗，歌曰：“长铗，归来乎！出无车。”左右皆笑之，以告。孟尝君曰：“为之驾，比门下之车客。”于是乘其车，揭其剑，过其友，曰：“孟尝君客我。”后有顷，复弹其剑铗，歌曰：“长铗，归来乎！无以为家。”左右皆恶之，以为贪而不知足。孟尝君问：“冯公有亲乎？”对曰：“有老母。”孟尝君使人给其食用，无使乏。于是冯谖不复歌。

后孟尝君出记⑤，问门下诸客：“谁习计会⑥，能为文收责于薛者乎⑦？”冯谖署曰：“能。”孟尝君怪之，曰：“此谁也？”左右曰：“乃歌夫‘长铗归来’者也。”孟尝君笑曰：“客果有能也，吾负之，未尝见也。”请而见之，谢曰：“文倦于事，愦于忧[8]，而性忓愚[9]，沉于国家之事，开罪于先生。先生不羞，乃有意欲为收责于薛乎？”冯谖曰：“愿之。”于是约车治装，载券契而行，辞曰：“责毕收，以何市而反？”孟尝君曰：“视吾家所寡有者。”

驱而之薛，使吏召诸民当偿者悉来合券。券遍合，起，矫命以责赐诸民，因烧其券，民称万岁。

长驱到齐，晨而求见。孟尝君怪其疾也，衣冠而见之，曰：“责毕收乎？来何疾也！”曰：“收毕矣。”“以何市而反？”冯谖曰：“君云‘视吾家所寡有者’。臣窃计，君宫中积珍宝，狗马实外厩，美人充下陈[10]。君家所寡有者以义耳！窃以为君市义。”孟尝君曰：“市义奈何？”曰：“今君有区区之薛，不拊爱子其民，因而贾利之[11]。臣窃矫君命，以责赐诸民，因烧其券，民称万岁。乃臣所以为君市义也。”孟尝君不说[12]，曰：“诺，先生休矣！”

后期年[13]，齐王谓孟尝君曰[14]：“寡人不敢以先王之臣为臣[15]。”孟尝君就国于薛，未至百里，民扶老携幼，迎君道中。孟尝君顾谓冯谖：“先生所为文市义者，乃今日见之。”冯谖曰：“狡兔有三窟，仅得免其死耳。今君有一窟，未得高枕而卧也。请为君复凿二窟。”孟尝君予车五十乘，金五百斤，西游于梁，谓梁王曰[16]：“齐放其大臣孟尝君于诸侯，诸侯先迎之者富而兵强。”于是梁王虚上位[17],以故相为上将军,遣使者,黄金千斤,车百乘,往聘孟尝君。冯谖先驱,诫孟尝君曰:“千金,重币也;百乘,显使也。齐其闻之矣。”梁使三反,孟尝君固辞不往也。

齐王闻之,君臣恐惧,遣太傅赍黄金千斤[18],文车二驷[19],服剑一[20],封书谢孟尝君曰:“寡人不祥,被于宗庙之祟[21],沉于谄谀之臣,开罪于君。寡人不足为也[22],愿君顾先王之宗庙,姑反国统万人乎!”冯谖诫孟尝君曰:“愿请先王之祭器,立宗庙于薛。”庙成,还报孟尝君曰:“三窟已就,君姑高枕为乐矣。”

孟尝君为相数十年,无纤介之祸者,冯谖之计也。

**〔注释〕**

①冯谖(xuān):《史记》作冯驩(huān),孟尝君门下食客。

②属(zhǔ):请托,托付。孟尝君:田文,战国时期齐国贵族,袭其父田婴的封爵,封于薛(在今山东滕州西),称薛公,号孟尝君。有食客数千。齐滑王时任相国。

③食(sì):给……吃。

④铗(jiá):剑。

⑤记:公文,文告,一说账册。

⑥计会(kuài):会计。

⑦责:同“债”。

⑧愦(kuì):昏乱。

⑨懧(nuò):同“懦”,懦弱。

⑩下陈:殿堂下陈放礼品、站列婢女的地方。

⑪贾(gǔ)利:用商人的手段谋利。

⑫说：同“悦”，高兴。

⑬期（jī）年：一周年。

⑭齐王：指齐湣王，战国时期齐国国君，妫姓，名地，齐宣王之子。时当其元年（前300）。

⑮先王：指齐宣王。

⑯梁：鲍本作“惠”。梁王：指魏襄王，战国时期魏国国君，姬姓，名嗣，一名赫，魏惠王之子。时当其十九年。

⑰虚上位：让出相位。

⑱太傅：战国齐官名。周太傅为三公之一。赍（jī）：把物品送给别人。

⑲文车：绘有文采的车。二驷：两辆。驷，一车驾四马。

⑳服剑：佩剑。

㉑被：遭受。祟：鬼神降下的灾祸。

㉒为：佐助，帮助。

〔译文〕

齐国有个叫冯谖的人，穷得无法养活自己了，托人请求孟尝君，愿意在他的门下做食客。孟尝君问：“客人有什么爱好？”冯谖回答说：“客人没有什么爱好。”孟尝君又问：“客人有什么才能？”回答说：“客人没有什么才能。”孟尝君笑了笑，接受了他的请求说：“好吧。”孟尝君手下的人以为孟尝君看不起冯谖，就给他吃粗劣的食物。

过了不久，冯谖靠着柱子敲着他的剑唱道：“长剑啊，我们回去吧，吃饭没有鱼。”孟尝君手下的人把这件事告诉了孟尝君。孟尝君说：“给他鱼吃，和吃鱼的门客一样对待。”过了不久，冯谖又敲着他的剑唱道：“长剑啊，我们回去吧，出门没有车坐。”孟尝君手下的人都取笑他，又把这件事告诉了孟尝君。孟尝君说：“给他准备车，和乘车的门客一样对待。”冯谖于是坐着他的车，举着他的剑，去拜访他的朋友，说："孟尝君把我当作客人了。"此后不久，冯谖又敲着他的剑唱道："长剑啊，我们回去吧，没有什么可以用来养家。"孟尝君周围的人都很讨厌他，认为他贪心不足。孟尝君问："冯公有亲人吗?"冯谖回答道："有个老母亲。"孟尝君派人供给她吃的和用的，不让她缺吃少穿。这样冯谖就不再唱歌了。

后来，孟尝君发出文告，询问门客："谁熟悉会计，能替我到薛地去收债呢?"冯谖在文告上签上自己的名字，说："我能。"孟尝君感到奇怪，问道："这人是谁呀?"手下的人说："这就是唱'长剑啊，我们回去吧'的那个人。"孟尝君笑道："这个人果真有才能，我对不起他，还从来没有接见过他呢。"于是把冯谖请来，向他道歉说："我被国事弄得很疲倦，被愁事搅得心烦意乱，生性又懦弱无能，埋头在国家的事务里，得罪了先生。先生不以此为羞辱，还愿意替我到薛地去收债吗?"冯谖说："我愿意去。"于是准备好车马，收拾好行装，装载着契据去收债。临行前，向孟尝君告辞说："债收完了，买些什么东西回来呢?"孟尝君说："看我家缺什么就买什么吧!"

冯谖驱车到了薛邑，让官吏召集那些该还债的百姓都来核对契券。契券都验对后，冯谖假传孟尝君的命令，把该收的债都赏给百姓，并把契据当众全部烧掉，老百姓高呼万岁。

冯谖驱车一直赶回都城，一大早就求见孟尝君。孟尝君对他回来得这么快感到奇怪，穿戴好衣帽出来接见他，问道："债都收完了吗? 回来得好快呀!"冯谖答道："债都收完了。"孟尝君问："用债款买了些什么回来?"冯谖说："您说过'看我家缺什么就买什么'，我私下里想，您的宫里堆满了珍珠宝玉，畜栏里挤满了良犬骏马，堂下站满了美貌女子。您家里缺少的只是仁义罢了，我就私自做主给您买了仁义。”孟尝君说：“怎么买的仁义呀？”冯谖说：“现在您只有一个小小的薛城，却不把那里的百姓当作自己的子女一样来抚爱，反而像商人一样在他们身上谋利。我私下里假传您的命令把债款都赏给了百姓，并烧掉那些借券，百姓都高呼万岁，这就是我替您买仁义的做法。”孟尝君很不高兴，说：“好啊，先生算了吧！”

过了一年，齐王对孟尝君说：“我不敢把先王的臣子当作自己的臣子。”孟尝君只得回到自己的封地薛城。距离薛城还有百里，老百姓就扶老携幼，在路上迎接孟尝君。孟尝君回头对冯谖说：“先生给我买的仁义，我今天算是看到了。”冯谖说：“狡猾的兔子有三个洞穴，才能免于一死，现在您只有一个‘洞穴’，还不能高枕无忧、安然而卧啊。请让我再替您开凿另外两个‘洞穴’吧。”孟尝君给他五十辆车子，五百斤黄金，到西边的魏国去游说，冯谖对魏王说：“齐王放逐了他的大臣，先迎得他的国家就能国富兵强。”于是魏王把相国的位置空出来，把原来的相国调任上将军，派遣使者带上千斤黄金、百辆车子，前去聘请孟尝君。冯谖先赶回薛城，告诫孟尝君说：“千斤黄金是很重的聘礼，出动百辆车子是很显赫的使者。齐国大概也听说了吧。”魏国使者往返多次，孟尝君都坚决推辞不去。

齐王听到这些情况，君臣为之惶恐，于是派遣太傅携带千斤黄金，两辆彩车，一把佩剑，并带去了向孟尝君道歉的书信说：“我很不幸，遭到祖宗神灵降下来的灾祸，又被那些谗臣所迷惑，得罪了您。我是不值得帮助的，希望您顾念先王的宗庙，姑且回到齐国治理百姓吧！”冯谖又告诫孟尝君说：“希望求得祭祀先王的礼器，在薛城建立宗庙。”宗庙建成后，冯谖向孟尝君报告说：“三个‘洞穴’已经开凿完毕，您完全可以高枕无忧了。”

孟尝君在齐国做了几十年的相国,没有遇到丝毫的灾祸,这全靠冯谖的计谋啊。

## 士贵于王(齐宣王见颜斶)

〔题解〕

本篇选自《齐策四》。文章通过颜斶与齐宣王辩论“士”与“王”何者为贵的问题,并通过颜斶之口提出了“士贵耳,王者不贵”这一观点,这实际上是战国时代“士人”阶层的崛起以及民主思想抬头的表现。战国时代的大批士人,他们博览群书、学富五车,依靠自己的辩才和卓越的政治见解,干预时事,指挥王侯,实现了个体的价值,建立了不朽的功业。因此,颜斶径称:“生王之头,曾不若死士之垄也。”而颜斶“安步当车,晚食当肉”,不慕荣利、知足不辱的性格,与苏秦等一心追求功名富贵的纵横家相比,又显出独特的思想意义。本文在艺术手法上也取得了很高的成就。文章构思精巧,开篇突兀而起,通过“斶前”“王前”两句简短的对话,将激烈的矛盾冲突形象地展示在读者面前,行文中多用对比强烈的设喻,使文章曲折起伏,引人入胜。

〔原文〕

齐宣王见颜斶①,曰:“斶前!”斶亦曰:“王前!”宣王不悦。左右曰:“王,人君也;斶,人臣也。王曰‘斶前’,亦曰‘王前’,可乎?”斶对曰:“夫斶前为慕势,王前为趋士;与使斶为慕势,不如使王为趋士。”王忿然作色曰:

"王者贵乎？士贵乎？"对曰："士贵耳，王者不贵。"王曰："有说乎？"斶曰："有。昔者秦攻齐，令曰：'有敢去柳下季垄五十步而樵采者[②]，死不赦。'令曰：'有能得齐王头者，封万户侯，赐金千镒[③]。'由是观之，生王之头曾不若死士之垄也。"宣王默然不悦。

左右皆曰："斶来！斶来！大王据千乘之地，而建千石钟、万石簴[④]。天下之士，仁义皆来役处；辩知并进，莫不来语；东西南北，莫敢不服。求万物无不备具，而百姓无不亲附。今夫士之高者乃称匹夫，徒步而处农亩，下则鄙野、监门、闾里[⑤]，士之贱也亦甚矣！"

斶对曰："不然。斶闻古大禹之时，诸侯万国。何则？德厚之道，得贵士之力也。故舜起农亩，出于野鄙，而为天子。及汤之时，诸侯三千。当今之世，南面称寡者乃二十四。由此观之，非得失之策与？稍稍诛灭，灭亡无族之时，欲为监门闾里，安可得而有乎哉？是故《易传》不云乎：'居上位，未得其实，以喜其为名者，必以骄奢为行。据慢骄奢[⑥]，则凶从之。'是故无其实而喜其名者削，无德而望其福者约，无功而受其禄者辱，祸必渥。故曰：'矜功不立，虚愿不至。'此皆幸乐其名，华而无其实德者也。是以尧有九佐，舜有七友，禹有五丞，汤有三辅，自古及今而能虚成名于天下者，无有。是以君王无羞亟问，不愧下学。是故成其道德而扬功名于后世者，尧、舜、禹、汤、周文王是也。故曰：'无形者，形之君也。无端者，事之本也。’夫上见其原，下通其流，至圣明学，何不吉之有哉？《老子》曰：‘虽贵，必以贱为本；虽高，必以下为基，是以侯王称孤、寡、不穀，是其贱之本与？’夫孤、寡者，人之困贱下位也，而侯王以自谓，岂非下人而尊贵士与？夫尧传舜，舜传禹，周成王任周公旦，而世世称曰明主，是以明乎士之贵也。”

宣王曰：“嗟乎！君子焉可侮哉！寡人自取病耳。及今闻君子之言，乃今闻细人之行，愿请受为弟子，且愿先生与寡人游⑦，食必太牢⑧，出必乘车，妻子衣服丽都。”

颜斶辞⑨，曰：“夫玉生于山，制则破焉，非弗宝贵矣，然大璞不完。士生乎鄙野，推选则禄焉，非不得尊遂也，然而形神不全。斶愿得归，晚食以当肉，安步以当车，无罪以当贵，清静贞正以自虞⑩。制言者，王也；尽忠直言者，斶也。言要道已备矣，愿得赐归，安行而反臣之邑屋。”则再拜而辞去也。

斶知足矣，归反于璞，则终身不辱也。

〔注释〕

①齐宣王：战国时期齐国国君，妫姓，田氏，名辟疆，威王之子。见：召见。颜斶(chù)：战国时期齐国隐士。

②柳下季：春秋时鲁国大夫，展氏，名禽，字季，食邑柳下。死后谥“惠”，又称柳下惠。

③镒(yì)：古代重量单位，二十两为一镒，一说二十四两为一镒。

④石：古代重量单位，一百二十斤。钟簴(jù)：古代悬挂钟磬的架子。按：建钟立虡表示重视礼乐。

⑤鄙野：乡野之地。监门：看守门户。闾里：包括二十五家，共有一巷，巷首有门。

⑥据慢：傲慢不恭。据，通“倨”。

⑦愿：原作“颜”，《后汉书·蔡邕传》《太平御览》卷510引，并作“愿先生与寡人游”，表示祈愿之意，文意更通，据此改。

⑧太牢：具三牲谓之太牢，或专指牛而言。

⑨“辞”下原有“去”字，《后汉书·蔡邕传》引无“去”字。

⑩虞：通“娱”，快乐。

〔译文〕

齐宣王召见颜斶，说：“颜斶过来！”颜斶说：“大王过来！”齐宣王很不高兴。左右的人说：“大王是国君；颜斶，您是臣子。大王说‘颜斶过来’，您也说‘大王过来’，这行吗？”颜斶答道：“我主动走向大王是贪慕权势，大王主动走过来是礼贤下士；与其让我去贪慕权势，还不如让大王来礼贤下士。”齐宣王气得脸色大变，说：“是国君尊贵呢，还是士人尊贵？”颜斶答道：“士人尊贵，国君不尊贵！”齐宣王说：“有根据吗？”颜斶答道：“有。从前秦国攻打齐国，秦王下令说：‘有敢在柳下季坟墓五十步之内打柴者，一律处死，绝不宽赦。’又下令说：‘有能斩下齐王的脑袋者，封他为万户侯，赏赐黄斤千镒。’由此看来，活着的国君的脑袋，竟不如死去的贤士的坟墓啊！”齐宣王听了一声不哼，很不高兴。

齐宣王左右的人都说：“颜斶过来！颜斶过来！大王拥有能出动千辆兵车的国土，并且拥有千石重的钟、万石重的钟架。天下的仁人义士都来任职效力；有口才智谋的人都来投奔，没有不来出谋献策的；东西南北四面八方，没有敢不敬服大王的。大王想要的东西无不齐备,老百姓没有不亲附的。现在那些上等士人只不过称为匹夫,徒步行走,从事农耕;那些下等士人,更是在穷乡僻壤给人看守里巷的大门,士人的地位是如此的卑贱!”

颜斶答道:“不对。我听说古代大禹的时候,有诸侯万国来朝。为什么呢?因为那时道德淳厚,得力于崇尚士人。所以舜原先只是个农夫,出自穷乡僻壤,却最终成了天子。到了商汤的时候,诸侯国还有三千个。当今之世,向南而坐称寡为王的只有二十四个了。由此看来,诸侯国的多寡不正是得士与失士的策略所决定的吗?等到诸侯渐渐被消灭,国破家亡的时候,即使想在里巷看守大门,哪里能办得到呢!所以《易传》里不是这样说么:‘居于高位并没有实德,只喜欢标榜虚名的人,必然会用骄横奢侈作为自己的行动。傲慢不恭、骄横奢侈,祸患就会跟着降临。’所以没有实德而喜欢追求虚名的人一定会被削弱;没有德行却希求得福的人必然会困窘;没有功劳却享受爵禄的人肯定会蒙受耻辱,身遭大难。所以说:‘好大喜功就不能建功立业,只有空想就达不到目的。’这指的都是喜欢虚名,徒有其表而没有实际德行的人啊!所以尧有九个助手,舜有七个诤友,禹有五个佐官,汤有三个贤佐,从古到今没有贤人辅佐而成名天下的人,一个也没有。所以君王不以屡次向人请教为羞耻,不因向臣下学习感到惭愧。因此能够这样成就道德并传扬功名于后世的,尧、舜、禹、汤、周文王就是这样的人。所以说:‘无形的实德是有形事物的主宰,没有端绪的实德才是有形事物的根本。’上能察知事物的本源,下能通晓事物的演变,道德高尚的人,通达学问道理,怎么会有不吉利的事情呢!《老子》说:‘虽然尊贵,一定要以卑贱为根本;虽然高尚,一定要以低下为基础。所以诸侯君王自称孤、寡、不穀，这大概就表示以卑贱为本吧？'孤、寡是表示人最为困窘卑贱的地位，而诸侯君王用来称呼自己，这难道不是他们谦居人下而尊重士人吗？尧传位给舜，舜传位给禹，周成王任用周公旦，世世代代都称他们是英明的君主，这都是因为他们懂得士人的尊贵啊。”

齐宣王说：“唉！君子怎么能够侮辱呢！我不过是自讨没趣罢了。如今知道了君子的高论，知道了小人的行为，我希望做您的弟子，而且希望先生同我交往，那么您吃饭必然有肉，出门一定有车，妻子儿女衣着雍容华贵。”

颜斶推辞说：“璞玉本来生在山里，一经雕琢就会被损伤，这并不是说它不宝贵，然而璞玉的本来面貌却不复存在。士人生在穷乡僻壤，一经推举选用就能受禄为官，不是说他不尊贵显达，然而士人的精神与本色已被伤害。我希望能够返回家乡，晚一点吃饭，就权当吃肉；从容步行，就权当坐车；不触犯刑律，就权当显贵；清心寡欲，安静不烦，真诚纯正，自得其乐。裁决我意见的人是大王，尽忠直言的人，是我颜斶。我要讲的主要道理已经说完了，希望大王能够让我回去，真心实意地让我回到我的家乡。”说完拜了两拜告辞而去。

颜斶是知足的人，返璞归真，所以能终身不受辱了。

## 与燕将书（燕攻齐）

**〔题解〕**

本篇选自《齐策六》，又见于《史记·鲁仲连邹阳列传》。本篇可与《鲁仲连义不帝秦》参阅。排难解纷，救民水火，功成身退，这是鲁仲连一贯的行事作风。面对燕将固守聊城，齐久攻不下的情况，鲁仲连写下了这封有名的书信。在信中，鲁仲连先是分析了当时齐、燕所面临的现实，说明燕将固守聊城是无望之举，有悖于智者、勇士、忠臣的行事风格。然后晓之以理，析之以利害，通过管仲与曹刿忍一时耻辱而建万世功业的史实，鼓励燕将罢兵，或归燕，或游齐，都可如管仲、曹刿一样，成大功，立荣名。燕将得书后果然罢兵，齐国之围遂解。齐人欲封鲁仲连，他"逃隐于海上曰：'吾与富贵而诎于人，宁贫贱而轻世肆志焉！'"（《史记·鲁仲连邹阳列传》）全文说理透彻，举例恰切，故而具有很强的说服力和鼓动性。

〔**原文**〕

燕攻齐，取七十余城，唯莒、即墨不下[①]。齐田单以即墨破燕[②]，杀骑劫[③]。

初，燕将攻下聊城[④]，人或谗之。燕将惧诛，遂保守聊城，不敢归。田单攻之岁余，士卒多死，而聊城不下。

鲁连乃书[⑤]，约之矢，以射城中，遗燕将[⑥]，曰："吾闻之，智者不倍时而弃利[⑦]，勇士不怯死而灭名，忠臣不先身而后君。今公行一朝之忿，不顾燕王之无臣[⑧]，非忠也；杀身亡聊城，而威不信于齐[⑨]，非勇也；功废名灭，后世无称，非知也。故知者不再计，勇士不怯死。今死生荣辱，尊卑贵贱，此其一时也。愿公之详计而无与俗同也。且楚攻南阳[⑩]，魏攻平陆[⑪]，齐无南面之心，以为亡南阳之害，不若得济北之利[12]，故定计而坚守之。今秦人下兵[13]，魏不敢东面[14]，横秦之势合[15]，则楚国之形危。且弃南阳，断右壤，存济北，计必为之。今楚、魏交退，燕救不至，齐无天下之规，与聊城共据期年之弊[16]，即臣见公之不能得也。齐必决之于聊城，公无再计。彼燕国大乱，君臣过计，上下迷惑，栗腹以百万之众[17]，五折于外，万乘之国，被围于赵，壤削主困，为天下戮，公闻之乎？今燕王方寒心独立，大臣不足恃，国弊祸多，民心无所归。今公又以弊聊之民，距全齐之兵，期年不解，是墨翟之守也[18]；食人炊骨，士无反北之心，是孙膑、吴起之兵也[19]。能以见于天下矣[20]！

“故为公计者，不如罢兵休士，全车甲，归报燕王，燕王必喜。士民见公，如见父母，交游攘臂而议于世，功业可明矣。上辅孤主，以制群臣；下养百姓，以资说士。矫国革俗于天下，功名可立也。意者，亦捐燕弃世，东游于齐乎？请裂地定封，富比陶、卫[21]，世世称孤寡，与齐久存，此亦一计也。二者，显名厚实也，愿公熟计而审处一也。

“且吾闻，效小节者，不能行大威；恶小耻者，不能立荣名。昔管仲射桓公中钩[22]，篡也；遗公子纠而不能死，怯也；束缚桎梏，辱身也。此三行者，乡里不通也，世主不臣也。使管仲终穷抑幽囚而不出，惭耻而不见，穷年没寿，不免为辱人贱行矣。然而管子并三行之过，据齐国之政，一匡天下，九合诸侯，为五伯首㉓，名高天下，光照邻国。曹沫为鲁君将㉔，三战三北，而丧地千里。使曹子之足不离陈，计不顾后，出必死而不生，则不免为败军禽将。曹子以败军禽将，非勇也；功废名灭，后世无称，非知也。故去三北之耻，退而与鲁君计也，曹子以为遭。齐桓公有天下，朝诸侯，曹子以一剑之任，劫桓公于坛位之上，颜色不变，而辞气不悖。三战之所丧，一朝而反之，天下震动，诸侯惊骇，威信吴、楚，传名后世。若此二公者，非不能行小节、死小耻也，以为杀身绝世，功名不立，非知也。故去忿恚之心㉕，而成终身之名；除感忿之耻，而立累世之功。故业与三王争流，名与天壤相敝也。公其图之。"

燕将曰："敬闻命矣！"因罢兵到椟而去㉖。故解齐国之围，救百姓之死，仲连之说也。

〔注释〕

①莒：在今山东莒县。即墨：在今山东平度东南。

②田单：战国时期齐国名将，临淄人。燕破齐后，行反间计，出奇兵收复失地，迎立襄王，被任为相国，封安平君。

③骑劫：战国时期燕国将领。

④聊城：战国时期齐国邑，在今山东聊城西北。

⑤鲁连：鲁仲连，战国时期齐国人，善于计谋策划，常周游各国，排解纠纷。

⑥遗(wèi)：赠送，给。

⑦倍:同“背”,违背。

⑧燕王:指燕惠王,战国时期燕国国君,姬姓,燕昭王之子。

⑨信:同“伸”,伸张。

⑩南阳:地区名,战国时期属齐国,在泰山南、汶水以北一带。

⑪平陆:战国时期齐国邑,在今山东汶上。

⑫济北:济水以北,指聊城。

⑬当时秦、齐友善,故秦出兵救齐。

⑭言魏不敢向东攻齐。

⑮言齐、秦连横之势成。

⑯期(jī)年:一整年。

⑰栗腹:战国时期燕国相。燕王喜四年(前 251),燕国派栗腹攻赵。赵使廉颇为将,败栗腹于鄗(hào),进围燕都,燕人请和。

⑱言如墨翟之善守。《墨子·公输》:“公输盘九设攻城之机变,子墨子九距之,公输盘之攻械尽,子墨子之守圉有余。”墨翟:墨子。

⑲孙膑:战国时期著名军事家,曾为齐威王军师,著有《孙膑兵法》。齐国阿、鄄间人,孙武之孙。吴起:战国时期著名军事家,卫国人。初为鲁国将领,后任魏国西河太守。因遭陷害,逃奔楚国,为令尹,辅佐悼王变法。

⑳以:通“已”。见:同“现”。

㉑陶:指陶朱公范蠡。卫:指春秋末年卫国人子贡。都以商致富。

㉒管仲:名夷吾,字仲,春秋时期颍上人,齐桓公任命为卿。齐桓公:春秋时齐国君,姜姓,名小白。齐襄公时,齐国内乱,诸公子皆出逃。鲍叔牙随公子小白奔莒,管仲、召忽随公子纠奔鲁。襄公被杀,国内大臣欲迎小白回国为君。鲁国听说,亦发兵送公子纠,使管仲带兵截小白,射中小白衣带钩。小白先入齐,立为君,是为桓公。

㉓伯:古通“霸”。原指春秋时诸侯的首领。这里用为称霸之意。

㉔曹沫:曹刿(guì),春秋时鲁国人。相传随鲁庄公与齐桓公相会于

柯，劫桓公与齐国盟约，收复失地。鲁君：指鲁庄公。

㉕恚（huì）：怨恨。

㉖倒椟：倾倒箭筒，以示不战。椟，箭筒。

## 〔译文〕

燕国攻打齐国，夺取了七十多座城邑，只有莒和即墨没有攻下。齐将田单凭着即墨的残余势力攻破燕国，杀死燕将骑劫。

当初，燕国有个将领攻下齐国的聊城，有人在燕王面前说他的坏话，他害怕被杀，于是就留守聊城，不敢返回燕国。田单攻打聊城一年多，士卒伤亡很大，可聊城还是攻不下来。

鲁仲连于是写了一封信，把信绑在箭杆上，射进城去，送给燕国将领，信上说："我听说，聪明的人不会违背时势而放弃有利的机会，勇敢的人不会做害怕死亡而埋没名声的事，忠臣不把自己摆在首位而把君王放在后面。现在您逞一时之愤，毫不顾念燕王失去了一位臣子，这不是忠心；牺牲自己，聊城失守，自己的威名不能在齐国得以伸张，这不是勇武；战功被废弃，名誉被毁灭，后世也无人称道，这不是聪明。所以聪明的人不会优柔寡断，勇敢的人不会贪生怕死。现在生死荣辱、尊卑贵贱都在此一举。希望您仔细考虑，不要跟俗人有同样的见识。况且楚国攻打齐国的南阳，魏国攻打齐国的平陆，齐国已经无心向南反攻，认为失守南阳的害处小，不如夺回聊城的好处大，所以做出失守南阳夺取聊城的决策并坚决执行它。现在秦国出兵解救齐国，魏国就不敢再向东进攻齐国，齐、秦联合的形势已经形成，那么楚国的形势就十分不利。再说，齐国放弃南阳，割舍平陆，全力保住聊城的计划一定要实行。现在楚国和魏国一起退兵，而燕国又不发兵援助聊城，其他诸侯也没有图谋齐国的，所以齐、燕在聊城已经相持了一年，聊城已经很疲惫，我认为您是很难防御的。齐国一定要在聊城决一胜负，您就不要犹豫不决了。现在燕国大乱，君臣想不出治理的办法，全国上下人心混乱。栗腹率领百万大军对外连续打了五次败仗，一个拥有万辆兵车的大国却被赵国包围，土地丧失，君主受困，遭到天下人的羞辱，您听说了吗？现在燕王正心寒孤立，大臣无法依靠，国家疲惫，祸乱纷起，民心涣散，无所归依。现今您又凭着疲困的聊城兵力来抵御整个齐国的进攻，坚持了一年，这可以说和墨翟一样善于防守了；现在已经到了人吃人、拿人骨当柴烧的地步，可士兵没有叛逃之心，这可以说和孙膑、吴起一样善于用兵了。您的才能已经显示给天下了。

"所以替您考虑，不如停止防守，保全兵力，使士兵得以休整，保全车甲，去回报燕王，燕王一定高兴。百姓见到您，就像见到了父母，朋友也会挥舞手臂兴奋地夸奖您，您的功业可以因此而昭著。对上帮助君主来控制群臣，对下养育百姓以资助游说之士。匡正国事，变革风俗，功名可以成就于天下。或者，也可以离开燕国，不顾议论，向东到齐国来，我可以请齐国分封给您土地，并确定封号，让您的富有可以和范蠡、子贡相比，世世代代享有诸侯的威名，和齐国长期共存，这也是一种办法。这两个方案，都可以显扬名声，得到实际利益，希望您仔细考虑，慎重地确定一个方案。

"况且我还听说，计较小节的人做不出具有声威的大事业，畏忌小耻的人建立不起荣耀的美名。从前管仲射中了齐桓公的衣带钩，这是篡逆的行为；丢下公子纠不能为他效死，这是怯懦的表现；身被捆绑戴上脚镣手铐，这是受尽了侮辱。具有这三种行为的人，乡亲朋友不和他交往，诸侯也不愿意用他为臣。如果管仲终身困窘抑郁，困居而不能出门，觉得惭愧羞耻而不愿见人，等到年老寿尽，也不免落个人格屈辱、行为卑贱的坏名声。然而管仲兼有这三种过失，却仍然掌握了齐国的政权，辅佐齐桓公主持诸侯盟会，一举匡正天下，终于成为五霸之首，名扬天下，光辉照邻国。曹沫做鲁庄公将军时，三战三败，丢掉上千里的土地。假使曹沫当时不离开战场，不去考虑以后的事，出去打仗只知道拼死而不懂得求生，那就免不了让人看作使军队失败被俘过的将军。曹沫认为战败被俘的将领，不是勇士；功业废弃，名声湮灭，后世没有人称道，不是聪明人的选择。所以曹沫不顾三战三败的耻辱，回来跟鲁君合谋，曹沫把这看作自己的际遇。趁齐桓公称霸天下，在柯邑会盟时被诸侯朝拜的机会，曹沫凭着一把剑，在坛位上挟持齐桓公，面不改色，义正词严。三次败仗丢掉的土地，一下子就收复了，天下震动，诸侯惊骇，声威远扬吴、楚，声名流传后代。像管仲、曹沫这两个人，并不是不能为顾全小节而死，也不是不想为羞耻而自杀，只是认为死了以后，功名毁灭，这不是明智的做法。所以撇开一时的怨恨之心，而成就终身的声名；不顾短暂的耻辱，建立千载的功业。因此，他们的功业可以与禹、汤、文、武三代圣王争高下，名声与天地共存亡。希望您认真地考虑一下。”

燕国将领回复说：“我恭敬地接受您的教诲。”于是收兵停战离开聊城。所以说解除了齐国的聊城之围，拯救百姓使其免于死亡，这都是鲁仲连游说的功劳啊。

# 楚　策

## 狐假虎威(荆宣王问群臣曰)

〔**题解**〕

本篇选自《楚策一》,又见于《新序·杂事》,“狐假虎威”这个成语出于此篇。昭奚恤身为令尹,掌握楚国兵权,令楚宣王产生北方诸侯惧怕昭奚恤这样的疑惑。为了说明道理,江乙虚构了“狐假虎威”这个寓言故事,以此喻彼,说明北方诸侯害怕昭奚恤的根本原因,是惧怕强大的楚国,既生动贴切,又耐人寻味。

〔**原文**〕

荆宣王问群臣曰①:“吾闻北方之畏昭奚恤也②,果诚何如?”群臣莫对。江乙对曰③:“虎求百兽而食之,得狐。狐曰:‘子无敢食我也。天帝使我长百兽,今子食我,是逆天帝命也。子以我为不信,吾为子先行,子随我后,观百兽之见我而敢不走乎?’虎以为然,故遂与之行。兽见之,皆走。虎不知兽畏己而走也,以为畏狐也。今王之地方五千里，带甲百万，而专属之于昭奚恤[4]。故北方之畏昭奚恤也，其实畏王之甲兵也，犹百兽之畏虎也。”

〔注释〕

①荆宣王：楚宣王，战国时期楚国国君，芈姓，名良夫，楚肃王弟。
②昭奚恤：战国时期楚国的令尹，昭氏为楚王同族。
③江乙：又作“江一”“江尹”，战国时期魏国人，仕于楚。
④属（zhǔ）：委托，交付。

〔译文〕

楚宣王问群臣说：“我听说北方各国都害怕昭奚恤，果真是这样吗？”群臣中没有一个人回答。江乙回答说：“老虎寻找各种野兽吃，捉到一只狐狸。狐狸说：‘你不敢吃我！上天派我来做百兽的首领，现在假如你吃掉我，这是违背上天的命令。你要是认为我的话不可信，我就走在你前面，你在后面跟着我，看百兽见到我有谁敢不逃跑吗？’老虎认为狐狸的话有道理，就跟着狐狸一起走，百兽见到它们都跑了。老虎不知道百兽是害怕自己才逃跑的，还以为是害怕狐狸呢。如今大王的国土纵横五千里，精兵百万，而专归昭奚恤掌管。所以北方各国害怕昭奚恤，其实是害怕大王的军队，就像百兽害怕老虎一样啊！”

## 王好细腰（威王问于莫敖子华曰）

〔题解〕

本篇选自《楚策一》，莫敖子华向楚威王讲述了楚国历史上

“忧社稷之臣”的五种类型：一是为官清廉、生活简朴的忧国之臣，如令尹子文；二是高官厚禄的忧国之臣，如叶公子高；三是舍生忘死、为国牺牲的忧国之臣，如莫敖大心；四是苦心劳力、竭忠尽智的忧国之臣，如申包胥；五是不为爵禄而一心为国的忧国之臣，如蒙穀。指出他们都不是为了高官厚禄，而是凭借一腔爱国情怀为国家做出了重要的贡献，或为促进国家的强盛而出力，或为挽救社稷的危亡而献身。言语恳切，感情诚挚，内容具体，人物形象丰满，具有很强的感染力和说服力。而结尾用“灵王好细腰，宫中多饿死”的故事，指出臣子这种爱国风气的形成，亦需要君主正确的价值观作为引领，具有“卒章显志”“曲终奏雅”的劝谏效果。

**〔原文〕**

威王问于莫敖子华曰[①]：“自从先君文王以至不穀之身[②]，亦有不为爵劝，不为禄勉，以忧社稷者乎？”莫敖子华对曰：“如章不足知之矣[③]。”王曰：“不于大夫，无所闻之。”莫敖子华对曰：“君王将何问者也？彼有廉其爵，贫其身，以忧社稷者；有崇其爵，丰其禄，以忧社稷者；有断脰决腹[④]，壹瞑而万世不视，不知所益，以忧社稷者；有劳其身，愁其志，以忧社稷者；亦有不为爵劝，不为禄勉，以忧社稷者。”

王曰：“大夫此言，将何谓也？”莫敖子华对曰：“昔令尹子文[⑤]，缁帛之衣以朝[⑥]，鹿裘以处；未明而立于朝，日晦而归食；朝不谋夕，无一月之积。故彼廉其爵，贫其身,以忧社稷者,令尹子文是也。

“昔者叶公子高[7],身获于表薄[8],而财于柱国[9];定白公之祸[10],宁楚国之事;恢先君以掩方城之外[11],四封不侵,名不挫于诸侯。当此之时也,天下莫敢以兵南乡[12]。叶公子高食田六百畛[13],故彼崇其爵,丰其禄,以忧社稷者,叶公子高是也。

“昔者吴与楚战于柏举[14],两御之间[15],夫卒交。莫敖大心抚其御之手[16],顾而大息曰[17]:‘嗟乎!子乎!楚国亡之日至矣。吾将深入吴军,若扑一人,若捽一人[18],以与大心者也,社稷其为庶几乎?’故断脰决腹,壹瞑而万世不视,不知所益,以忧社稷者,莫敖大心是也。

“昔吴与楚战于柏举,三战入郢[19]。君王身出[20],大夫悉属[21],百姓离散。棼冒勃苏曰[22]:‘吾被坚执锐,赴强敌而死,此犹一卒也,不若奔诸侯。’于是赢粮潜行,上峥山,逾深溪[23],蹠穿膝暴[24],七日而薄秦王之朝[25]。雀立不转[26],昼吟宵哭,七日不得告,水浆无入口,瘨而殚闷[27],旄不知人[28]。秦王闻而走之,冠带不相及,左奉其首,右濡其口,勃苏乃苏。秦王身问之:‘子孰谁也?’棼冒勃苏对曰:‘臣非异,楚使新造盩棼冒勃苏[29]。吴与楚人战于柏举,三战入郢,寡君身出,大夫悉属,百姓离散,使下臣来告亡,且求救。’秦王顾令不起[30]:‘寡人闻之,万乘之君,得罪一士,社稷其危,今此之谓也。’遂出革车千乘,卒万人,属之子满与子虎[31],下塞以东,与吴人战于浊水而大败之[32]，亦闻于遂浦[33]。故劳其身，愁其思，以忧社稷者，棼冒勃苏是也。

“吴与楚战于柏举，三战入郢。君王身出，大夫悉属，百姓离散。蒙穀给斗于宫唐之上[34]，舍斗奔郢，曰：‘若有孤，楚国社稷其庶几乎？’遂入大宫，负离次之典以浮于江[35]，逃于云梦之中[36]。昭王反郢[37]，五官失法[38]，百姓昏乱；蒙穀献典，五官得法而百姓大治。比蒙穀之功，多与存国相若，封之执圭[39]，田六百畛。蒙穀怒曰：‘穀非人臣也！社稷之臣也！苟社稷血食[40]，余岂患无君乎？’遂自弃于磨山之中[41]，至今无胄。故不为爵劝，不为禄勉，以忧社稷者，蒙穀是也。”

王乃大息曰：“此古之人也，今之人焉能有之耶？”莫敖子华对曰：“昔者，先君灵王好小要[42]，楚士约食，冯而能立[43]，式而能起[44]。食之可欲，忍而不入；死之可恶，就而不避。章闻之，其君好发者[45]，其臣抉拾[46]。君王直不好[47]，若君王诚好贤，此五臣者[48]，皆可得而致之。”

〔注释〕

①威王：指楚威王，战国时期楚国国君，宣王之子，芈姓，名商。莫敖：战国楚官名，地位仅次于令尹，掌管代王传命及备王咨询。子华：战国时期楚国莫敖，名章，字子华。

②文王：指楚文王，春秋时楚国君。武王之子，芈姓，名赀（zī）。不穀：古代诸侯对自己的谦称。

③章：原作“华”，清金正炜《战国策补释》：“按作‘章’是也，后文‘章

闻之'可证",据此改。

④脰(dòu):颈,脖子。

⑤令尹:春秋战国时期楚国最高官职,掌军政大权。子文:鬥穀於菟(dòugǔwūtú),字子文,春秋时楚成王令尹。

⑥缁帛之衣:卿大夫的朝服。缁(zī),黑色。

⑦叶公子高:沈诸梁,春秋时人,楚国左司马沈尹戌之子,字子高,因封于叶,称叶公。

⑧薄:当作"著"。表著:朝臣站立的固定位置。

⑨柱国:国都。

⑩白公之祸:白公,春秋时期楚国人,楚平王之孙,名胜。其父太子建遭谗害逃至郑,被郑所杀。胜奔吴,后被令尹子西召回,任巢大夫,号白公。公元前479年,白公胜在郢都作乱,杀死令尹、司马,挟持楚王。

⑪方城:山名,在今河南叶县。

⑫乡(xiàng):通"向",面向。

⑬食田:封赐之田。六百畛:指赏赐之多。畛(zhěn),田间小路。

⑭柏举:春秋时楚地,在今湖北麻城东北。据《左传》,吴、楚柏举之役在公元前506年至公元前505年。吴王阖闾率师攻楚,大败楚兵于柏举,五战及郢(本文说三战及郢),最终楚昭王逃奔随国。

⑮两御:两军将帅的驭手。御,驾兵车的人。

⑯大心:据《左传》,即叶公子高之父左司马沈尹戌,死于柏举之战。

⑰大(tài)息:叹息。

⑱捽(zuó):揪住。

⑲郢:楚国都城,在今湖北江陵县西北。

⑳君王:指楚昭王,春秋时楚国君。楚平王之子,芈姓,名轸(一作"珍")。

㉑属(zhǔ):跟随。

㉒棼(fén)冒勃苏:申包胥,春秋时楚国大夫,楚君蚡(棼)冒的后代,

申氏，名包胥(一作“勃苏”)，与伍子胥为知交。

㉓逾：越过。

㉔蹠(zhì)穿：鞋破了，脚掌露出来。蹠，脚掌。

㉕秦王：指秦哀公，嬴姓，秦景公之子，春秋时期秦国国君。

㉖隺：同“鹤”。鹤立：翘首企望。

㉗瘨(diān)：同“癫”，晕倒。殚闷：气绝。

㉘旄：通“眊(mào)”，眼睛昏浊，看不清楚。

㉙新造盭(lì)：据湖北随州考古发掘报告证实，“新造”为楚官爵名。(见《光明日报》1978年9月3日)盭，同“戾”，罪。

㉚顾：通“固”，必，一再。

㉛子满：《左传》作“子蒲”，秦国将领。子虎：秦国将领。

㉜浊水：水名，源出河南内乡西，东流经邓州南，注入淯水。

㉝遂浦：地名，未详。

㉞蒙穀：战国时期楚国将领。宫唐：或是地名，未详。

㉟离：原作“鸡”，据姚本作“离”改。离次：编次离散。典：法书。

㊱云梦：泽薮名，为楚王游猎区，在今长江以北至湖北云梦、潜江、沙市，湖南华容、益阳一带。

㊲昭王十一年(前505)九月归，入郢。

㊳五官：分司天、地、神、民、物类的五种官职。法：法度。

㊴执圭：战国时期楚国最高爵位名。

㊵言国家不亡。古代杀牲设祭，故曰血食。

㊶磨山：历山，在今湖南临澧县西。

㊷灵王：指楚灵王，春秋时楚国君。共王之子，芈姓，名围。好：喜欢。小要：细腰。要，同“腰”。

㊸冯(píng)：同“凭”，依靠。

㊹式：同“轼”，古代车箱前面供立乘者凭扶的横木。用作动词，指扶着。

㊺好发：喜欢射箭。

㊻抉：扳指，古代射箭时套在右手拇指上，用以钩弦。拾：套臂，皮制的护袖，又叫"遂"。"抉拾"用作动词。

㊼直：只，只是。

㊽五臣：指令尹子文、叶公子高、莫敖大心、棼冒勃苏、蒙穀。

〔译文〕

楚威王问莫敖子华："自从我的先君文王一直到我，这期间有不追求爵位，不计较俸禄，只为国家担忧的人吗？"莫敖子华回答道："像我这样的人是没有资格知道这种事情的。"楚王说："不向您了解，我真的就无从知道了。"莫敖子华答道："君王想要问什么样的人呢？这当中有为官清廉、生活清贫，而为国家担忧的；有爵位很高、俸禄优厚，而为国家担忧的；有刎颈剖腹、视死如归，毫不考虑对自己有什么好处而为国家担忧的；有不辞劳苦、焦心虑志为国家担忧的；也有不为爵位而努力，不为俸禄而尽力，只为国家担忧的。"

楚王说："大夫您的这番话指的都是谁呢？"莫敖子华答道："从前令尹子文这个人，穿着黑绸衣服上朝，平时居家穿的是粗劣的鹿皮袍子；每天天不亮就上朝，天黑才回家吃饭；早晨顾不上考虑晚上的事，家里连一个月的存粮都没有。所以那种为官清廉、生活清贫，而为国家担忧的人，就是令尹子文啊。

"从前，叶公子高身为朝臣，财富多得超过了国库。他平定了白公胜发动的叛乱，使楚国政局恢复稳定；发扬先君的遗德，使他的名声传播到方城之外；四境不受侵犯，使楚国的威名在诸侯中不受损伤。在那个时候，天下没有哪个国家敢向南对楚国用兵。叶公子高拥有封田六百畛,所以那爵位很高、俸禄优厚,而为国家担忧的人,就是叶公子高啊。

“从前,吴国和楚国在柏举作战,两军阵前兵卒交锋。莫敖大心拍着车夫的手,回头叹息道:‘唉!您啊!楚国灭亡的日子到了!我将要深入吴军之中,您能打倒一个人,抓住一个人,就是对我的帮助,如果大家都能这样拼命,国家或许还有希望吧。’所以刎颈剖腹,眼睛一闭永离人世,不考虑对自己有什么好处,而为国家担忧的人,这就是莫敖大心啊。

“从前,吴国和楚国在柏举作战,三战之后吴军攻入郢都。昭王逃出郢都,大臣们全都跟着逃亡,老百姓流离失所。棼冒勃苏说:‘我穿着坚硬的铠甲,拿着锐利的兵器,冲向强大的敌军而战死,起到的作用不过等于一个小兵罢了,不如向诸侯请求援兵。’于是背着干粮,偷偷逃出楚国,登上高山,越过深谷,磨破了脚掌,露出了膝盖,整整走了七天,来到秦国的朝廷。他像鹤鸟一样翘首站立,一丝不动等着秦王接见,日夜哭泣,一连七天还不得通报,滴水未进,终于头昏眼花,晕倒在地,昏迷不醒。秦王听说后急忙跑来看他,连衣帽都来不及穿戴整齐,左手捧着他的头,右手给他喂水,棼冒勃苏这才苏醒过来。秦王亲自问他:‘您是哪里人?’棼冒勃苏答道:‘我不是别人,我是楚国使者、官为新造的罪臣棼冒勃苏。吴国和楚国在柏举交战,三战之后吴国攻入郢都,敝国国君逃亡在外,大臣们也都跟着逃跑了,老百姓流离失所,敝国国君派我来报告楚国亡国的危险,并请求大王派兵援救。’秦王一再让他起身,他坚持不起。秦王说:‘我听说,拥有万辆兵车的大国君主,如果得罪了一位贤士,国家就要危险,说的就是现在这种情形啊!’于是秦王派出兵车千辆,士兵万人,由子满和子虎统率,出关东下,和吴军在浊水交战,大败吴军。所以那不辞劳苦、焦心虑志而为国家担忧的人,就是棼冒勃苏啊。

“还是吴国和楚国的柏举之战,三战之后吴军攻入郢都。楚昭王逃出郢都,大臣们全都跟着逃亡,老百姓流离失所。蒙穀在宫唐与吴军混战,后来他放弃战斗,奔回郢都,说:‘如果我能活下来,楚国这个国家或许还有希望吧!’于是他进入宫中,背起楚国的律法典籍,漂浮过大江,逃到云梦泽中躲藏了起来。后来昭王返回郢都,百官无法可依,治理百姓很混乱;蒙穀献出法典,官吏又有了法度,这才把百姓治理得井井有条。比较蒙穀的功劳,和保全国家相当,楚王封他执圭的爵位,赐田六百畛。蒙穀发怒道:‘我不是君王个人的臣子!我是国家的臣子!如果国家能够延续,我难道还担心没有官做吗?’于是他自动放弃封赏而隐居在磨山之中,至今没有子孙身居显位。所以那不为爵位而努力,不为俸禄而尽力,只为国家担忧的人,就是蒙穀啊!”

楚威王于是叹息道:“这些都是古代的人啊,现在的人里面怎么可能有这样的人呢?”莫敖子华回答说:“从前先君楚灵王喜欢细腰身的人,楚国的士人就都节制饮食,饿得倚着东西才能站立,扶着东西才能起身。吃饭是正常欲望,可是他们强制自己不吃;死亡是令人憎恶的,然而他们却不去逃避。我听说,那些喜欢射箭的君王,他的臣子也都学习射箭。君王只是不喜欢贤士罢了,如果君王真的喜欢贤士,像前面说的那五种贤臣,都能得到并招来。”

## 东地复全(楚襄王为太子之时)

〔题解〕

本篇选自《楚策二》。其背景是楚怀王入秦被执,太子质于齐。楚为绝秦之念欲让太子归楚,齐趁机要挟,索要东地五百里。太子无法,只好答应。太子回国即位后,齐派人索地,面对来自子良、昭常、景鲤三种完全矛盾的意见,慎子主张全部采用。这种貌似不负责任的迎合之法,令楚顷襄王"怫然作色",但经过慎子的解释和在时间上的巧妙安排,则变成了既可保住东地五百里,又不失信于人的妙策。战国策士靠出色的政治智慧和外交策略出奇制胜,纵横捭阖,本文就是一个生动的例子。

〔原文〕

楚襄王为太子之时①,质于齐。怀王薨②,太子辞于齐王而归③。齐王隘之④,曰:"予我东地五百里,乃归子。子不予我,不得归。"太子曰:"臣有傅,请追而问傅。"傅慎子曰⑤:"献之。地所以为身也,爱地不送死父,不义。臣故曰,献之便。"太子入,致命齐王,曰:"敬献地五百里。"齐王归楚太子。

太子归,即位为王。齐使车五十乘,来取东地于楚。楚王告慎子曰:"齐使来求东地,为之奈何?"慎子曰:"王明日朝群臣,皆令献其计。"

上柱国子良入见[6]。王曰："寡人之得来反王坟墓、复群臣、归社稷也，以东地五百里许齐。齐今使来求地，为之奈何？"子良曰："王不可不与也。王身出玉声，许万乘之强齐而不与[7]，则不信，后不可以约结诸侯。请与而复攻之。与之，信；攻之，武。臣故曰与之。"

子良出，昭常入见[8]。王曰："齐使来求东地五百里，为之奈何？"昭常曰："不可与也。万乘者，以地大为万乘。今去东地五百里，是去国之半也[9]，有万乘之号而无千乘之用也，不可。臣故曰勿与。常请守之。"

昭常出，景鲤入见[10]。王曰："齐使来求东地五百里，为之奈何？"景鲤曰："不可与也。虽然，楚不能独守。王身出玉声，许万乘之强齐也而不与，负不义于天下，楚亦不能独守。臣请西索救于秦。"

景鲤出，慎子入。王以三大夫计告慎子曰："子良见寡人曰：'不可不与也，与而复攻之。'常见寡人曰：'不可与也，常请守之。'鲤见寡人曰：'不可与也，虽然，楚不能独守也，臣请索救于秦。'寡人谁用于三子之计？"慎子对曰："王皆用之。"王怫然作色[11]，曰："何谓也？"慎子曰："臣请效其说，而王且见其诚然也。王发上柱国子良车五十乘，而北献地五百里于齐。发子良之明日，遣昭常为大司马[12]，令往守东地。遣昭常之明日，遣景鲤车五十乘，西索救于秦。"王曰："善。"乃遣子良北献地于齐。遣子良之明日，立昭常为大司马，使守东地。又遣景鲤西索救于秦。

子良至齐,齐使人以甲受东地。昭常应齐使曰:“我典主东地,且与死生。悉五尺至六十,三十余万,弊甲钝兵,愿承下尘。”齐王谓子良曰:“大夫来献地,今常守之,何如?”子良曰:“臣身受命弊邑之王,是常矫也。王攻之。”齐王大兴兵攻东地,伐昭常。未涉疆,秦以五十万临齐右壤。曰:“夫隘楚太子弗出,不仁;又欲夺之东地五百里,不义。其缩甲则可,不然,则愿待战。”

齐王恐焉。乃请子良南道楚,西使秦,解齐患。士卒不用,东地复全。

〔注释〕

①楚襄王:战国时期楚国国君,即顷襄王,怀王之子,芈姓,名横。

②怀王:战国时期楚国国君,威王子,芈姓,名槐。薨:指侯王死。按:怀王被秦拘留(前299)后,楚为绝秦望,乃诈赴于齐,求太子返国。实则襄王立三年(前296),怀王客死于秦。此言非史实。

③齐王:指齐湣王。

④隘(è):通“阨”,阻止。

⑤慎子:战国时期赵国人,楚襄王为太子时的辅佐之官。

⑥上柱国:战国时期楚官名,也称柱国,最高武官。子良:上柱国的名字。

⑦原作“许强万乘之齐而不与”,此据下文改。

⑧昭常:楚国公族。

⑨“国”前原有“战”字,清金正炜曰:“按‘战’字疑衍”,今据改。

⑩景鲤:楚怀王相。

⑪怫(fú)然:发怒的样子。

⑫大司马:战国楚国官名,总领军事的官长。

〔译文〕

楚顷襄王做太子的时候,曾在齐国做人质。楚怀王死后,太子向齐王辞别并请求回楚国。齐王阻止他说:“您向我割让东地五百里,我就让您回去。您不给我割地,就不放您回去。”太子说:“我有教授我的老师,请让我回去问问他。”师傅慎子说:“给齐国割地。土地是为了安身的,因为爱惜土地致使不能回国为父亲送葬,这是不义。所以我说割地有利。”太子入朝,回禀齐王说:“我愿意敬献东地五百里。”齐王这才放楚太子回国。

太子回到楚国,即位做了楚王。齐国派车五十辆,来向楚国索取东地。楚王告诉慎子说:“齐国使者来索求东地,这怎么办呢?”慎子说:“大王明天召见群臣,让他们都来出出主意。”

上柱国子良入宫拜见楚王。楚王说:“我能够回到楚国,主持先王的祭祀,使群臣各归其位,主持国家政局,是因为答应给齐国割让东地五百里。齐国现在派使臣来索求土地,对此怎么办呢?”子良说:“大王不能不给齐国割地。大王亲自口出玉言,答应了具有万乘兵车之势力的强大齐国,如果不兑现,那就是不讲信用,以后就没办法和诸侯结交了。请先给齐国割地,然后再攻打它。给齐国割地,是表示我们守信用;攻打它,是显示我们的武力。所以我说给齐国割地。”

子良出来以后,昭常入宫拜见楚王。楚王说:“齐国现在派使者来索取东地五百里,这该怎么办呢?”昭常说:“不能给它。万乘大国,是因为土地广阔才成为万乘大国。现在如果割去东地五百里,这就等于割掉国土的一半啊,那样楚国虽然有万乘大国的名号，却没有千乘之国的实力，这样做不行。所以我说不给齐国割地。我愿意去守卫东地。”

昭常出来以后，景鲤入宫拜见。楚王说：“齐国使者来索取东地五百里，对此该怎么办呢？”景鲤说：“不能给他。虽然如此，楚国难以单凭自己的力量守住东地。大王亲自口出玉言，答应了具有万乘兵车之势力的强大齐国，如果不兑现，那就是背负着不义的名声于天下，楚国也难以单凭自己的力量守住东地，我愿意到秦国去请求救兵。”

景鲤出来以后，慎子又入宫拜见。楚王把三个大夫的主意告诉了慎子，说：“子良对我说：‘不能不给齐国割地，给了以后再进攻齐国。’昭常对我说：‘不能给齐国割地，我愿意守卫东地。’景鲤对我说：‘不能给齐国割地，虽然如此，但是楚国难以独自守卫东地，我愿意到秦国去请求救兵。’我到底应该采用他们三个人谁的主意才好呢？”慎子回答说：“大王对他们三个人的主意全部采用。”楚王满脸不高兴地说：“您这是什么意思？”慎子说：“请听听我的解释，然后大王就会知道事情确实如此。大王派遣上柱国子良带领五十辆兵车，往北到齐国去进献东地五百里。派遣子良的第二天，任命昭常为大司马，让他去守卫东地。派遣昭常的第二天，派景鲤带领五十辆车，往西到秦国去请求救兵。”楚王说：“好。”于是派子良往北到齐国去献地。派遣子良的第二天，任命昭常为大司马，让他去守卫东地。又派遣景鲤往西到秦国去请求救兵。

子良到了齐国，齐国派人带兵去接收东地。昭常对齐国使者说：“我负责守卫东地，将与东地共存亡。我已征召从儿童到六十岁的老人三十多万人，虽然我们只有破旧的铠甲和不锋利的兵器,但是我们愿意奉陪到底。”齐王对子良说:“您来献地,昭常却在那里守卫,这怎么办呢?”子良说:“我亲自从敝国君王那里接受的命令,昭常守卫东地,是假传王命。大王去攻打他。”齐王大举出兵,进攻东地,讨伐昭常。齐军还没有进入东地疆界,秦国就派出五十万大军进攻齐国的西部地区。秦将说:“齐国阻止楚太子不让他回国,这样做是不仁;又想抢夺楚国东地五百里,这样做是不义。你们如果退兵便罢,不然的话,我们就准备决一死战。”

齐王很害怕。于是请求子良向南返回楚国,往西出使秦国,解除齐国的祸患。楚国没有使用一兵一卒,就保住了东地。

## 因鬼见帝(苏秦之楚)

〔题解〕

本篇选自《楚策三》。苏秦欲见楚王,三月得见,却欲擒故纵,旋即辞行,从而引起楚王的疑惑,进而在楚王的要求下,以生动奇警的譬喻,辛辣地讽刺了楚国官吏阻隔人才来楚的弊政。因其设喻机巧,故对听者有振聋发聩、醍醐灌顶的效果。果然,楚王不待他说完,立刻出言挽留,苏秦成功地引起了楚王对他的兴趣,实现了游说成功的第一步。

〔原文〕

苏秦之楚[①],三月乃得见乎王[②]。谈卒,辞而行。楚王曰:“寡人闻先生,若闻古人。今先生乃不远千里而临寡人,曾不肯留,愿闻其说。”对曰:“楚国之食贵于玉,薪贵于桂,谒者难得见于鬼[3],王难得见于帝[4]。今令臣食玉炊桂,因鬼见帝,其可得乎[5]?”王曰:“先生就舍,寡人闻命矣。”

〔**注释**〕

①苏秦:东周洛阳人,字季子,战国时期著名纵横家。按:苏秦主要活动在燕、齐、赵三国,无说楚王事。

②三月:一说,作“三日”;一说,作“三年”,可供参考。

③谒(yè)者:为国君掌传达之官。

④原作“谒者难得见如鬼,王难得见如天帝”,《艺文类聚》卷80引、《太平御览》卷847引并作“谒者难见于鬼,王难见于帝”。《太平御览》卷957引《春秋后语》作“谒者难得见于鬼,王难得见于帝”,据此改。

⑤原无“其可得乎”四字,清王念孙曰:“‘因鬼见帝’语意未了,其下必有脱文。”另据《艺文类聚》《太平御览》《文选》注引此句,并有“其可得乎”四字,据此改。

〔**译文**〕

苏秦到楚国去,三个月才得以见到楚王。他和楚王谈话一结束,就告辞要走。楚王说:“我听了先生的话就像和古代贤人交谈一样。现在先生不远千里专程来见我,却又不肯停留!我想听听您的解释。”苏秦答道:“楚国的食物比玉还贵,柴草比桂木还贵,见您的传达官比见鬼还难,见大王比见天帝还难。现在让我拿玉来吃,用桂木做柴火,通过鬼去见天帝,这怎么能让我留下来呢?”楚王赶紧说:“请先生到客馆住下,我明白您的意思了。”

## 远逸去佞(庄辛谓楚襄王曰)

〔题解〕

本篇选自《楚策四》,又见于《新序·杂事》。庄辛劝楚襄王远离佞臣,认为如果不这样,国家将亡。作为一篇说辞,本文的特色在于层层设喻,由小及大,由物及人,由历史到现实,通过蜻蜓、黄雀、黄鹄、蔡圣侯自认为安逸而朝夕之间身死命殒的事实,如剥笋般层层深入,貌似委婉从容,实则层层紧逼,惊心动魄,从而使楚王清楚地认识到宠幸佞臣、贪图安逸没有忧患意识的危害。清人陆陇其誉为"最善为词令"之作(见《战国策去毒》)。本文巧妙之处在于恰当地使用比喻这一手法,确实达到了炉火纯青的程度,不仅增强了说服力,也给人以强烈的艺术感染。

〔原文〕

庄辛谓楚襄王曰[①]:"君王左州侯[②],右夏侯[③],辇从鄢陵君与寿陵君[④],专淫逸侈靡,不顾国政,郢都必危矣[⑤]。"襄王曰:"先生老悖乎?将以为楚国袄祥乎[⑥]?"庄辛曰:"臣诚见其必然者也,非敢以为国袄祥也。君王卒幸四子者不衰,楚国必亡矣。臣请辟于赵[⑦],淹留以观之。"

庄辛去,之赵,留五月,秦果举鄢、郢、巫、上蔡、陈之地[⑧],襄王流掩于城阳[⑨]。于是使人发驺征庄辛于赵[⑩]。庄辛曰:"诺。"

庄辛至，襄王曰："寡人不能用先生之言，今事至于此，为之奈何？"庄辛对曰："臣闻鄙语曰：'见兔而顾犬，未为晚也；亡羊而补牢，未为迟也。'臣闻昔汤、武以百里昌，桀、纣以天下亡。今楚国虽小，绝长续短，犹以数千里，岂特百里哉？

"王独不见夫蜻蛉乎[11]？六足四翼，飞翔乎天地之间，俯啄蚊虻而食之，仰承甘露而饮之，自以为无患，与人无争也。不知夫五尺童子，方将调饴胶丝，加己乎四仞之上，而下为蝼蚁食也。

"蜻蛉其小者也，黄雀因是以。俯噣白粒，仰栖茂树，鼓翅奋翼，自以为无患，与人无争也，不知夫公子王孙，左挟弹，右摄丸，将加己乎十仞之上[12]，以其颈为的。倏忽之间，坠于公子之手。昼游乎茂树，夕调乎酸咸。

"夫雀其小者也，黄鹄因是以[13]。游于江海，淹乎大沼，俯噣鳝鲤，仰啮菱衡[14]，奋其六翮[15]，而凌清风，飘摇乎高翔，自以为无患，与人无争也。不知夫射者方将修其碆卢[16]，治其缯缴[17]，将加己乎百仞之上，被礛磻[18]，引微缴，折清风而抎矣[19]。故昼游乎江河，夕调乎鼎鼐[20]。

"夫黄鹄其小者也，蔡圣侯之事因是以[21]。南游乎高陂[22]，北陵乎巫山[23]，饮茹溪之流[24]，食湘波之鱼[25]，左抱幼妾，右拥嬖女，与之驰骋乎高蔡之中[26]，而不以国家为事。不知夫子发方受命乎宣王[27]，系己以朱丝而见之也。

"蔡圣侯之事其小者也，君王之事因是以。左州侯，右夏侯，辇从鄢陵君与寿陵君，饭封禄之粟，而载方府之金[28]，与之驰骋乎云梦之中[29]，而不以天下国家为事。不知夫穰侯方受命乎秦王[30]，填黾塞之内[31]，而投己乎黾塞之外。”

襄王闻之，颜色变作，身体战栗，于是乃以执珪而授之[32]，封之为阳陵君，与淮北之地也[33]。

〔注释〕

①庄辛：战国时期楚国大夫，楚庄王之后，故以庄为姓，楚顷襄王时封为阳陵君。楚襄王：楚国君，即顷襄王，怀王之子，芈姓，名横。

②州侯：楚顷襄王时的封君，宠幸之臣。

③夏侯：楚顷襄王时的封君，顷襄王宠臣。

④辇从：车后跟着。辇（niǎn），用人拉的车子。鄢陵君、寿陵君：楚顷襄王时封君，宠幸之臣。

⑤郢都：战国时期楚国都城，在今湖北江陵县西北。

⑥祆（yāo）祥：吉凶祸福的先见之兆。祆，古人称反常、新异的事物。

⑦辟：通“避”。

⑧鄢：在今湖北宜城西南。巫：郡名，治所在今重庆巫山县北。按：据《史记·楚世家》及《六国年表》，顷襄王二十年（前279），秦拔鄢、西陵；二十一年，拔郢，烧夷陵，王亡走陈；二十二年，拔巫、黔中郡。未及上蔡和陈。张琦曰：“上蔡”“陈”疑衍。是时王亡走陈地。

⑨城阳：当为“阳城”，楚邑，在今河南淮阳西南。

⑩驺（zōu）：侍从骑士。征：召。

⑪蜻蛉（líng）：蜻蜓。

⑫仞：古代长度单位，八尺为一仞。

⑬黄鹄（hú）：黄鹤，一名天鹅。

⑭啮(niè):咬。菱:一年生水生草本植物,果实即菱角。衡:杜衡,香草名。

⑮六翮(hé):鸟翅上的六根长羽毛,此指翅膀。翮,鸟羽的主茎。

⑯碆(bō):石箭头。卢:黑色的弓。

⑰缯缴(zēngzhuó):缯,通"矰",系有丝绳的箭。缴,系在箭上的生丝绳。

⑱礛磻(jiānbō):锋利的箭。

⑲抎(yǔn):通"陨",坠落。

⑳鼎:古代烹煮器具。鼐(nài):大鼎。

㉑蔡圣侯:《古文观止》作"蔡灵侯",即姬般,春秋时蔡国君,公元前531年被楚灵王诱杀于申(今河南南阳北)。

㉒陂(bēi):山坡。

㉓巫山:山名,在今重庆巫山东。

㉔饮(yǐn):饮水。茹溪:水名,巫山中的溪流。

㉕湘波:湘水,源出今广西兴安海阳山西麓,东北流贯湖南东部,至湘阴县豪河口注入洞庭湖。

㉖高蔡:在今湖南常德市。

㉗子发:名舍,楚国令尹。楚宣王:战国时期楚国君,悼王之子,肃王之弟,芈姓,名良夫。

㉘方府:战国时期楚国藏金的国库。

㉙云梦:泽薮名,为楚王游猎区,在今长江以北至湖北云梦、潜江、沙市,湖南华容、益阳一带。

㉚穰侯:魏冉,战国时期秦国大臣,秦昭襄王母宣太后异父弟。昭襄王年幼继位,他多次任相,封于穰,号穰侯。秦王:指秦昭襄王。

㉛黾(miǎn)塞:战国时期楚国要塞名,在今河南信阳的平靖关。

㉜执珪:亦作"执圭"。战国时期楚国最高爵位。

㉝与:通"举",攻占。淮北:淮河以北地。

〔译文〕

庄辛对楚顷襄王说："大王您身边左有州侯，右有夏侯，车后跟着鄢陵君和寿陵君，一味荒淫享乐，奢侈浪费，不过问国家政事，郢都要危险了！"楚顷襄王说："先生您是老糊涂了呢？还是要用这样的妖言惑乱楚国呢？"庄辛说："我确实看到楚国一定会有这么一天，绝不敢用这样的话惑乱楚国。大王如果始终宠爱这四个人不知收敛，楚国一定会灭亡。我请求躲避到赵国，停留在那里看我的预言实现的一天。"

庄辛离开楚国，前往赵国。停留五个月后，秦军果然攻下了鄢、郢、巫郡等地，顷襄王流亡躲藏在阳城，于是派遣专人出动车辆到赵国，请求庄辛回国。庄辛说："好吧！"

庄辛回到楚国，顷襄王说："我没有听先生的忠告，如今到了这种地步，先生还有什么办法吗？"庄辛回答说："我听俗话说：'看见兔子再回头招呼狗，并不算晚；羊跑丢了再修补圈栏，也不嫌迟。'我听说从前商汤和周武王都是凭着百里之地昌盛起来，夏桀和商纣拥有天下最后却都灭亡了。现在楚国虽然小了，截长补短，也还有几千里，岂止百里呢？

"大王难道不曾见过蜻蜓吗？六只脚，四只翅膀，飞翔在天地之间，俯身可以啄食蚊蝇，仰首可以吸饮甘露，自以为不会有什么灾难，跟人没有什么争端。它哪知道那五尺高的小孩正在调和糖浆抹在丝网上，要把它从三丈高空粘下来，落到地上被蝼蛄和蚂蚁吃掉。

"蜻蜓还算是小的，黄雀也是这样啊。它俯身啄食米粒，仰身栖息在茂密的树林中，张开翅膀奋力振翼飞翔，自以为没有什么灾祸,跟人也没有什么争端。它哪里知道那些公子王孙左手拿着弹弓,右手握着弹丸,要把它从七八丈的空中射下来,把它的脖颈当作箭靶子。顷刻之间,就落到公子王孙的手里。白天还在繁茂的林中嬉戏,晚上就被人做成了菜肴。

"黄雀还算是小的,天鹅也是这样啊。它在江河上遨游,在大泽边栖息,俯头啄食鳝鱼和鲤鱼,仰头咬食菱角和香草,鼓起翅膀,乘着清风,在高空中自由自在地飞翔,自以为没有什么祸患,跟人也没有什么争端。却不知道那猎人正在修理弓箭,系好拴箭的丝绳,要把它从七八十丈的高空射下来。它身中利箭,拖着细细的丝绳,划过清风,坠落到地上。白天还在江河中戏耍,晚上就被人煮到了锅里。

"天鹅的事还算是小的,蔡圣侯的事也是这样。他南游高丘,北登巫山,在茹溪饮马,吃湘水之鱼,左手抱着年轻的妃子,右手搂着宠爱的女子,跟她们驱车驰骋在高蔡一带游乐,却不把国家的大事放在心上。他哪里知道此时子发正在接受楚宣王的命令,要用红丝绳捆绑他去见宣王呢。

"蔡侯的事情还是小事,大王的事情也是这样。您身边左有州侯,右有夏侯,车后跟着鄢陵君和寿陵君,吃着封地供给的粮食,载着国库的钱财,与他们一起放马奔驰在云梦泽中,游猎玩乐,却从不把国家大事放在心上。大王您哪里知道那穰侯正接受秦王的命令,率领军队准备进犯黾塞以南,把大王赶到黾塞之北去。"

顷襄王听了这番话,脸色大变,浑身发抖。于是授予庄辛执圭的爵位,并封他为阳陵君,随之攻占了淮河以北的土地。

# 赵　策

## 贪欲无厌(知伯帅赵、韩、魏而伐范、中行氏)

〔题解〕

本篇选自《赵策一》,又见于《韩非子·十过》及《淮南子·人间训》。本篇详细叙述了晋阳之围这一重大历史事件,起自公元前458年智、赵、韩、魏四家尽分范、中行氏之地,迄于公元前453年赵、韩、魏联合灭智氏。全篇叙事周详,布局严谨,既详细记述了智、韩、魏三家围赵的原因,又生动描写了智氏反被赵、韩、魏三家所灭的大逆转。本篇的突出成就还在于文章通过语言描写,成功塑造了四个生动的历史人物:智伯的贪得无厌与刚愎凶狠,赵襄子的知人善任和沉着镇定,张孟谈的机智冷静与胸有成竹,智过的见微知著与精细机警,给读者留下了深刻的印象。

〔原文〕

知伯帅赵、韩、魏而伐范、中行氏①,灭之②。休数年，使人请地于韩。韩康子欲勿与[3]，段规谏曰[4]："不可。夫知伯之为人也，好利而鸷愎[5]，来请地，不与，必加兵于韩矣，君其与之。与之，彼狃[6]，又将请地于他国，他国不听，必乡之以兵[7]；然则韩可以免于患难而待事之变。"康子曰："善。"使使者致万家之邑一于知伯。知伯说[8]，又使人请地于魏，魏桓子欲勿与[9]。赵葭谏曰[10]："彼请地于韩，韩与之。请地于魏，魏弗与，则是魏内自强而外怒知伯也。然则其错兵于魏必矣[11]！不如与之。"宣子曰："诺。"因使人致万家之邑一于知伯。知伯说，又使人之赵，请蔺、皋狼之地[12]，赵襄子弗与[13]。知伯因阴结韩、魏，将以伐赵。

赵襄子召张孟谈而告之[14]，曰："夫知伯之为人，阳亲而阴疏，三使韩、魏而寡人弗与焉，其移兵寡人必矣。今吾安居而可？"张孟谈曰："夫董阏于[15]，简主之才臣也[16]，世治晋阳[17]，而尹铎循之[18]，其余政教犹存，君其定居晋阳。"君曰："诺。"乃使延陵生将车骑先之晋阳[19]，君因从之。至，行城郭，案府库，视仓廪，召张孟谈曰："吾城郭完，府库足，仓廪实矣，无矢，奈何？"张孟谈曰："臣闻董子之治晋阳也，公宫之垣，皆以狄蒿苦楚廧之[20]，其高至丈余，君发而用之。"于是发而试之，其坚则箘簬之劲不能过也[21]。君曰："矢足矣，吾铜少，若何？"张孟谈曰："臣闻董子之治晋阳也，公宫之室，皆以炼铜为柱质[22]，请发而用之，则有余铜矣。"君曰："善。"号令以定，备守以具。

三国之兵，乘晋阳城，遂战。三月不能拔，因舒军而围之，决晋水而灌之[23]。围晋阳三年，城中巢居而处，悬釜而炊，财食将尽，士卒病羸[24]。襄子谓张孟谈曰："粮食匮，财力尽，士大夫病，吾不能守矣，欲以城下，何如？"张孟谈曰："臣闻之'亡不能存，危不能安，则无为贵知士也'。君释此计，勿复言也。臣请见韩、魏之君。"襄子曰："诺。"

张孟谈于是阴见韩、魏之君，曰："臣闻'唇亡则齿寒'，今知伯帅二国之君伐赵，赵将亡矣，亡则二君为之次矣。"二君曰："我知其然。夫知伯为人也，粗中而少亲，我谋未遂而知，则其祸必至，为之奈何？"张孟谈曰："谋出二君之口，入臣之耳，人莫之知也。"二君即与张孟谈阴约三军，与之期日，夜遣入晋阳。张孟谈以报襄子，襄子再拜之。

张孟谈因朝知伯而出，遇知过辕门之外[25]。知过入见知伯，曰："二主殆将有变。"君曰："何如？"对曰："臣遇张孟谈于辕门之外，其志矜，其行高。"知伯曰："不然。吾与二主约谨矣，破赵，三分其地，寡人所亲之，必不欺也。子释之，勿出于口。"知过出见二主，入说知伯曰："二主色动而意变，必背君，不如今杀之。"知伯曰："兵箸晋阳三年矣[26]，旦暮当拔之而飨其利[27]，乃有他心？不可，子慎勿复言。"知过曰："不杀则遂亲之。"知伯曰：

“亲之,奈何?”知过曰:“魏宣子之谋臣曰赵葭,康子之谋臣曰段规,是皆能移其君之计。君其与二君约,破赵,则封二子者各万家之县一,如是则二主之心可不变,而君得其所欲矣。”知伯曰:“破赵而三分其地,又封二子者各万家之县一,则吾所得者少,不可。”知过见君之不用也,言之不听,出,更其姓为辅氏,遂去不见。

张孟谈闻之,入见襄子曰:“臣遇知过于辕门之外,其视有疑臣之心,入见知伯,出更其姓。今暮不击,必后之矣。”襄子曰:“诺。”使张孟谈见韩、魏之君,以夜期,杀守堤之吏而决水灌知伯军。知伯军救水而乱,韩、魏翼而击之,襄子将卒犯其前,大败知伯军而禽知伯㉘。

知伯身死、国亡、地分,为天下笑,此贪欲无厌也。夫不听知过,亦所以亡也。知氏尽灭,唯辅氏存焉。

〔注释〕

①知伯:智伯,姓荀名瑶,春秋后期晋国六卿之一,封于智(今山西永济北)。范:范吉射,春秋后期晋国六卿之一。中行(háng)氏:指中行寅。荀林父曾为晋中行将,其后代以官为氏,春秋后期晋国六卿之一。

②事在公元前 458 年。

③韩康子:春秋后期晋国卿士,名虎,韩庄子的儿子。

④段规:韩康子谋臣。

⑤鸷愎:凶狠固执。

⑥狃(niǔ):习惯,习以为常。

⑦乡(xiàng):通“向”,面对着,面向。

⑧说:同“悦”。

⑨魏桓子:名驹,春秋末期晋国卿。

⑩赵葭:魏桓子谋臣。

⑪错:通“措”。

⑫蔺:春秋时赵邑,在今山西蔺石县西。皋狼:春秋时赵邑,在今山西离石西北。

⑬赵襄子:赵鞅之子,名无恤,春秋末期晋国六卿之一。

⑭张孟谈:赵襄子臣。

⑮董阏于:赵简子臣。

⑯简主:赵简子,春秋末期晋国大夫,名鞅,他奠定了建立赵国的基础。

⑰晋阳:在今山西太原市西南。

⑱尹铎:赵简子家臣。铎,或作“泽”。

⑲延陵生:赵襄子家臣。

⑳狄:通“荻(dí)”,一种形状像芦苇的草本植物。苦:同“楛(hù)”,楚荆类木本植物。廧(qiáng):同“墙”。

㉑箘簬(jùnlù):一种细长节稀的美竹,可做箭杆。

㉒质:同“踬”,柱下的础石。

㉓晋水:水名,源出晋阳西悬翁山,东过晋阳,汇入汾水。

㉔羸(léi):瘦弱。

㉕知过:智伯同族。辕门:古时行军,以车为屏障,出入之处竖起两车,使两车辕相交,形成半圆形的门,即营门。

㉖箸(zhuó):同“著”,附着,包围。

㉗飨(xiǎng):通“享”,享受。

㉘禽:同“擒”。

## 〔译文〕

智伯率领赵、韩、魏三家的军队攻打范氏和中行氏,灭掉了他们。休兵几年后，智伯派人到韩氏索要土地。韩康子想要不给他，段规劝告说："这样做不可以。智伯这个人，贪得无厌而且凶狠固执，他来索要土地而我们不给他，他一定会派兵来攻打我们，希望您还是给他吧。给了他就会习以为常，又会向其他的国家索取土地，其他的国家不答应，他一定会出兵攻打；那么我们韩国就既可以免遭灾难，又可以坐待局势的变化。"韩康子说："好。"于是派遣使者送给智伯一座有万户居民的城邑。智伯很高兴，又派人向魏氏索要土地，魏桓子想要不给他。赵葭劝谏说："智伯向韩氏索要土地，韩氏给了他。现在向我们索要土地，我们不给他，那么这是我们魏国内部自恃强大，对外却触怒了智伯。这样一来智伯就一定会兵临魏国，不如给他吧！"魏桓子说："好吧。"于是派人送给智伯一座有万户人家的城邑。智伯很高兴，又派人到赵氏那里去，想索取蔺和皋狼两个地方，赵襄子没有给他。智伯就暗中联合韩氏和魏氏，准备攻打赵氏。

赵襄子召来张孟谈，告诉他说："智伯这个人，表面上和人亲善，内心里却对人疏远。他屡次派人出使韩氏、魏氏，却不跟我交往，看来他要攻打我们是肯定的了。如今我到哪里去才好呢？"张孟谈说："董阏于乃先君简子很有才干的臣子，世代治理晋阳，其后由尹铎继任，他们在政治教化方面的影响，至今还保留着，您还是到晋阳去吧。"赵襄子说："好。"于是派遣延陵生带领人马先去晋阳，赵襄子随后而往。到晋阳后，赵襄子带人巡视城郭，查验库房，视察粮仓，把张孟谈找来说道："我们的城墙完好坚固，库房里的钱财足够使用，粮仓里的粮食也很充足，就是没有箭，怎么办呢？"张孟谈说："我听说董阏于治理晋阳的时候，官署的墙都是用荻蒿楛楚一类东西建成的，墙壁有一丈多高，您可以把它拆掉制作箭杆。”于是把墙拆了，用那些材料做成箭杆，试了试，韧性比用上等竹子做的箭还强。赵襄子说：“箭杆够用了，我们还缺少铜，怎么办？”张孟谈说：“我听说董阏于治理晋阳的时候，官署的房屋都是用精铜做柱基的，可以拆下来使用，那就有用不完的铜了。”赵襄子说：“这个办法好。”号令发出以后，防御的设备都已齐全。

智伯和韩氏、魏氏的军队逼近晋阳，开始攻城。打了三个月也没有攻下晋阳，于是就散开军队包围晋阳城，并决开晋水淹灌晋阳。晋阳被围困了三年，城里的人在高处搭起窝棚居住，吊起锅来做饭，财物和粮食差不多用完了，士兵们都病弱不支。赵襄子对张孟谈说：“粮食用完了，财物用光了，官兵病倒了，我不能再坚守了，我想献城投降，您看怎么样？”张孟谈说：“我听说，‘国家将要灭亡却不能拯救，遇到危险不能转危为安，那就无须敬重谋臣智士了’。您放弃这个念头，不要再说了。请让我去见韩、魏的君主。”赵襄子说：“好吧。”

张孟谈于是秘密去见韩康子和魏桓子，对他们说：“我听说：‘嘴唇没有了，牙齿就会感到寒冷。’如今智伯带领你们来攻打赵氏，赵氏即将灭亡了，赵氏一旦灭亡，下面就要轮到你们二位了。”韩康子和魏桓子说：“我们知道会这样的。可是智伯这个人，性情粗暴，不讲仁义，如果我们的计谋还没有成功就被他发觉，那么就必然大祸临头，您看怎么办呢？”张孟谈说：“计谋从你们的嘴里说出来，进到我的耳朵里，没有人会知道的。”韩康子、魏桓子就和张孟谈秘密部署三国军队，约定举事的日期，当夜又送张孟谈潜回晋阳。张孟谈把情况告诉了赵襄子，赵襄子向他拜了两拜表示感谢。

张孟谈拜见智伯出来，在辕门外遇见了智过。智过进去对智伯说："韩康子、魏桓子恐怕要变卦。"智伯说："您怎么知道的？"智过回答说："我在辕门外碰见了张孟谈，他神情傲慢，走路脚抬得很高。"智伯说："不会这样的。我和韩、魏两家的君主已经详细地约定结盟，攻破赵氏后，三家平分赵地，这是我亲自和韩、魏两家约定的，他们一定不会欺骗我。您放心吧，不要乱说。"智过出去又看见了韩康子和魏桓子，急忙进来对智伯说："我看韩康子、魏桓子神色异常，心神不定，肯定要背叛你了，不如立即杀了他们。"智伯说："我们的军队围困晋阳已经三年了，很快就能把它攻下而坐收其利益，这时他们难道能有二心吗？一定不会的，您千万不要再说了。"智过说："不杀他们，那么就亲近他们。"智伯说："怎么亲近呢？"智过说："魏桓子的谋臣赵葭，韩康子的谋臣段规，这两个人可以改变他们君主的主意。您可以和他们两个人约定，攻破赵氏就封给他们每人一个万户人家的城邑。这样韩、魏两家就不会变心，您也可以得到自己想要的。"智伯说："灭掉赵氏而三家平分其领地，假如再封给赵葭、段规每人一个万户人家的城邑，那么我所得到的就变少了，这可不行！"智过见智伯不能采用他的办法，也听不进去自己的建议，出来以后，就把他的姓改为辅氏，离开了智伯不再露面。

张孟谈听说了这件事，马上去见赵襄子，说："我在辕门外见到了智过，他眼里露出怀疑我的神色，他进去见智伯，出来就把姓改了。今天晚上如果不袭击智伯，肯定要落后于智伯的行动了。"赵襄子说："好。"就派张孟谈去见韩康子和魏桓子，约定在当天夜里，杀掉守堤的官吏，并决堤放水淹智伯的军队。智伯军队因救水而乱作一团，韩、魏两家的军队从两侧夹击智伯，赵襄子率领大军从正面进攻，把智伯的军队打得大败并活捉了智伯。

智伯丧了命，亡了国，领地被三家瓜分，遭到天下人的耻笑，这是他贪得无厌的结果。不听智过的劝告，也是他被灭亡的原因之一。智氏家族全被消灭，只有辅氏一支还存于世。

## 胡服骑射（武灵王平昼闲居）

〔**题解**〕

本篇选自《赵策二》，又见于《史记·赵世家》。战国时期，随着铁质工具和牛耕的出现，生产力有了很大的提高，随之而来的是各诸侯国实力的增强，战争规模的扩大，这使春秋时代的车战已不适应新的战争形式的需要。赵武灵王是一位有远见卓识的国君，他敏锐地感受到这一时代趋势的变化，并于公元前302年，进行军事改革，决定废弃传统长袖的服装式样，改用便于骑马射箭的“胡服”，以训练骑兵，增强国防力量，这就是历史上称为“胡服骑射”的军事改革。本文记叙了赵武灵王在进行改革时，所面临的来自赵国统治集团内部保守势力的代表人物如公子成、赵文、赵造等人的压力，这是一场以赵武灵王为代表的改革派和保守派的激烈争论，立论双方都能够旁征博引，借古论今，晓之以理，动之以情，具有非常精彩的思辨力量。

〔**原文**〕

武灵王平昼闲居①，肥义侍坐②，曰：“王虑世事之变，权甲兵之用，念简、襄之迹③，计胡、狄之利乎？④”王曰："嗣立不忘先德，君之道也；错质务明主之长[5]，臣之论也。是以贤君静有道民便事之教，动有明古先世之功。为人臣者，穷有弟长辞让之节，通有补民益主之业。此两者，君臣之分也。今吾欲继襄主之业，启胡、翟之乡，而卒世不见也。敌弱者，用力少而功多，可以无尽百姓之劳，而享往古之勋。夫有高世之功者，必负遗俗之累；有独知之虑者，必被庶人之恐。今吾将胡服骑射以教百姓，而世必议寡人矣。"

肥义曰："臣闻之：'疑事无功，疑行无名。'今王即定负遗俗之虑，殆毋顾天下之议矣。夫论至德者，不和于俗；成大功者，不谋于众。昔舜舞有苗[6]，而禹袒入裸国[7]，非以养欲而乐志也，欲以论德而要功也[8]。愚者暗于成事，智者见于未萌，王其遂行之。"

王曰："寡人非疑胡服也，吾恐天下笑之。狂夫之乐，知者哀焉[9]；愚者之笑，贤者戚焉。世有顺我者，则胡服之功，未可知也。虽驱世以笑我，胡地、中山，吾必有之。"

王遂胡服。使王孙绁告公子成曰[10]："寡人胡服，且将以朝，亦欲叔之服之也。家听于亲，国听于君，古今之公行也；子不反亲，臣不逆主，先王之通谊也[11]。今寡人作教易服而叔不服，吾恐天下议之也。夫制国有常而利民为本，从政有经而令行为上。故明德在于论贱，行政在于信贵。今胡服之意，非以养欲而乐志也。事有所出，功有所止。事成功立，然后德且见也。今寡人恐叔逆从政之经，以辅公叔之议。且寡人闻之：'事利国者行无邪，因贵戚者名不累。'故寡人愿募公族之义[12]，以成胡服之功。使绁谒之，叔请服焉。"

公子成再拜曰："臣固闻王之胡服也，不佞寝疾[13]，不能趋走[14]，是以不先进。王今命之，臣固敢竭其愚忠。臣闻之，中国者，聪明睿知之所居也[15]，万物财用之所聚也，贤圣之所教也，仁义之所施也，《诗》《书》、礼、乐之所用也，异敏技艺之所试也，远方之所观赴也，蛮夷之所义行也。今王释此而袭远方之服，变古之教，易古之道，逆人之心，畔学者[16]，离中国，臣愿大王图之。"

使者报王。王曰："吾固闻叔之病也。"即之公叔成家自请之，曰："夫服者，所以便用也；礼者，所以便事也。是以圣人观其乡而顺宜，因其事而制礼，所以利其民而厚其国也。祝发文身[17]，错臂左衽[18]，瓯越之民也[19]。黑齿雕题[20]，鳀冠秫缝[21]，大吴之国也。礼服不同，其便一也。是以乡异而用变，事异而礼易。是故圣人苟可以利其民，不一其用；果可以便其事，不同其礼。儒者一师而礼异，中国同俗而教离，又况山谷之便乎？故去就之变，知者不能一[22]；远近之服，贤圣不能同。穷乡多异，曲学多辨。不知而不疑，异于己而不非者，公于求善也。今卿之所言者，俗也。吾之所言者，所以制俗也。今吾国东有河、薄洛之水[23]，与齐、中山同之，而无舟楫之用。

自常山以至代、上党[24]，东有燕、东胡之境[25]，西有楼烦[26]、秦、韩之边，而无骑射之备。故寡人且聚舟楫之用，求水居之民，以守河、薄洛之水；变服骑射，以备燕、东胡、楼烦、秦、韩之边。且昔者简主不塞晋阳以及上党[27]，而襄主兼戎取代以攘诸胡，此愚知之所明也。先时中山负齐之强兵，侵掠吾地，系累吾民[28]，引水围鄗[29]，非社稷之神灵，即鄗几不守。先王忿之，其怨未能报也。今骑射之服，近可以备上党之形，远可以报中山之怨。而叔也顺中国之俗，以逆简、襄之意，恶变服之名，而忘国事之耻，非寡人所望于子！"

公子成再拜稽首曰[30]："臣愚不达于王之议，敢道世俗之闻。今欲继简、襄之意，以顺先王之志，臣敢不听令！"再拜，乃赐胡服。

赵文进谏曰[31]："农夫劳而君子养焉，政之经也；愚者陈意而知者论焉，教之道也；臣无隐忠，君无蔽言，国之禄也。臣虽愚，愿竭其忠。"王曰："虑无恶扰，忠无过罪，子其言乎！"赵文曰："当世辅俗，古之道也；衣服有常，礼之制也；循法无愆，民之职也。三者先圣之所以教。今君释此而袭远方之服，变古之教，易古之道，故臣愿王之图之。"

王曰："子言世俗之间。常民溺于习俗，学者沉于所闻，此两者所以成官而顺政也，非所以观远而论始也。且夫三代不同服而王，五伯不同教而政。知者作教，而愚者制焉;贤者议俗,不肖者拘焉。夫制于服之民,不足与论心;拘于俗之众,不足与致意。故势与俗化,而礼与变俱,圣人之道也。承教而动,循法无私,民之职也。知学之人,能与闻迁;达礼之变,能与时化。故为己者不待人,制今者不法古,子其释之。”

赵造谏曰[32]:“隐忠不竭,奸之属也。以私诬国,贼之类也。犯奸者身死,贼国者族宗。此两者,先圣之明刑,臣下之大罪也。臣虽愚,愿尽其忠,无遁其死。”

王曰:“竭意不讳,忠也;上无蔽言,明也。忠不辟危[33],明不距人[34],子其言乎。”

赵造曰:“臣闻之:‘圣人不易民而教,知者不变俗而动。因民而教者,不劳而成功;据俗而动者,虑径而易见也。今王易初不循俗,胡服不顾世,非所以教民而成礼也。且服奇者志淫,俗辟者乱民。是以莅国者不袭奇辟之服,中国不近蛮夷之行,所以教民而成礼者也。且循法无过,循礼无邪,臣愿王之图之。”

王曰:“古今不同俗,何古之法?帝王不相袭,何礼之循?宓戏、神农教而不诛[35],黄帝、尧、舜诛而不怒[36]。及至三王[37],观时而制法,因事而制礼,法度制令,各顺其宜;衣服器械,各便其用。故治世不必一道,便国不必法古。圣人之兴也,不相袭而王;夏、殷之衰也,不易礼而灭。然则反古未可非,而循礼未足多也。且服奇而志淫,是邹、鲁无奇行也[38];俗辟而民易,是吴、越无俊民也[39]。是以圣人利身之谓服,便事之谓教,进退之节。衣服之制,所以齐常民,非所以论贤者也。故圣与俗流,贤与变俱。谚曰:'以书为御者,不尽于马之情;以古制今者,不达于事之变。'故循法之功,不足以高世;法古之学,不足以制今。子其勿反也。"

〔注释〕

①武灵王:战国时期赵国国君,嬴姓,名雍。

②肥义:赵武灵王时国相。

③简:赵简子,名鞅,又称简主。襄:赵简子之子赵襄子,名无(也作"毋")恤,又称襄主。二人都是春秋末年晋国的大夫,赵国君王的祖先。

④胡:我国古代北方的少数民族。狄:我国古代西方的少数民族。狄,或作"翟"。

⑤错质:犹"委质",委身为臣。错,通"措",放置。质,通"贽",古代初见君长所送的礼物。

⑥不用兵而修德政。有苗:苗,又称三苗,我国上古部落名。《韩非子·五蠹》:"当舜之时,有苗不服……乃修教三年,执干戚舞,有苗乃服。"

⑦裸国:指尚未开化、不知穿衣服的原始部落。《淮南子·原道训》:"禹之裸国,解衣而入,衣带而出,因之也。"

⑧要(yāo):同"邀",求,取。

⑨知:通"智"。

⑩王孙绁(xiè):战国时期赵国贵族。公子成:战国时期越国公族,越成侯之子,赵肃侯之弟,武灵王之叔。

⑪通谊:通行的道理。谊,同"义",道理。

⑫公族:原作"公叔"。清金正炜曰:当为"公族"。"叔""族"音近,又涉下文"愿募公叔之义"而误。公族,贵族。

⑬不佞(nìng):自称的谦辞。寝疾:卧病。

⑭言行动不便。趋:快走。

⑮睿(ruì)知:英明有远见。睿,通达,看得深远。知,同“智”。

⑯畔:通“叛”,违背。

⑰祝发:剪断头发。指我国古代中原以外少数民族的习俗和装束。文身:在身上刺刻花纹。

⑱错臂:两臂交错而立,为无礼的站姿。左衽:衣襟向左掩。按:我国古代中原地区衣襟向右掩。

⑲瓯(ōu)越:我国古代民族名,越族的一支,分布在今浙江、福建一带。

⑳黑齿:用草汁染黑牙齿。雕题:在额上刺刻,涂上青丹。题,额。

㉑鳀冠:鳀鱼皮做的帽子。鳀(tí),同“鮷”,大鲇(nián)。秫(shù)缝:缝制粗拙。秫,通“鉥”,长针。

㉒知:通“智”。

㉓河:我国古代对黄河的专称。薄洛:水名,即古漳水流经今河北巨鹿和平乡县东境的一段。

㉔常山:恒山(汉代避汉文帝讳改),又称北岳,在今河北曲阳县与山西接壤处。代:国名,建于战国以前,在今河北蔚县东北。上党:郡名,在今山西东南部,治所在壶关(今长治市北)。

㉕东胡:我国古代东北部的一个民族,因居匈奴(胡)以东而得名。

㉖楼烦:我国古代国名,在今山西西北宁武、岢岚一带。

㉗塞:闭塞,禁锢。本句指不禁锢在晋阳、上党一带。晋阳:在今山西太原市西南。

㉘系累:掳掠。系,捆绑。累(léi),拘系,捆绑。

㉙鄗:同“镐”,战国时期赵国城邑,在今河北柏乡北。

㉚稽首:古代一种跪拜礼,拱手至地,头也至地,且做长时间的停留,为古人最恭敬的礼节。稽,留。

㉛赵文:战国时期赵国贵族。

㉜赵造:战国时期赵国将领。

㉝辟:通“避”,躲避。

㉞距:通“拒”,拒绝。

㉟宓(fú)戏:伏羲氏,我国传说中人类的始祖。神农:我国传说中农业和医药的发明者,故号神农氏。

㊱黄帝、尧、舜:我国古代传说中的氏族部落首领。怒:通“孥”,妻子儿女。

㊲三王:指夏禹、商汤、周文王和周武王这三代的开国圣王。

㊳邹、鲁:古国名,均在今山东境内,是我国古代礼教最早发达的地区。

㊴吴、越:古国名,在今江苏、浙江境内,据说当地的百姓“祝发文身”,和中原的习俗不同。

〔译文〕

赵武灵王平日闲坐的时候,肥义在旁边陪伴,说:“大王是在考虑时事的变化,权衡兵力的使用,思念简主、襄主的功业,盘算抗击胡、狄的好处吗?”赵武灵王回答道:“继承君位不忘祖先的功德,是做君王所应遵循的原则;献身为臣致力于光大君主的长处,是做臣子所遵循的原则。因此贤明的君王在平时要有引导人民便利国事的教化,做事要有建立继往开来功勋的能力。做臣子的,在不得志的时候要有尊敬长辈、谦虚退让的品行,地位显达之时要有帮助人民、辅佐君王的功业。这两个方面,是做君臣的本职工作。现在我打算继承襄主的事业,开发胡、狄地区,恐怕一辈子也不能被人理解。战胜力量薄弱的敌人,所用的力量少,但取得的功效大,可以使百姓不过分劳苦,就能获得先代简主、襄主一样的功绩。那些有盖世功绩的人,必然要遭受流俗的责难;有独到见地的人,一定会招惹众人的怨恨。现在我打算教导百姓改穿胡人的服装,学习胡人骑马射箭,而天下的人一定要非议我了。"

肥义说:"我听说:'做事情游移不决,就不能建功立业;行动上顾虑重重,就不会立身扬名。'现在大王既然下定了改变习俗的决心,就不要顾及天下人的非议了。那些讨论最高道德的人不会附和一般的俗见,那些成就巨大功业的人不和普通人商议。从前舜为了宣扬德教,演练干戚之舞,使苗人归顺;禹赤身裸体进入了不知穿衣的裸国,裸国也从此顺服。他们这样做,不是想借此放纵欲望,怡乐心志,而是想借此宣扬德教建立功业啊。愚昧的人在事情成功以后还看不明白,聪明的人在事情还没有显露之前就有所察觉,希望大王付诸实施吧。"

赵武灵王说:"我不是对穿胡服有什么疑虑,而是担心天下的人讥笑我的做法。疯癫的人觉得快乐的事,理智的人就对此悲哀;愚昧的人觉得高兴的事,贤明的人就对此忧伤。世上如果有支持我的人,那么改穿胡人服式、学习骑射的功绩就不可估量了。即使让世上所有的人都嘲笑我,胡地和中山国我也一定能占有它。"

赵武灵王于是改穿胡服。派王孙緤告诉公子成说:"我已经改穿胡服,并且将要穿着它上朝,希望王叔也改穿胡服。在家里听从父母之命,在朝廷上听从君王之命,这是古今公认的准则;子女不违背父母,臣子不抗拒君王,这是先王留传下来的准则。现在我下令改换服式而王叔却不穿它,我担心天下的人对此会有议论。治理国家有一定的原则,以有利于人民为根本;处理政事有一定的常法,保证政令畅通是首要的。因此,想要修明德政,必须考虑下层百姓的利益,想要推行政令,首先要使权贵势力接受和奉行。现在我改穿胡服的目的,不是想借此来放纵欲望,怡乐心志。凡事只要开了头,成功就有了基础。事业取得成功,然后政绩才能显现。现在我担心王叔违背从政的原则,去附和那些权贵对我改穿胡服的非议。而且我还听说,'有利于国家的事情,做起来就不会出偏差;依靠宗室贵戚们的支持,名声就不会受伤害。'所以我希望仰仗王叔的威望来促进改穿胡服、学习骑射的成功。所以派王孙绁去告诉王叔,请王叔改穿胡服。"

公子成恭敬地说:"我已经听说大王改穿胡服这件事了,因为我卧病在床,行动不便,因此没有及早进言。现在大王既然下令让我改穿胡服,我大胆地尽我的一点愚忠。我听说,中原地区是英明能干、富有远见的人居住的地方,是各种物产财富聚集的地方,是圣贤进行教化的地方,是仁义所普遍实施的地方,是《诗》《书》、礼、乐通行的地方,是各种奇巧技艺使用的地方,是远方诸侯前来观摩学习的地方,是四方不开化民族崇拜和效法的地方。现在大王舍弃这些而效仿远方胡人的服式,改变自古以来的政教,更换自古以来的准则,违背众人的意愿,背叛圣贤的教导,背离了中原的传统习俗,我希望大王再认真考虑一下这件事。"

王孙绁把公子成的话报告给武灵王。武灵王说:"我早就听说王叔病了。"于是就亲自到公子成家里拜访,对他说:"衣服是为了便于穿用,礼制是为了便于办事。因此圣人观察当地的习俗而因地制宜,根据具体的情况来制定礼法,这样做既有利于民众,也有益于国家。剪掉头发,在身上刺青,两臂交错站立,穿着左开襟的衣服,这是瓯越人的风俗。涂黑牙齿,在额头上雕刺花纹,戴鱼皮帽,穿粗针大线的衣服,这是吴国的风俗。虽然礼制和服式不同,但在利国便民这一点上却是一致的。因此地区不同，所采取的措施就有差异；客观实际情况不同，礼仪制度也会有所变化。所以如果有利于人民，圣人所采取的措施也不是一成不变的；如果真正能够便于行事，礼制也可以不必完全相同。儒生都出自一个老师，可是各自的礼法和主张却不尽相同；中原地区有共同的礼俗而各国的教化不同，更何况地处偏僻山区的人怎能不因地制宜，就便行事呢？所以对礼俗的选择取舍变化多端，聪明人是不会整齐划一的；不同地域的服饰，圣贤也无法把它们统一起来。偏僻的地方本来就有很多稀奇古怪的事情，孤陋寡闻的人喜欢争辩。不熟悉的事情，也不轻易去怀疑；不同于自己的见解，不要随便反对，这才是追求真理的公正态度。现在王叔所说的，是因袭传统；我所说的，是改变传统。现在我国东面有黄河、薄洛水两条河流，是我国与齐国和中山国共有，可是我们没有水上军队。从常山到代郡、上党郡，东面与燕国和东胡接壤，西面与楼烦、秦国、韩国为界，而我们却没有骑兵部队。所以我将筹集战船，招募水上居民，来防守黄河、漳水；改穿胡服，学习骑马射箭，来防御与燕国、东胡、楼烦、秦国、韩国的边境。从前简主没有把我国禁锢在晋阳和上党一带，襄主又兼并了戎族和代地，驱走了各部的胡人。这些不论是愚笨的人还是聪明的人都知道。过去中山国倚仗齐国的强大军队，侵犯掠夺我国的土地，掳掠我国的人民，引水围灌鄗城，假如不是祖宗神灵的保佑，那么鄗城几乎失守。先王对此一直怀恨在心，可是这个仇至今未报。现在我们实行骑马射箭，从近处说，可以防守上党形势险要的地方；从远处说，可以报先王对中山国的仇恨。可您偏偏要因袭中原的旧习，违背简主、襄主的遗愿，反对改变服式的命令，却忘掉了国家曾经遭受的耻辱，这绝不是我希望您做的事情啊！”

公子成听了惭愧地再拜叩头至地多时说:“我太愚昧无知,没有体会到大王的用意,竟然冒昧地说了一些世俗的言论。现在大王想要继承简主、襄主的心愿,实现先王的遗志,我怎么敢不服从命令!”公子成拜了又拜,武灵王就赐他一套胡服。

赵文前来规劝说:“农夫辛勤劳作以供养君子,这是国家治理的原则;无知的人说出意见,明智的人来进行论定,这是教化的方法;做臣子的没有隐瞒忠心,做君王的不会堵塞言路,这是国家的福分。我虽然愚笨,但愿意竭尽我的忠心。”武灵王说:“考虑问题时,不要讨厌不同意见的干扰,对愿意竭尽忠心的人,不要责备他的过失。您就说吧。”赵文说:“顺应世情,符合习俗,这是自古以来的法则;衣服有一定的款式,这是礼法的规定;遵守法制不犯错误,这是老百姓的职责。这三个方面都是以前圣人所一贯教导的。现在大王对此弃之不顾,反而袭用远方民族的服式,改变自古以来的教化,更改古已有之的法则,所以我希望大王认真考虑这件事。”

赵武灵王说:“您所说的都是世俗的言论。普通人只是一味地遵循旧的风俗习惯,博学的人总是拘泥于书本上的知识,这两种人,都只能谨守职责,遵守法令而已,绝不能高瞻远瞩,开拓创新。再说夏、商、周三代服式不同却统一了天下;五霸政教各异却能治理好国家。贤智的人制定政教,而愚笨的人被政教所制约。贤智的人改革习俗,而愚笨的人被习俗所拘束。对于那些受制于传统的人是不能和他们交流思想的,那些被习俗束缚的人是不能和他们交换意见的。因此,习俗应随着形势的变化而变化,而礼法制度也要随形势的改变而改变,这才是圣人治国的原则啊!根据国家的政令而行动,依据国家的法制而不掺杂个人私念，这是老百姓的本分。智慧高超、学识丰富的人，能随着新的见闻而改变观点；通晓礼法的变化，能随着时代的变化而变化。所以志在修身的人不依赖别人，能把握现实的人不效法古代，您还是放弃那些不正确的见解吧！”

赵造劝说道：“隐匿忠心，知而不言，属于奸臣一类。为了私利而欺骗国家，属于贼害一类。犯奸佞罪的人处以死刑，危害国家的人诛灭宗族。对这两种人，先圣有明确的刑罚原则，这是做臣子的大罪。我虽然愚笨，但愿尽自己的忠心，绝不逃遁避死。”

赵武灵王说：“把自己的意见和盘托出而不加隐讳，这是忠心；国君不堵塞言路，这是明君。有忠心就不会躲避危险，明君就不拒绝别人进言。您就说吧。”

赵造说：“我听说，圣人不交换百姓施行教化，聪明人不变更习俗来治理国家。根据民心实施教化的，不费力气就能收到成效；依据习俗而治理国家的，考虑问题简捷方便，做起事来容易见到效果。现在大王改变原来的规则而不遵循习俗，改穿胡服而不顾及当世的民意，这不是教导人民完善礼法的方法。再说穿着奇装异服的人心志往往不正，习俗怪僻的地方往往扰乱民心。因此做国君的人不沿袭奇特的服式，中原地区不效法蛮夷的行为，这是为了教育人民和建立礼法。而且遵循礼法不会出差错，修养礼俗不会生邪念。我希望大王考虑这件事。”

赵武灵王说：“古今习俗本不相同，我们要效法哪一个古代？帝王不世代相承，我们遵循谁的礼法？伏羲氏、神农氏对人民只有教育而没有刑罚，黄帝、尧、舜虽有刑罚而不株连妻子儿女。到了夏禹、商汤、周文王时，都是顺应时势建立法制，根据情况制定礼俗，法度政令都因时制宜；衣服器械都以方便使用为则。所以治理国家不必固守一种办法,对国家有利就不一定要效法古代。圣人的兴起,不是互相承袭才称王天下的;夏朝和殷朝的灭亡,不是因为它们改变礼法才灭亡的。既然这样,那么反对古代的做法不一定是错的,遵循旧的礼法未必就值得赞许。而且如果奇装异服就使人心志不正的话,那么最遵守礼法的邹国和鲁国就不会有行为邪僻的人了;如果习俗怪异就会使百姓变坏,那么有奇风异俗的吴、越两国就不会出现杰出人才了。因此圣人把便于穿着的就叫衣服,把方便行事的就叫教化,把送往迎来的就叫礼节。服饰上的规定,都是为了让普通百姓取得一致,不是用来衡量贤明与否的。所以圣明的人顺应习俗而改变,贤明的人与变化相一致。谚语说:'按照书本条文驾车的人就不能充分通晓马的习性,采用古代礼法治理当代国家的人就不能通达事物的变化。'所以遵循成法建立的功业不可能盖世,效法古代学说难以治理当今的国家。您还是不要反对胡服骑射了吧。"

## 智不遗时(王破原阳以为骑邑)

**〔题解〕**

本篇选自《赵策二》,事在公元前300年。赵武灵王见识高远,深谙一切事物都在发展变化的道理,因时借势,锐意改革,推行胡服之后,便着手在原阳建立骑兵的训练基地。此举又遭到保守派大臣牛赞的反对。赵武灵王指出牛赞固守经典与常法的错误,借古今、远近、阴阳、四时的不断变化,提出制定国策应因地制宜,与时俱进,这样才能成国家之大利、张先祖之功业。赵武灵王的语言偶语与散句并行，错落有致，再加之理直气壮，故非常具有欣赏性与说服力。

〔原文〕

王破原阳以为骑邑[①]。牛赞进谏曰[②]："国有固籍，兵有常经。变籍则乱，失经则弱。今王破原阳以为骑邑，是变籍而弃经也。且习其兵者轻其敌，便其用者易其难。今民便其用而王变之，是损君而弱国也。故利不百者不变俗，功不什者不易器。今王破卒散兵以奉骑射，臣恐其攻获之利不如所失之费也。"

王曰："古今异利，远近易用。阴阳不同道，四时不一宜。故贤人观时而不观于时，制兵而不制于兵。子知官府之籍，不知器械之利；知兵甲之用，不知阴阳之宜。故兵不当于用，何兵之不可易？教不便于事，何俗之不可变？昔者先君襄主与代交地[③]，城境封之，名曰'无穷之门'[④]，所以昭后而期远也。今重甲循兵，不可以逾险；仁义道德，不可以来朝。吾闻'信不弃功，知不遗时[⑤]'。今子以官府之籍乱寡人之事，非子所知。"

牛赞再拜稽首曰[⑥]："臣敢不听令乎？"王遂胡服，率骑入胡，出于"遗遗之门"[⑦]，逾九限之固，绝五陉之险[⑧]，至榆中[⑨]，辟地千里。

〔注释〕

①原阳：战国时期赵国地名，在今内蒙古呼和浩特市东南。

②牛赞:战国时期赵国大臣。

③襄主:赵襄子,赵鞅之子,名无(也作"毋")恤,春秋时期晋国六卿之一。代:国名,建于战国以前,在今河北蔚县东北。公元前475年为赵襄子所灭。

④无穷之门:隘口名,在今河北张北县南。

⑤知:通"智",聪明。

⑥稽首:古代一种跪拜礼,拱手至地,头也至地,且做长时间的停留,为古人最恭敬的礼节。稽,留。

⑦遗遗之门:挺关,在今陕西榆林县西北。

⑧陉(jìng):山口。

⑨榆中:地区名,在今内蒙古伊金霍洛旗一带。

## 〔译文〕

赵武灵王把原阳改为骑兵训练地。赵将牛赞向赵武灵王进谏说:"国家有成文的法典,军队有固定的规范。改变法典就要混乱,抛弃规范就会削弱。现在大王把原阳改为骑兵训练地,这就是改变法典,抛弃常规啊。再说,熟悉以前兵制的人就容易克敌制胜,熟悉以前武器的人就能够轻易战胜所面对的困难。现在民众都习惯了原来的武器而大王您却要改换它们,这是损害君主而削弱国力的做法啊。所以没有百倍的好处就不要改变习俗,没有十倍的功效就不要更换武器。现在大王拆散原来的步兵编制而实行胡人的骑射,我担心这样做得到的利益抵偿不了所遭受的损失啊。"

武灵王说:"古今的利益各不相同,远近所用的器械也各不相同。阴阳的变化各有特点,四季的气候各有差异。所以贤明的人根据客观条件来行动,而不被客观条件所牵制,操纵兵器而不被兵器所制约。您只知道官府的法典，却不知道兵械的利弊；只知道兵器铠甲的用途，却不知道应根据不同的条件变化。所以，如果兵器不适于使用，什么兵器不能改换呢？教化不利于行事，什么习俗不能改变呢？以前先君襄主当政时和代国接壤，襄主在边境上筑城作为疆界，叫作'无穷之门'，用来昭示后代子孙，期望他们开发边远之地。现在我军身穿沉重的铠甲，手持长长的兵器，不便于越过险隘之地；讲究仁义道德不可能让胡人来降服。我听说，'所谓忠信不应放弃功利，所谓智慧不应错过时机'。现在您用官府里的法典来扰乱我的大事，这不是聪明的做法。"

牛赞拜了两拜，叩头至地多时说："我怎么敢不服从大王的命令呢？"武灵王于是穿上胡服，率领骑兵进入胡地，出挺关，跨过重重险要关隘，横穿多处险恶关口，到达榆中，开疆拓土千里。

## 达兵明势(赵惠文王三十年)

〔题解〕

本篇选自《赵策三》。这是齐国的田单为赵相时，赵奢和田单关于用兵方略的争论。田单作为齐将守即墨城时，曾经以少胜多，大破燕军，所以他从自己的作战经验出发，主张少用兵，减少对民力的伤害，以保证战争的粮草供给。而赵奢则从历史发展的角度，通过古今国力的变化，并援引当代齐攻楚、赵攻中山的战例，指出因为国家和城邑规模的扩大，当代战争具有用兵多、耗时长的特点，进而用韩、魏互攻将以何种兵力前去救援为比喻，说明时代不同了，作战的客观条件改变了，战争的规模、方式和用兵的多寡必须适应这个变化，不能墨守成规。这对研究我国春秋和战国时期的战争特点及变化有参考价值。

**〔原文〕**

赵惠文王三十年[①]，相都平君田单问赵奢曰[②]："吾非不说将军之兵法也[③]，所以不服者，独将军之用众。用众者，使民不得耕作，粮食輓赁不可给也[④]，此坐而自破之道也，非单之所为也。单闻之，帝王之兵，所用者不过三万，而天下服矣。今将军必负十万、二十万之众乃用之，此单之所不服也。"

马服曰："君非徒不达于兵也[⑤]，又不明其时势。夫吴干之剑[⑥]，肉试则断牛、马，金试则截盘、匜[⑦]；薄之柱上而击之，则折为三，质之石上而击之[⑧]，则碎为百。今以三万之众而应强国之兵，是薄柱击石之类也。且夫吴干之剑，材难，夫毋脊之厚，而锋不入[⑨]；无脾之薄，而刃不断。兼有是两者，无钩锷镡、蒙须之便[⑩]，操其刃而刺，则未入而手断。君无十余、二十万之众而为此钓锷镡蒙须之便，而徒以三万行于天下，君焉能乎？且古者四海之内分为万国，城虽大，无过三百丈者；人虽众，无过三千家者。而以集兵三万距[⑪]，此奚难哉！今取古之为万国者，分以为战国七[⑫]，能具数十万之兵，旷日持久，数岁，即君之齐已[⑬]。齐以二十万之众攻荆，五年乃罢[14]。赵以二十万之众攻中山，五年乃归[15]。今者，齐、韩相方而国围攻焉，岂有敢曰我其以三万救是者乎哉？今千丈之城、万家之邑相望也，而索以三万之众，围千丈之城，不存其一角，而野战不足用也，君将以此何之？”都平君喟然大息曰[16]：“单不至也！”

〔注释〕

①赵惠文王：战国时期赵国国君，武灵王之子，嬴姓，名何。三十年：赵惠文王三十年为公元前269年，据史实，此时田单尚未至赵。此误。当作“赵孝成王二年”，即公元前264年。

②都平君：田单，本战国时期齐国名将，临淄人。齐王建元年（前264）入赵，被任为相国，封都平君。赵奢：战国时期赵国将领，善用兵。赵惠文王二十九年（前270），大败秦军于阏与，因功封马服君。

③说：同“悦”，喜欢。

④辁（wǎn）赁：运输。辁，用车拉。赁，古“任”字。任，载，负担。

⑤非徒：不仅。

⑥吴干：吴、干皆国名，其民善铸剑，故言剑必曰吴干。

⑦盘、匜（yí）：古代盥洗用具，用匜倒水，以盘承接。

⑧质：通“踬”，石礅。此用作动词，垫。

⑨毋：同“无”。脊：指剑中间高起的部分。而：犹“则”。不入：不能入物。

⑩钩：附于剑头的环。锷（è）：刀剑的刃。镡（xín）：剑柄与剑身连接处突出的部分。蒙须：剑绳。

⑪距：通“拒”，指攻城。

⑫战国：攻战争雄的大国。

⑬已：通“矣”。按：公元前284年，燕军攻入齐国都城临淄。

⑭五年:疑为“三年”。按:公元前303年齐与魏、韩攻楚,公元前301年败楚,杀楚将唐昧。

⑮公元前300年赵攻中山,公元前296年灭中山,迁中山王于肤施。

⑯喟(kuì)然:叹息的样子。大息:太息、叹息。

## 〔译文〕

赵惠文王三十年,赵相都平君田单问赵奢说:“我不是不喜欢将军的用兵之法,我不佩服的只是您用兵太多。使用的兵多,百姓就不能很好地耕种,粮食运输就供给不上,这是坐以待毙的办法,我不用这样的办法。我听说,帝王用兵不超过三万人,天下就能归服。现在将军一定要十万、二十万军队才能作战,这就是我田单所不佩服的地方。”

马服君赵奢说:“您不仅不通晓用兵之道,而且也不明白天下的形势。吴干之国的宝剑,用肉体来试可以切断牛、马,用金属来试可以截断盘、匜;把它迫近柱子砍,宝剑就会折为三段,把它垫在石头上砸宝剑就会碎为百片。现在用三万兵力去应对强国的军队,这就像是用宝剑去砍柱子、垫在石头上砸它一样。况且像吴干之国这样的宝剑,剑材很难得,没有厚实的剑脊,剑锋就不能进入;没有轻薄的剑面,剑刃就不能断物。同时具备了这样的剑脊和剑面,但是没有剑环、剑柄、剑绳等辅助之物,这样只能握着剑刃刺杀,那么剑尖还没有刺入敌人的身体,手就被割断了。如果您没有一二十万军队,作为相当于剑环、剑柄、剑绳这种辅助性的工作,仅仅凭着三万人在天下纵横,您怎么可能做到呢?再说古时候,天下分为万国,即使是大城邑,城墙也没有超过三百丈的;人口即使多,也没有超过三千户的。如果用训练有素的三万军队去攻打这样的城邑,这有什么困难呢?如今,古时候的万国已经归并成七个攻战争雄的大国,都能具备几十万的军队,可以打持续数年的持久战,就如同您曾任职的齐国一样。从前,齐国以二十万大军攻打楚国,战争持续五年才结束;赵国以二十万军队进攻中山,五年才凯旋。现在,齐、韩两国势均力敌,假如它们彼此围攻,谁又敢说我能用三万兵力去救援它们呢?现在千丈的大城、万家的大邑到处都能看到,而要想用三万兵力去包围千丈的大城,根本不能围住城的一角,进行野战就更不够用了,您带着这点军队有什么用呢?"都平君田单长叹一声说:"是我没有考虑到这一点啊!"

## 割地事秦(秦攻赵于长平)

〔题解〕

本篇选自《赵策三》,又见于《史记·平原君虞卿列传》及《新序·善谋》。这是一篇非常优秀的论辩文章,清代文艺理论家刘熙载评价道:"《国策》明快无如虞卿之折楼缓,慷慨无如荆卿之辞燕丹。"(《艺概·文概》)文章记叙了公元前 260 年长平之战后,面对秦要求赵割六城求和这一问题,虞卿与楼缓不同的意见。楼缓虽为赵人,却站在秦国的立场上,试图使赵国拱手献上秦国力战所不能得的土地。而虞卿则站在赵国的立场上,义正词严,坚决主张合纵抗秦,不做"强秦而弱赵"这种割地求和的蠢事。虞卿的论辩铺张扬厉,既能够透过现象直指本质,看穿楼缓为秦之心;同时又能步步为营,指出不割地于秦而使赵结齐的自救之方，充分显示了虞卿的雄辩之才和政治智慧。

〔**原文**〕

秦攻赵于长平[①]，大破之，引兵而归。因使人索六城于赵而讲。赵计未定。楼缓新从秦来[②]，赵王与楼缓计之[③]，曰："与秦城，何如不与[④]？"楼缓辞让曰："此非臣之所能知也。"王曰："虽然，试言公之私。"楼缓曰："王亦闻夫公甫文伯母乎[⑤]？公甫文伯官于鲁，病死。妇人为之自杀于房中者二八。其母闻之，不肯哭也。相室曰：'焉有子死而不哭者乎？'其母曰：'孔子[⑥]，贤人也，逐于鲁，是人不随。今死而妇人为死者十六人。若是者，其于长者薄而于妇人厚。'故从母言之，之为贤母也；从妇言之，必不免为妒妇也。故其言一也，言者异则人心变矣。今臣新从秦来，而言勿与，则非计也；言与之，则恐王以臣之为秦也，故不敢对。使臣得为王计之，不如予之。"王曰："诺。"

虞卿闻之[⑦]，入见王，王以楼缓言告之。虞卿曰："此饰说也。"王曰："何谓也？"虞卿曰："秦之攻赵也，倦而归乎？王以其力尚能进，爱王而不攻乎？"王曰："秦之攻我也，不遗余力矣，必以倦而归也。"虞卿曰："秦以其力攻其所不能取，倦而归。王又以其力之所不能攻以资之，是助秦自攻也。来年秦复攻王，王无以救矣。"

王又以虞卿之言告楼缓。楼缓曰："虞卿能尽知秦力之所至乎？诚知秦力之不至此，弹丸之地，犹不予也。令秦来年复攻，王得无割其内而媾乎？”王曰：“诚听子割矣，子能必来年秦之不复攻我乎？”楼缓对曰：“此非臣之所敢任也。昔者三晋之交于秦，相善也。今秦释韩、魏而独攻王，王之所以事秦必不如韩、魏也。今臣为足下解负亲之攻，启关通币⑧，齐交韩、魏，至来年而王独不取于秦，王之所以事秦者必在韩、魏之后也。此非臣之所敢任也。”

王以楼缓之言告虞卿，虞卿曰：“楼缓言‘不媾，来年秦复攻，王得无更割其内而媾’，今媾，楼缓又不能必秦之不复攻也，虽割何益？来年复攻，又割其力之所不能取而媾也，此自尽之术也，不如无媾。秦虽善攻，不能取六城；赵虽不能守，而不至失六城。秦倦而归，兵必罢⑨。我以五城收天下以攻罢秦，是我失之于天下而取偿于秦也，吾国尚利。孰与坐而割地自弱以强秦？今楼缓曰：‘秦善韩、魏而攻赵者，必王之事秦不如韩、魏也。’是使王岁以六城事秦也，即坐而地尽矣！来年秦复求割地，王将予之乎？不与，则是弃前功而挑秦祸也；与之，则无地而给之。语曰：‘强者善攻，而弱者不能自守。’今坐而听秦，秦兵不敝而多得地，是强秦而弱赵也。以益愈强之秦，而割愈弱之赵，其计固不止矣。且秦虎狼之国也，无礼义之心，其求无已，而王之地有尽。以有尽之地，给无已之求，其势必无赵矣。故曰‘此饰说也’,王必勿与!”王曰:“诺。”

楼缓闻之,入见于王,王又以虞卿言告之。楼缓曰:“不然,虞卿得其一,未知其二也。夫秦、赵构难而天下皆说[10],何也?曰‘我将因强而乘弱’。今赵兵困于秦,天下之贺战胜者,则必尽在于秦矣。故不若亟割地求和以疑天下[11],慰秦心。不然,天下将因秦之怒,乘赵之敝而瓜分之。赵且亡,何秦之图?王以此断之,勿复计也。”

虞卿闻之,又入见王曰:“危矣,楼子之为秦也!夫赵兵困于秦,又割地为和,是愈疑天下,而何慰秦心哉!是不亦大示天下弱乎?且臣曰勿予者,非固勿予而已也!秦索六城于王,王以五城赂齐。齐,秦之深雠也,得王五城,并力而西击秦,齐之听王,不待辞之毕也。是王一举结三国之亲[12],而与秦易道也。”赵王曰:“善。”因发虞卿东见齐王[13],与之谋秦。

虞卿未反[14],秦之使者已在赵矣。楼缓闻之,逃去。

〔注释〕

①长平:战国时期赵国城邑,在今山西高平西北。公元前260年,秦、赵在长平大战,秦将白起坑杀赵降卒四十多万。

②楼缓:战国时期赵国人,曾为秦国相。

③赵王:指赵孝成王,战国时期赵国国君,赵惠王之子,嬴姓,名丹,公元前265年至公元前245年在位。

④原作“不与”下有“何如”二字,王念孙曰:“‘不与’下本无‘何如’二字。后人误读‘与秦城何如’为句,因于‘不与’下加‘何如’二字,而不知

其谬也。"《太平御览·人事部》引此作:"与秦地何如勿与",据上改。

⑤公甫文伯:春秋时鲁国季康子的叔伯兄弟,名歜(chù)。

⑥孔子:春秋末期思想家,儒家学派创始人,名丘,字仲尼,鲁国陬(今属山东曲阜)人。

⑦虞卿:虞氏,名已失传。因进说赵孝成王,被任为上卿,称为虞卿。主张以赵为主,合纵抗秦。

⑧通币:犹"通使"。币,指古人用作礼物的玉、马、皮、帛等物品。

⑨罢:同"疲"。

⑩说:同"悦"。

⑪亟(jí):急,赶快。

⑫原作"是王"之下有"失于齐而取偿于秦"八字,姚注:孙本抹去此八字。另:《太平御览》卷450引作"是王一举结三国之亲",无"失于齐而取偿于秦"八字,据上改。

⑬齐王:指齐王建,齐襄王之子,妫姓,名建,战国时期齐国最后一位国君。

⑭反:同"返"。

〔译文〕

秦国进攻赵国的长平,大破赵军后撤兵回国。接着秦国派人向赵国索取六座城邑来讲和。赵国没有拿定主意。楼缓刚从秦国来到赵国,赵王和楼缓商量这件事,说:"割城给秦国,还是不割给它好呢?"楼缓推辞说:"这不是我所能知道的。"赵王说:"尽管如此,您还是谈谈您个人的看法吧。"楼缓说:"大王也曾听说过公甫文伯的母亲吧?公甫文伯在鲁国做官,病死后妻妾为他在房里自杀的有十六人。他的母亲听说后,不肯为他哭泣。家臣说:'哪有儿子死了,母亲不哭的呢?'公甫文伯的母亲说:

‘孔子是位贤人，被鲁国驱逐出境时，公甫文伯没有随行。现在他死了，妻妾为他而死的就有十六人。这样看来，说明他薄待有德才的长者而厚待妻妾。’所以，这样的话从母亲嘴里说出来，说明她是位贤良的母亲；若是从妻妾嘴里说出来，就一定被视为妒忌的妇人了。所以，同样的话，因为说的人不同，别人的看法也就不同。现在我刚从秦国回来，如果说不割城给秦国，那就是言不由衷；如果说割城给秦国，那么又担心大王认为我是站在秦国立场上考虑问题，所以我不敢回答。假使站在大王的角度思考问题，不如割城给秦国。”赵王说：“好吧。”

虞卿听说这件事，就进宫去见赵王，赵王把楼缓的话告诉了他。虞卿说：“这是用巧辩来掩饰真相的假话。”赵王说：“怎么这么说呢？”虞卿说：“秦国这次攻打赵国，是因为他们兵力疲惫才撤军的呢？还是他们的兵力能继续进攻，是因为爱护大王而停止进攻的呢？”赵王说：“秦国攻打我国是不遗余力了，一定是因为兵力疲乏了才撤军的。”虞卿说：“秦国用尽它的兵力攻打它不能攻取的地方，因兵力疲惫而撤军。现在大王又拿它用兵力所不能攻取的城邑去资助它们，这等于帮助秦国来攻打我们自己啊。明年秦国再来攻打赵国，大王就没有办法自救了。”

赵王又把虞卿的话告诉了楼缓。楼缓说：“虞卿能够完全知道秦国兵力所能打到哪里吗？如果确实知道秦国兵力难以至此，即使是弹丸大的地方也不会给它。假使秦国明年又来攻打赵国，大王您难道不用割让内地的城邑来讲和吗？”赵王说：“果真听您的割让了城邑，您能保证明年秦国一定不再来攻打我国吗？”楼缓回答说：“这不是我敢担保的。从前韩、赵、魏三国与秦国结交，共相亲善。现在秦国不打韩、魏却一心一意地攻打赵国，一定是大王侍奉秦国不如韩、魏两国。现在我可以为您解除因背弃秦国而遭受的攻伐，开放边关，互通使节，让赵国与韩、魏两国同秦国的交情彼此齐等。到了明年，大王还不能取悦于秦国，一定是大王用来侍奉秦国的办法又落在韩、魏两国的后面了。这不是我所敢担保的。”

赵王把楼缓的话告诉了虞卿，虞卿说：“楼缓说‘不与秦国讲和，明年秦国又来攻打赵国，大王恐怕又要割让赵国内地的城邑去讲和。’现在讲和，楼缓又不能保证秦国一定不再来攻打赵国，那么即使割让城邑又有什么作用呢？明年秦国再来进攻，又要割让秦国用兵力也难以攻取的城邑以求讲和，这是自取灭亡的做法啊，不如不跟秦国讲和。秦国虽然善于攻战，但也不能同时攻下六座城邑；赵国即使不善防守，也不至于一下子丢失六座城邑。秦国因为兵力疲惫而撤军，秦军的士卒一定很疲乏。如果我们拿出五座城邑去换取其他诸侯的帮助，去攻打疲惫的秦国，这样我们虽然拿出五座城邑给了诸侯，但能从秦国那里得到补偿，这对我们国家还是比较有利。怎么能拱手坐等割地，削弱自己来加强秦国呢？现在楼缓说：‘秦国和韩、魏两国的关系好而唯独攻打赵国，一定是大王侍奉秦国不如韩、魏两国。’这是让大王每年拿出六座城邑去侍奉秦国，那么就要白白地把土地丢光了。等到明年秦国再要求割地，大王打算给它吗？如果不给，就是前功尽弃而挑起秦国攻打我们的祸端；如果给它，又没有那么多土地可以割让。俗话说：‘力量强的就是因为善于攻打别人，而力量弱的就是因为不能自保。’现在束手就擒听任秦国摆布，秦国军队不受劳苦就能得到很多土地，这是在增强秦国而削弱赵国的实力啊。增强越来越强大的秦国，侵割越来越弱的赵国，秦国的要求就永远没有止境啊。而且秦国乃虎狼一样的国家，没有礼义之心，它的贪欲是永远没有止境的，而大王的土地有限。用有限的土地去满足没有止境的贪欲，那就势必导致赵国的灭亡。所以说：这是用巧辩来掩饰真相的话。大王一定不要割让土地给秦国。”赵王说：“好吧。”

楼缓听说后，进宫去见赵王，赵王又把虞卿的话告诉给他。楼缓说：“不是这样，虞卿只知其一，不知其二。秦、赵两国交战而天下诸侯都高兴，为什么呢？他们说：‘我将凭借强国的力量来欺凌弱国。’如今赵国军队被困于秦国，天下诸侯祝贺取胜者的一定都在秦国。所以不如赶快向秦国割地求和，以此迷惑诸侯，也使秦国感到心安。否则，天下诸侯将要趁着秦国不满情绪和赵国的疲惫来瓜分赵国。赵国将要灭亡了，还能对秦国怎么样呢？大王就此来决断吧，不要再犹豫不决了。”

虞卿听说后，又进宫见赵王说：“赵国太危险了，楼先生是在为秦国办事啊！赵国军队被困于秦国，又要向秦国割地求和，这将使天下诸侯更加怀疑赵国的力量，又怎么能安抚秦国的野心呢！这岂不是向天下诸侯暴露赵国的软弱吗？况且我说不要割地，也不是坚持不割让就完了。秦国向大王索取六座城邑，大王拿出五座城邑用以贿赂齐国，齐国是秦国最大的仇敌，它得到大王的五座城邑，就必然和赵国合力向西攻打秦国，齐王不等您把话说完，就会听从大王。这样大王一举就能和齐、韩、魏三国结成友好关系，就会完全改变以前赵国和秦国的力量对比。”赵王说：“好。”于是派虞卿往东去拜见齐王，和齐王商量对付秦国的策略。

虞卿还没有从齐国回来，秦国派来议和的使者就已经到了赵国。楼缓听说这个消息，就从赵国逃走了。

# 义不帝秦(秦围赵之邯郸)

〔题解〕

本篇选自《赵策三》,又见于《史记·鲁仲连邹阳列传》。公元前260年的长平之战,赵国元气大伤。三年后,秦国再次兵围邯郸,赵国面临灭国的危险。在这种情况下,如何解救赵国危难,魏国的客将军辛垣衍提出了"帝秦"的主张。鲁仲连反对辛垣衍的"帝秦"策略,提出联合魏、燕、齐、楚共同抗秦。在论辩中,鲁仲连首先申明自己宁死也不愿做暴秦的臣子,然后通过历史上齐威王尊周,纣杀三公,齐湣王之鲁、邹的历史,说明一旦秦称帝做了天子,其贪欲和暴虐会变本加厉。同时,又通过秦称帝后必然干预各诸侯国的内政,"变异诸侯之大臣",切中要害地指出"帝秦"之举直接危及辛垣衍个人的原有地位。这机智雄辩的生动言辞,服之以理,诱之以利,终于折服了辛垣衍,从而使辛垣衍幡然醒悟,取消帝秦的主张,采纳鲁仲连联合抗秦的建议。文章结尾写鲁仲连拒不接受平原君的加封和馈赠,其高洁的人格跃然纸上。

〔原文〕

秦围赵之邯郸[①]。魏安釐王使将军晋鄙救赵[②],畏秦,止于荡阴不进[③]。

魏王使客将军辛垣衍间入邯郸[④],因平原君谓赵王曰[5]："秦所以急围赵者，前与齐湣王争强为帝[6]，已而复归帝，以齐故。今齐湣王已益弱，方今唯秦雄天下，此非必贪邯郸，其意欲求为帝。赵诚发使尊秦昭王为帝[7]，秦必喜，罢兵去。"平原君犹豫未有所决。

此时鲁仲连适游赵[8]，会秦围赵，闻魏将欲令赵尊秦为帝，乃见平原君曰："事将奈何矣？"平原君曰："胜也何敢言事！百万之众折于外[9]，今又内围邯郸而不能去。魏王使将军辛垣衍令赵帝秦，今其人在是，胜也何敢言事！"鲁连曰："始吾以君为天下之贤公子也，吾乃今然后知君非天下之贤公子也。梁客辛垣衍安在？吾请为君责而归之。"平原君曰："胜请召而见之于先生。"平原君遂见辛垣衍，曰："东国有鲁连先生，其人在此，胜请为绍介而见之于将军。"辛垣衍曰："吾闻鲁连先生，齐国之高士也。衍，人臣也，使事有职，吾不愿见鲁连先生也。"平原君曰："胜已泄之矣。"辛垣衍许诺。

鲁连见辛垣衍而无言。辛垣衍曰："吾视居此围城之中者，皆有求于平原君者也。今吾视先生之玉貌[10]，非有求于平原君者，曷为久居此围城之中而不去也？"鲁连曰："世以鲍焦无从容而死者[11]，皆非也。今众人不知，则为一身。彼秦者，弃礼义而上首功之国也[12]，权使其士，虏使其民，彼则肆然而为帝，过而遂正于天下，则连有赴东海而死矣！吾不忍为之民也！所为见将军者，欲以助赵也。"辛垣衍曰："先生助之奈何？"鲁连曰："吾将使梁及燕助之，齐、楚则固助之矣。”辛垣衍曰：“燕则吾请以从矣。若乃梁，则吾乃梁人也，先生恶能使梁助之耶？”鲁连曰：“梁未睹秦称帝之害故也，使梁睹秦称帝之害，则必助赵矣。”辛垣衍曰：“秦称帝之害将奈何？”鲁仲连曰：“昔齐威王尝为仁义矣[13]，率天下诸侯而朝周[14]。周贫且微，诸侯莫朝，而齐独朝之。居岁余，周烈王崩[15]，诸侯皆吊，齐后往。周怒，赴于齐曰[16]：‘天崩地坼[17]，天子下席[18]，东藩之臣田婴齐后至，则斫之[19]！’威王勃然怒曰：‘叱嗟[20]，而母婢也[21]！’卒为天下笑。故生则朝周，死则叱之，诚不忍其求也。彼天子固然，其无足怪。”辛垣衍曰：“先生独未见夫仆乎？十人而从一人者，宁力不胜、智不若耶？畏之也。”鲁仲连曰：“然梁之比于秦若仆耶？”辛垣衍曰：“然。”鲁仲连曰：“然吾将使秦王烹醢梁王[22]。”辛垣衍怏然不悦[23]，曰：“嘻，亦太甚矣，先生之言也！先生又恶能使秦王烹醢梁王？”

鲁仲连曰：“固也，待吾言之。昔者，鬼侯、鄂侯、文王[24]，纣之三公也。鬼侯有子而好[25]，故入之于纣，纣以为恶，醢鬼侯。鄂侯争之急，辨之疾[26]，故脯鄂侯[27]。文王闻之，喟然而叹，故拘之于牖里之库百日[28]，而欲舍之死。曷为与人俱称帝王，卒就脯醢之地也？齐闵王将之鲁[29]，夷维子执策而从[30]，谓鲁人曰：‘子将何以待吾君？’鲁人曰：‘吾将以十太牢待子之君[31]。’夷维子曰：‘子安取礼而来待吾君？彼吾君者，天子也。天子巡狩[32]，诸侯辟舍[33]，纳筦键[34]，摄衽抱几[35]，视膳于堂下，天子已食，退而听朝也。'鲁人投其籥[36]，不果纳。不得入于鲁，将之薛[37]，假途于邹[38]。当是时，邹君死，闵王欲入吊。夷维子谓邹之孤曰：'天子吊，主人必将倍殡柩[39]，设北面于南方[40]，然后天子南面吊也。'邹之群臣曰：'必若此，吾将伏剑而死。'故不敢入于邹。邹、鲁之臣，生则不得事养，死则不得饭含[41]，然且欲行天子之礼于邹、鲁之臣，不果纳。今秦万乘之国，梁亦万乘之国，俱据万乘之国，交有称王之名，睹其一战而胜，欲从而帝之，是使三晋之大臣，不如邹、鲁之仆妾也。且秦无已而帝，则且变易诸侯之大臣。彼将夺其所谓不肖而予其所贤，夺其所憎而与其所爱；彼又将使其子女谗妾为诸侯妃姬，处梁之宫，梁王安得晏然而已乎？而将军又何以得故宠乎？"

于是辛垣衍起，再拜，谢曰："始以先生为庸人，吾乃今日而知先生为天下之士也。吾请去，不敢复言帝秦。"

秦将闻之，为却军五十里。适会魏公子无忌夺晋鄙军以救赵击秦[42]，秦军引而去。

于是平原君欲封鲁仲连，鲁仲连辞让者三，终不肯受。平原君乃置酒，酒酣，起，前，以千金为鲁连寿。鲁连笑曰："所贵于天下之士者，为人排患、释难、解纷乱而无所取也。即有所取者，是商贾之人也[43]，仲连不忍为也。”遂辞平原君而去,终身不复见。

〔注释〕

①邯郸:战国时期赵国都城,在今河北邯郸市。事在公元前257年。

②魏安釐(xī)王:战国时期魏国君主,昭王之子,姬姓,名圉(yǔ)。晋鄙:战国时期魏国将领。

③荡阴:在今河南汤阴县西南。

④客将军:非本国人而在此国做将军者。辛垣衍:姓辛垣,名衍。辛,姚本作“新”姓,鲍本作“辛”,下文皆作“辛”,故从鲍本。间(jiàn):秘密。

⑤平原君:赵胜,战国时期赵国公子,惠文王之弟,封于东武(今山东武城),号平原君,曾任国相。赵王:指赵孝成王。时当其九年。

⑥齐湣王:又作齐闵王,战国时期齐国君。妫姓,田氏,名地,宣王之子。按:公元前288年十月,秦约齐并称帝。十二月,齐用苏秦计取消帝号,秦亦随之,故曰以齐故。

⑦秦昭王:战国时期秦国君,秦惠文王之子,嬴姓,名稷,秦武王异母弟,谥昭襄。鲍注:称谥,非当时语。按:此为后人追记时不自觉而为之,当删“昭”字。

⑧鲁仲连:又称鲁连,齐国人,善于计谋策划,常周游各国,排解纠纷。适:恰巧,正好。游:游历。

⑨折:损失。按:公元前260年长平之战,赵军损失四十余万人。此言百万,夸大之词。

⑩玉貌:指仪表相貌。玉,敬辞。

⑪鲍焦:周时隐士,因不满当时社会,抱树绝食而死。

⑫上:通“尚”,崇尚。首功:以作战斩首多少来计功。

⑬齐威王:齐国君,妫姓,田氏,名婴(因)齐。为仁义:行仁义之政。

⑭按:齐威王无率诸侯朝周之事。

⑮周烈王:东周君主,安王之子,姬姓,名喜。按:周烈王崩当在田齐

桓公六年(前369),距齐威王元年尚有十三年,与事实不符,叙述有误。

⑯赴:同“讣”,讣告,报丧。

⑰天崩地坼:喻天子死。坼(chè),裂。

⑱天子:指新君周显王。下席:离开原来的居处,睡在守孝的草席上。

⑲斫(zhuó):斩首。

⑳叱嗟:怒斥声。

㉑而:你的。

㉒烹醢:古代的酷刑。烹,煮杀。醢(hǎi),剁成肉酱。

㉓怏(yàng)然:不满意、不服气的样子。

㉔鬼侯:商朝诸侯,与鄂侯、西伯昌为商朝三公。其活动中心在今山西西北部。鄂侯:商朝诸侯,在今河南沁阳西北。文王:西周的创建者,名昌,姬姓,其活动中心在今陕西岐山的周原一带。

㉕子:女儿。好:美。

㉖辨:同“辩”,辩驳。

㉗脯(fǔ):肉干。此用作动词,做成肉干。

㉘牖(yǒu)里:一作羑里,在今河南汤阴县境。库:监狱。

㉙按:鲁、邹不纳之事在公元前284年,齐将乐毅率五国之师攻齐,闵王(也作“湣王”)逃至卫,因态度傲慢,卫人怒,故又逃奔邹、鲁。

㉚夷维子:齐闵王大臣。夷维,地名,齐邑,在今山东高密。此人以邑为氏。

㉛太牢:牛、羊、豕各一为太牢。十太牢:古代祭祀或宴会,十太牢是接待诸侯之礼。

㉜巡狩:古时天子巡行视察诸侯各地。

㉝辟舍:让出自己的宫室,避居在外。辟,通“避”。

㉞筦(guǎn)键:钥匙和锁。筦,钥匙。键,锁。

㉟摄衽:提起衣襟。抱几:捧着几案。

㊱籥(yuè),通“钥”(钥)。

㊲薛：战国时齐国城邑，在今山东滕州西。

㊳邹：国名，本作"邾"，曹姓，国都在邹，今属山东邹城。

㊴倍殡柩：把殡柩移到相反的方向（从北面移到南面）。倍，同"背"。殡，停放灵柩。柩，装有尸体的棺材。

㊵在南面设立朝北的灵堂。按：古人以坐北朝南为尊位，诸侯的灵柩也应设在北面。天子尊于诸侯，故须将诸侯灵柩移到南面，然后天子面南而吊。

㊶饭：把米粒放在死者口中。含：把珠玉放在死者口中。按：此二句言邹、鲁贫弱。

㊷公子无忌：魏无忌，昭王之子，安釐王之弟，封于信陵（今河南宁陵），号信陵君。

㊸商贾（gǔ）：商人。运货贩卖叫商，囤积盈利称贾。

## 〔译文〕

秦军包围了赵国的邯郸。魏安釐王派将军晋鄙救援赵国，但因为害怕秦国，就把军队驻扎在荡阴不敢前进。

魏王派客将军辛垣衍秘密潜入邯郸城中，通过平原君对赵孝成王说："秦国之所以急于围攻赵国，是因为先前与齐湣王争相逞强称帝，可是不久秦王就放弃了帝号，这是因为齐王首先放弃了帝号的缘故。如今齐国国力更加衰弱了，当今天下只有秦国实力最为强大，看来这次秦国出兵并非想要贪图邯郸这个地方，它的真实意图是想要再次称帝。赵国如能派遣使者尊奉秦昭襄王为帝，秦王一定很高兴，就会撤军而去。"平原君对此一时拿不定主意。

这时鲁仲连正好在赵国游历，正赶上秦军围攻邯郸，听说魏国将要让赵国尊奉秦王为帝，就去拜见平原君说："这事该怎么办呀?”平原君说:“我赵胜哪里还敢谈论国事! 百万大军在外面遭受损失,如今秦军又深入国内包围了邯郸,我们却不能使其退兵。魏王派客将军辛垣衍来,要赵国尊奉秦国为帝,现在这个人还在这里,我赵胜还怎么敢谈论国家大事!”鲁仲连说:“当初我认为您是天下最贤明的公子,如今我才知道您并不是天下的贤公子啊。魏国客将军辛垣衍在哪儿? 让我替您去斥责他,把他打发回去。”平原君说:“请让我召见他并把他引见给您。”平原君于是就去拜见辛垣衍,说:“齐国有位鲁仲连先生,此人现在就在这里,请让我介绍他跟将军见面。”辛垣衍说:“我听说鲁仲连先生是齐国的高士。我辛垣衍是做臣子的,出使做事有自己的职责,我不愿意会见鲁仲连先生。”平原君说:“我已经把您在这儿的事跟他说了。”辛垣衍只好答应了。

鲁仲连见到辛垣衍却不说话。辛垣衍说:“我看留在这个围城中的人,都是有求于平原君的。现在我看先生的仪容相貌,不像是有求于平原君的人,为什么久留在这个围城之中而不离开呢?”鲁仲连说:“世上那些认为鲍焦是由于心胸狭窄而绝食自杀的人,其实都是错误的。现在一般人不了解鲍焦的内心,才会误认为他是为了自身利益而死。那秦国是一个不讲究礼义而崇尚战功的国家,凭着权术来使用它的士人,像对待俘虏一样地役使它的百姓。它如果肆无忌惮地称了帝,甚而统治整个天下,那么我鲁仲连只有跳东海自杀了,我无法容忍自己做它的百姓。我这次拜见将军的目的,是想帮助赵国抵抗秦国。”辛垣衍说:“先生打算怎样帮助赵国呢?”鲁仲连说:“我准备请魏国和燕国帮助赵国。至于齐、楚二国,它们本来就已经在帮助赵国了。”辛垣衍说:“燕国么,我倒是真的认为它会听您的。至于魏国,我就是魏国人，先生怎么能让魏国帮助赵国呢？”鲁仲连说：“那是因为魏国还没有看到秦国称帝的危害罢了，假使让魏国看到秦国称帝的危害，那么它就一定会帮助赵国了。”辛垣衍说：“秦国称帝将有什么危害呢？”鲁仲连说：“从前齐威王曾推行仁义之政，率领天下诸侯去朝见周天子。周王室既贫穷又衰弱，诸侯没有去朝见的，只有齐王去朝见。过了一年多，周烈王死了，诸侯都去吊丧，齐国去得晚了。周室大臣都很生气，在给齐国的讣告里说：‘天崩地裂，新天子守丧都离开宫室，而东方藩国之臣田婴齐竟敢迟到，应该斩首。’齐威王勃然大怒，骂道：‘呸！你母亲是个贱婢！’结果成了天下的笑柄。周天子活着的时候去朝见他，死了却叱骂他，实在是忍受不了周室的苛求啊！做天子的本来就是这样，也用不着奇怪。”辛垣衍说：“先生难道没有见过那些奴仆吗？十个仆人听从一个主人的役使，难道是他们的力气不如主人大、才智不如主人强吗？是因为他们惧怕他的主人啊！”鲁仲连说：“这么说来，魏国对秦国就相当于奴仆对待主人一样喽？”辛垣衍说：“是的。”鲁仲连说：“既然这样，我就去让秦王把魏王煮了剁成肉酱！”辛垣衍听了很不高兴地说：“嗨！先生的话也太过分了，先生又怎么能让秦王把魏王煮了剁成肉酱呢？”

鲁仲连说：“当然可以，等我说给你听。从前，鬼侯、鄂侯和周文王是商纣王的三公。鬼侯有个女儿长得很漂亮，就把她献给了纣王。可是纣王却认为她很丑，于是就把鬼侯剁成肉酱。鄂侯极力为鬼侯辩护，因为言语激烈了一些，所以纣王又把鄂侯做成了肉干。文王听说这件事后，不由得仰天长叹，纣王就把文王关进牖里的监狱一百多天，而且要把他置于死地。为什么魏国和秦国都是诸侯王，却要落得做肉干、肉酱，任人宰割的地步呢？齐湣王要到鲁国去，夷维子驾车随行。夷维子问鲁国人说：'你们准备怎样接待我们的国君？'鲁国人说：'我们准备用牛、羊、猪各十头的礼节来款待您的国君。'夷维子说：'你们这是从哪儿学来的礼节来对待我们的国君？我们的国君是天子，天子视察诸侯，诸侯都要让出自己的宫室到别处避居，交出钥匙，提起衣襟，捧着几案，在堂下伺候天子吃饭。天子吃完饭，才能告退去处理政务。'鲁国人听了这番话，就把城门上了锁，拒绝接纳齐湣王一行进入鲁国。齐湣王不能进入鲁国，又准备到薛地去，向邹国借路通行。当时，正赶上邹国国君刚刚去世，齐湣王想进入城中去吊丧。夷维子对已故邹君的儿子说：'天子前来吊丧，主人一定要把灵柩移到相反的方向，在南边设立朝北的灵堂，然后让天子面向南祭吊。'邹国大臣们说：'如果一定要这样，我们宁肯拔剑自杀。'因此齐湣王不敢进入邹国。邹、鲁两国的臣子，国君活着的时候不能好好侍奉供养，在国君死后又不能举行把米与玉放入口中的殡礼，然而当齐湣王想要把天子之礼强行加给邹、鲁两国的臣子时，他们都不肯接受。如今秦国是拥有万辆兵车的大国，魏国也是拥有万辆兵车的大国，都是拥有万辆兵车的大国，同时都有称王的名分，只因看到秦国打了一次胜仗，就要尊奉秦王为帝，这样看来，三晋的大臣还不如邹、鲁两国的小臣啊！再说了，秦国的贪心是没有止境的，倘使秦国果真称帝，那么秦王将会撤换掉诸侯中他认为不贤能的大臣，而换上他所认为贤能的人；撤掉他所厌恶的人，然后任用他所喜欢的人；他还会把他的女儿和那些善于毁贤嫉能的女人许配给诸侯做妻妾，住在魏国的王宫里，这样魏王又怎么能平安度日呢？而将军您又怎么能保住原有的宠幸呢?"

于是辛垣衍站起身来,向鲁仲连拜了两拜,道歉说:"开始我以为先生是个平庸的人,现在我才知道先生是天下杰出的士人啊。请让我离开这里,不敢再说尊秦为帝的话了。"

秦国将领听说了这件事,为此退军五十里。恰好魏公子无忌夺了晋鄙的兵权,率军援救赵国攻击秦军。于是秦军撤退,离开了邯郸。

因此,平原君打算封赏鲁仲连,鲁仲连再三推辞,始终不肯接受。平原君就摆设酒宴,酒渴得正畅快高兴的时候,平原君站起身来,走上前去,奉上千金作为赠礼向鲁仲连祝福。鲁仲连笑着说:"我之所以受到天下士人的尊重,是因为我替人排除忧患、解除危难、排解纷乱而不要任何报酬。假如有所取,那就是和商人一样的人了,我可不愿意这样做啊!"于是辞别平原君,从此以后再没有与平原君见过面。

## 爱子计远(赵太后新用事)

〔**题解**〕

本篇选自《赵策四》,又见于帛书《战国纵横家书》第十八章及《史记·赵世家》。本文是一篇生动的劝谏之词。秦国攻赵,赵盼齐国出兵救援,齐国趁机提出要让长安君为质于齐。作为一位母亲,赵太后立场鲜明,拒绝任何人进言,坚决不同意将爱子送到齐国去做人质。作为赵国的老臣,触龙深知赵太后的意气用事必将危及赵国,但出于对母亲爱护子女的人性体察,触龙并没有从国家大义角度去劝赵太后以国事为重，而从自己老怜幼子的事情说起，从情感上拉近了与赵太后的距离，化解她的抵触情绪，进而逐步引导，由远及近，层层深入，又通过赵太后对燕王后与长安君不同的态度来开导对方，指出其爱长安君，则应该"为之计深远"，从而使赵太后心悦诚服，同意长安君为质于齐。

〔**原文**〕

赵太后新用事[①]，秦急攻之。赵氏求救于齐。齐曰："必以长安君为质[②]，兵乃出。"太后不肯，大臣强谏。太后明谓左右："有复言令长安君为质者，老妇必唾其面！"

左师触龙言愿见太后[③]。太后盛气而胥之[④]。入而徐趋，至而自谢，曰："老臣病足，曾不能疾走，不得见久矣。窃自恕，而恐太后玉体之有所郄也[⑤]，故愿望见太后。"太后曰："老妇恃辇而行。"曰："日食饮得无衰乎？"曰："恃粥耳。"曰："老臣今者殊不欲食，乃自强步，日三四里，少益嗜食，和于身也。"太后曰："老妇不能。"太后之色少解。

左师公曰："老臣贱息舒祺最少[⑥]，不肖。而臣衰，窃爱怜之。愿令得补黑衣之数[⑦]，以卫王宫，没死以闻。"太后曰："敬诺。年几何矣？"对曰："十五岁矣。虽少，愿及未填沟壑而托之[⑧]。"太后曰："丈夫亦爱怜其少子乎？"对曰："甚于妇人。"太后笑曰："妇人异甚。"对曰："老臣窃以为媪之爱燕后贤于长安君[9]。"曰："君过矣，不若长安君之甚。"

左师公曰："父母之爱子，则为之计深远。媪之送燕后也，持其踵为之泣，念悲其远也，亦哀之矣。已行，非弗思也，祭祀必祝之，祝曰：'必勿使反。'岂非计久长，有子孙相继为王也哉？"太后曰："然。"

左师公曰："今三世以前，至于赵之为赵，赵主之子孙侯者，其继有在者乎？"曰："无有。"曰："微独赵，诸侯有在者乎？"曰："老妇不闻也。"曰："此其近者祸及身，远者及其子孙。岂人主之子孙则必不善哉？位尊而无功，奉厚而无劳[10]，而挟重器多也。今媪尊长安君之位，而封之以膏腴之地，多予之重器，而不及今令有功于国。一旦山陵崩[11]，长安君何以自托于赵？老臣以媪为长安君计短也，故以为其爱不若燕后。"太后曰："诺。恣君之所使之。"

于是为长安君约车百乘质于齐，齐兵乃出。

子义闻之曰[12]："人主之子也，骨肉之亲也，犹不能恃无功之尊，无劳之奉，而守金玉之重也，而况人臣乎？"

〔注释〕

①赵太后：赵惠文王妻，孝成王母。用事：执政。

②长安君：赵太后少子，封号为长安君。

③左师：官名。触龙：战国时期赵国臣，官左师。有作触龙。长沙马王堆三号汉墓出土的《战国策》残本及《史记》皆作“触龙言愿见太后”，故据此为触龙。

④胥：通“须”，等待。

⑤郄（xì）：通“隙”，空隙，引申为身体不适。

⑥贱息：对人谦称自己的儿子。

⑦黑衣：卫士穿的衣服，此指卫士。

⑧填沟壑：填尸于沟壑，婉指死。

⑨媪（ǎo）：对老年妇女的敬称。燕后：赵太后的女儿，嫁给燕王，故称燕后。

⑩奉：同“俸”，俸禄。

⑪山陵崩：喻太后死。

⑫子义：战国时期赵国贤士。

〔译文〕

赵太后刚刚执政，秦国就加紧进攻赵国。赵国向齐国请求救援。齐国说：“必须让长安君来做人质，我们才能出兵。”赵太后不肯，大臣们极力劝谏。赵太后明确地对左右的人说：“有再说让长安君去齐国做人质的，我一定吐他一脸唾沫。”

左师触龙说他希望拜见太后。太后怒气冲冲地等待着他。触龙进入大殿后小步慢慢走上前去，到太后跟前道歉说：“老臣的脚有毛病，所以不能走得很快，很久没有机会拜见太后了。我私下里原谅自己，但还是担心太后的身体欠安，所以希望来谒见太后。”太后说：“我只能靠车子行动了。”触龙说：“每天的饮食应该没有减少吧？”太后说：“靠喝点粥罢了。”触龙说：“老臣最近特别不想吃东西，于是就勉强自己散散步，每天走上三四里，就渐渐地喜欢吃东西了,身体也舒适了些。”太后说:“我可做不到啊。”太后的脸色稍微缓和了些。

触龙说:“老臣有个儿子叫舒祺,年龄最小,不成才。可我老了,私下里很疼爱他。我希望能让他补进黑衣侍卫的队伍里,做一名卫士来保卫王宫,所以冒死向您提出这个请求。”太后说:“好吧。年龄多大了?”触龙答道:“十五岁了。年纪虽小,老臣想趁着没死之前把他托付出去。”太后说:“男人也疼爱自己的小儿子吗?”触龙答道:“比妇人还厉害。”太后笑着说:“妇人疼爱小儿子特别厉害。”触龙说:“老臣私下里认为您疼爱燕后胜过疼爱长安君。”太后说:“您错了,我疼爱燕后远不如疼爱长安君厉害。”

触龙说:“父母疼爱子女,那么就要替他们做长远打算。您送燕后出嫁时,在车下握着她的脚后跟为她掉眼泪,因为想到她要离家远嫁,这就是爱她啊!燕后走了以后,并不是不想她啊,祭祀时总要替她祝福,祈祷说:‘千万不要让她回来呀!’这难道不是替她做长远打算,希望她的子孙世代为燕王吗?”太后说:“是的。”

触龙说:“从现在起上推到三代以前,甚至推到赵氏立国的时候,赵王子孙封侯的,他们的后代还有在侯位的吗?”太后答道:“没有。”触龙又问:“不只是赵国,就是其他诸侯的子孙,他们的后代还有在侯位的吗?”太后答道:“我没听说过。”触龙说:“他们当中遭祸早的,祸患就降到了自己身上;遭祸晚的,祸患就降到子孙身上。难道国君封侯的子孙就一定都不好吗?只是因为他们地位尊贵却没有功勋,俸禄丰厚却没有劳绩,而且拥有很多重器宝物啊。假如您老人家想提高长安君的地位,封给他肥沃的土地,赐给他很多宝物,却不趁现在让他为国家立功。否则有朝一日太后您不在了,长安君凭什么在赵国立足呢? 所以老臣认为您替长安君打算得不够长远,所以说疼爱长安君不如疼爱燕后。”太后说:“好吧,那就任凭您安排吧!”

于是为长安君准备了一百辆车子,送他到齐国做人质,齐国这才出兵。

子义听说了这件事,评论道:“国君的儿子,是国君的骨肉至亲啊,尚且不能倚仗自己的出身没有功勋而获得地位,没有劳绩而取得俸禄,长期保住贵重的金玉宝物,更何况是做臣子的呢?”

# 魏 策

## 河山不固(魏武侯与诸大夫浮于西河)

〔题解〕

本篇选自《魏策一》,又见于《史记·孙子吴起列传》及《说苑·贵德》。魏武侯和大臣王错认为魏国周围有天险可据,便可以江山永固。而吴起作为战国时杰出的军事家和政治家,其政治眼光更为犀利长远。吴起通过三苗、夏桀、商纣的历史事实和魏国的攻城略地说明,立国保民单靠河山之险是行不通的,其核心还是要修明政治,二者双管齐下,才能免于灭亡,才能成就霸王之业。魏武侯为吴起的言论所折服,派他镇守西河,防守坚不可摧,挡住了秦军东进的道路。

〔原文〕

魏武侯与诸大夫浮于西河①。称曰:“河山之险,岂不亦信固哉!”王错侍坐②,曰:“此晋国之所以强也③。若善修之,则霸王之业具矣。”吴起④对曰:“吾君之言,危国之道也;而子又附之,是重危也。”武侯忿然曰:“子之言有说乎?”

吴起对曰:“河山之险,不足保也;伯王之业⑤,不从此也。昔者三苗之居⑥,左彭蠡之波⑦,右有洞庭之水⑧,文山在其南⑨,而衡山在其北⑩。恃此险也,为政不善,而禹放逐之⑪。夫夏桀之国⑫,左天门之阴⑬,而右天溪之阳⑭,庐、睪在其北⑮,伊、洛出其南⑯。有此险也,然为政不善,而汤伐之⑰。殷纣之国⑱,左孟门⑲,而右漳、釜⑳,前带河㉑,后被山㉒。有此险也,然为政不善,而武王伐之㉓。且君亲从臣而胜降城,城非不高也,人民非不众也,然而可得并者,政恶故也。从是观之,地形险阻,奚足以霸王矣?”

武侯曰:“善。吾乃今日闻圣人之言也! 西河之政,专委之子矣。”

〔注释〕

①魏武侯:战国时期魏国国君,文侯之子,姬姓,名击。西河:指流今陕西省与山西省间的一段黄河,因在冀州之西,故秒西河。

②王错:魏国大臣。

③晋国:指魏国。三家分晋,魏得晋都,故魏人自称晋国。

④吴起:卫国人,战国时著名军事家和政治家,初为鲁国将领,后任魏国西河太守。

⑤伯:通“霸”。

⑥三苗:我国上古时期的部落名。

⑦彭蠡:古泽薮名,即今江西鄱阳湖。

⑧洞庭:湖名,即今湖南北部的洞庭湖。

⑨文山:岷山,在今四川松潘北,绵延于川、甘两省边境。

⑩衡山:山名,古称南岳,在今湖南衡山县西。

⑪禹:我国上古时期夏后氏部落联盟领袖。

⑫夏桀:夏代的末代君主。

⑬天门:天井关,在今山西晋城南的太行山上。

⑭天溪:指黄河和济水。

⑮庐、睾(gāo):山名,在今山西太原、交城一带。

⑯伊:伊水,源于河南卢氏县东,至偃师汇入洛水。洛:洛水,源于今陕西洛南县西,东北流入河南,至巩义汇入黄河。

⑰汤:商朝的开国君主。

⑱殷纣:商朝的末代君主。

⑲孟门:太行山的隘口,在今河南修武北。

⑳漳:漳水,有二源:浊漳水源于今山西长子县,清漳水源于今山西昔阳县南。二水至今河南林州北界合流,东北流入今河北东光县汇入古黄河。釜:通"滏",即今河北南部的滏阳河。

㉑河:古代专指黄河。

㉒山:指太行山。

㉓武王:周武王姬发,西周的开国君主。

## 〔译文〕

魏武侯和大臣们在西河上乘船游玩。魏武侯赞叹道:"河山如此险峻,难道不可以相信它固不可摧吗?"王错在武侯旁边陪坐,说:"这就是魏国之所以强大的原因啊。如果好好地治理它,那么成就霸王大业的条件就具备了。"吴起接着说:"大王所说的，是危害国家的言论；而您又来附和他，这就更加危险了。”武侯气愤地说：“您这样说话有什么道理可讲吗？”

吴起答道：“河山的险峻是不能依靠的，成就霸王功业不能依赖于自然条件。从前三苗居处的地方，左面有彭蠡湖，右面有洞庭湖，文山在他们的北面，衡山在他们的南面。凭借这样的险阻，没有好好治理国政，夏禹就把他放逐了。那个夏桀的国都，左面有天门山的险关，右面有黄河和济水，庐山、罼山在它的北面，伊水、洛水流经它的南面。有这样的险阻，但是没有好好治理国政，商汤就灭亡了他。殷纣的都城，左边有孟门关，右面有漳水和滏水，南面有黄河环绕，北面背靠着太行山。有这样的险阻，但是没有好好治理国政，周武王就灭亡了他。再说您曾经亲自督率臣下攻取敌城迫使人降服，这些城邑的城墙不是不高，人民不是不多，然而能够得到并占有他们，是因为他们政治太坏的缘故。由此看来，地理形势险峻，怎么能够成就霸王之业呢？”

武侯说：“好。我今天才真正听到圣人的言论啊，西河郡的政务，就托付给您了。”

## 圣人无积（魏公叔痤为魏将）

〔**题解**〕

本篇选自《魏策一》。写公叔痤于浍北之战胜利后，在魏王的重赏面前，能够冷静而全面地分析战争获胜的原因，“不遗贤者之后，不掩能士之迹”，使吴起的后人与巴宁、爨襄都得到赏赐，显示出了博大的胸襟和谦虚自处的政治风范。

〔原文〕

魏公叔痤为魏将①,而与韩、赵战浍北②,禽乐祚③。魏王说④,迎郊,以赏田百万禄之。公叔痤反走再拜⑤,辞曰:"夫使士卒不崩,直而不倚,挠而不辟者,此吴起余教也⑥,臣不能为也。前脉形地之险阻,决利害之备,使三军之士不迷惑者,巴宁、爨襄之力也⑦。县赏罚于前⑧,使民昭然信之于后者,王之明法也。见敌之可也鼓之,不敢怠倦者,臣也。王特为臣之右手不倦赏臣,何也?若以臣之有功,臣何力之有乎?"王曰:"善。"于是索吴起之后,赐之田二十万。巴宁、爨襄田各十万。

王曰:"公叔岂非长者哉!既为寡人胜强敌矣,又不遗贤者之后,不掩能士之迹,公叔何可无益乎?"故又与田四十万,加之百万之上,使百四十万。故《老子》曰:"圣人无积,尽以为人,己愈有;既以与人,己愈多⑨。"公叔当之矣。

〔注释〕

①公叔痤:战国时期韩国公族,仕于魏,魏武侯时曾为相。

②浍(huì):浍水,源出今山西翼城东南浍山,西南流入汾河。按:与韩、赵合战浍北,事在魏惠王九年,魏与韩、赵战于浍北,魏败韩、赵联军。

③禽:通"擒"。乐祚(zuò):战国时期赵国将领。

④魏王:魏惠王,又称梁惠王,战国时期魏国国君,武侯之子,姬姓,名䓨(yīng)。说:同"悦"。

⑤反走再拜:古时一种表示恭敬的礼节动作。反走:快步向后倒退。再拜:拜两次。

⑥吴起:卫国人,战国时著名军事家和政治家,初为鲁国将领,后任魏国西河太守。

⑦巴宁、爨(cuàn)襄:均是魏将。

⑧县:通"悬"。

⑨此句见于今本《老子》第八十一章,首句文字略有差异,今本为"圣人不积"。

〔译文〕

魏国的公孙痤担任魏国将领时,他与韩国、赵国在浍水之北展开大战,活捉了赵将乐祚。魏惠王很高兴,亲自到郊外迎接,赏赐公叔痤百万田地作为俸禄。公孙痤快步向后退拜了两拜说:"让士兵勇往直前而不左右偏倚,遭受敌人重大压力而不退避的,这是吴起从前的教导,不是我所能做到的。事前去观察复杂险要的地形,以此决定安排得失利害的力量,使将士们不被迷惑的,这是巴宁、爨襄的功劳。事前制定明确的赏罚制度,事后兑现使百姓昭然无误地确信,这是大王您的法度严明。看见敌人可以进攻便击鼓进军不敢懈怠的,这是我的责任。大王只为我不敢懈怠的右手就赏赐我,这是为什么呢?如果认为我有功劳,我又有什么功劳呢?"魏惠王说:"说得好。"魏王于是派人寻找到了吴起的后人,赏赐给他田地二十万,赏赐巴宁、爨襄田地各十万。

魏惠王说:"公叔痤怎么会不是德高望重的人呢?他既为我打败了强敌,又没有遗忘贤人的后代,不埋没能人的才干,公叔痤怎么可以不增加赏赐呢?"所以又给了公叔痤田地四十万,加上以前的一百万，共有一百四十万。所以《老子》说："圣人不积蓄，全力帮助他人，自己得到的也就会越多；尽量给予别人的，自己也会更充分地拥有。"公叔痤就是这样的人。

## 以楚毁齐（齐、魏战于马陵）

〔题解〕

本篇选自《魏策二》。马陵之战，魏国惨败。魏惠王难忍羞愤，所以打算孤注一掷，动员全国的兵力去攻打齐国。惠施敏锐地指出魏惠王的决定非王、霸之举，冷静地为魏惠王分析了魏国的现实和当时的形势，提出让魏王屈尊朝齐，从而挑起其他诸侯国尤其是楚国对齐国的嫉恨。这样虽忍一时之辱，却可以不损魏国一兵一卒，借楚国的力量报魏国的大仇。惠施的建议，果然使魏国坐收渔翁之利。

〔原文〕

齐、魏战于马陵[1]，齐大胜魏，杀太子申[2]，覆十万之军。魏王召惠施而告之曰[3]："夫齐，寡人之雠也，怨之至死不忘。国虽小，吾常欲悉起兵而攻之，何如？"对曰："不可。臣闻之，王者得度，而霸者知计。今王所以告臣者，疏于度而远于计。王固先属怨于赵，而后与齐战。今战不胜，国无守战之备，王又欲悉起而攻齐，此非臣之所谓也。王若欲报齐乎，则不如因变服折节而朝齐，楚王必怒矣[4]。王游人而合其斗，则楚必伐齐。以休楚而伐罢齐[5]，则必为楚禽矣[6]。是王以楚毁齐也。"魏王曰："善。"乃使人报于齐，愿臣畜而朝。田婴许诺。

张丑曰[7]："不可。战不胜魏，而得朝礼，与魏和而下楚，此可以大胜也。今战胜魏，覆十万之军，而禽太子申，臣万乘之魏，而卑秦、楚，此其暴于戾定矣。且楚王之为人也，好用兵而甚务名，终为齐患者，必楚也。"田婴不听，遂内魏王[8]，而与之并朝齐侯再三[9]。

赵氏丑之。楚王怒，自将而伐齐，赵应之，大败齐于徐州[10]。

〔注释〕

①马陵：在今河北大名东南。按：马陵之战事在公元前341年。

②太子申：魏惠王之子，姬姓，名申。

③魏王：魏惠王，又称梁惠王，战国时期魏国国君，武侯之子，姬姓，名罃(yīng)。惠施：战国时宋人，魏惠王时为魏相。

④楚王：楚威王，芈姓，名商，楚宣王之子。

⑤罢：通"疲"。

⑥禽：通"擒"。

⑦张丑：战国时期齐国大臣。

⑧内：通"纳"。

⑨齐侯：齐威王，妫姓，田氏，名因(婴)齐，战国时田齐桓公之子。

⑩徐州：在今山东滕州西南。

〔译文〕

齐、魏两国在马陵交战，齐国大胜魏国，杀死了魏国太子申，歼灭魏国十万大军。魏惠王召见惠施告诉他说："齐国是寡人的仇敌，我对它的怨恨，到死都不会忘记。我们魏国虽然小，但是我常想动员所有的兵力去攻打齐国，您看怎么样？"惠施回答说："不可以。我听说实行王政者气度宽宏，而实行霸政者懂得计谋。现在大王您告诉我的，是既没有气度又没有计谋的想法。大王本来先和赵国结怨，然后和齐国交战。现在战争失利，国家连守战的准备都没有，大王又想倾尽所有的兵力去攻打齐国，这不是我所说的王者和霸者的风范。大王如果想要报复齐国的话，那么不如趁机脱下王服卑躬屈节去朝见齐国，这样楚威王一定会很愤怒的。大王再派人去游说，促使它们互相争斗，那么楚国一定会攻打齐国。以休养很久的楚国去攻打疲惫的齐国，则齐国必定会被楚国击溃啊。这样大王您就借楚国之力摧毁齐国了。"魏惠王说："太好了。"于是就派人出使齐国，称魏王愿意称臣去朝见齐王。田婴答应了魏国的要求。

张丑说："这不可以。如果我们没有在战场上大胜魏国，而能够互相朝见，与魏国讲和然后共同进攻楚国，这可以取得极大的胜利。现在我们在战场上大胜魏国，歼灭了魏国十万大军，并活捉了太子申，再使拥有万乘实力的魏国俯首称臣，这就会显得卑视秦国和楚国，这一定让天下人觉得齐国非常暴戾。而且楚威王的为人，喜欢打仗而且特别在意名声，最终成为齐国祸患的，一定是楚国了。"田婴没有听从张丑的建议，于是就接纳魏王和他一起多次朝见齐侯。

赵国为此感到羞辱。楚威王很生气，亲自领兵攻打齐国，赵国起兵响应，在徐州大败齐军。

# 抱薪救火(华阳之战)

〔题解〕

本篇选自《魏策三》,又见于《史记·魏世家》。虽然魏国在华阳之战上被秦打败,但是孙臣认为,秦国并没有在当时就让魏国割地,事隔一年之后才要求魏割地求和,这显然是魏国的臣子出于自己的私心想得到秦国的权力。面对这种情况,孙臣用了“抱薪救火”这一生动的比喻,十分形象地揭露了这是欲地者和欲玺者相互勾结、自取灭亡的办法。本文说理透彻,形象生动,且具有一定的哲理。

〔原文〕

华阳之战[①],魏不胜秦。明年,将使段干崇割地而讲[②]。

孙臣谓魏王曰[③]:“魏不以败之上割[④],可谓善用不胜矣;而秦不以胜之上割,可谓不能用胜矣。今处期年乃欲割[⑤],是群臣之私而王不知也。且夫欲玺者[⑥],段干子也,王因使之割地;欲地者,秦也,而王因使之受玺[⑦]。夫欲玺者制地而欲地者制玺,其势必无魏矣。且夫奸臣固皆欲以地事秦,以地事秦,譬犹抱薪而救火也,薪不尽,则火不止。今王之地有尽,而秦之求无穷,是薪火之说也。”魏王曰:“善。虽然,吾已许秦矣,不可以革也。”

对曰:“王独不见夫博者之用枭邪[8]? 欲食则食,欲握则握。今君劫于群臣而许秦,因曰不可革,何用智之不若枭也?”魏王曰:“善。”乃案其行[9]。

〔注释〕

①华阳:韩国邑,在今河南新郑北。按:公元前273年,赵、魏攻韩,韩向秦求救。秦国出兵,在华阳击败赵、魏联军,进围大梁。

②段干崇:战国时魏臣。讲:讲和,和解。

③孙臣:战国时魏臣。事在公元前272年。魏王:指魏安釐王,姬姓,名圉,魏昭王之子。

④上:当初。

⑤期(jī)年:一周年。

⑥玺:印,指相印。

⑦受:同“授”,授予。

⑧博:古代的一种棋戏。枭:博戏诸采中的最佳者,掷得枭采可以吃对方的棋子,也可走别的棋。

⑨案:通“按”。

〔译文〕

华阳之战,魏国没有战胜秦国。第二年将派段干崇割地讲和。

孙臣对魏王说:“魏国不在战败时给秦国割地,真可算得善于应付战败的局势了;秦国不在取胜之时要求魏国割地,真是不善于利用取胜的优势了。如今过了一年才想割地,这是大臣们有私心而大王您不知道啊。再说想得到秦国官印的是段干崇,大王就派他去割让土地;想得到土地的是秦国,大王就让他来授封官印。想得到官印的人掌握着割地的权力,想得到土地的人掌握着封赏的权力,其结果是魏国必然要灭亡。况且奸臣们本来都想用大王的土地讨好秦国,用土地来讨好秦国,就好比抱着干柴去救火,柴不烧尽,火就不会灭。现在大王的土地是有限的,而秦国的贪欲是无止境的,这和抱着柴去救火是一样的道理。"魏王说:"对。虽然如此,我已经答应秦国了,不能更改。"孙臣答道:"大王难道没有见过玩棋戏的人使用枭棋吗?对自己有利时就吃掉对方的棋子,不利时就走别的棋子。现在大王被群臣胁迫,答应了秦国,于是就说不可更改了,怎么运用智慧还不如玩棋的人使用枭棋呢?"魏王说:"好。"于是不再让段干崇去割地讲和了。

## 南辕北辙(魏王欲攻邯郸)

〔题解〕

本篇选自《魏策四》。文章开头简要概括故事发生的背景,魏国想要攻打邯郸,季梁显然不同意魏国这样做,文章用"衣焦不申,头尘不浴"的外貌描写,形象地说明了季梁急于进谏的心情。但真正见到了魏惠王后,季梁反倒平复了这种焦急的情绪,像闲谈一样向魏王讲述了一个名为途中的见闻,实为婉言讽喻的寓言故事,最后点出魏王欲成就霸业而攻邯郸的举动和他所见到的那位欲楚而北面的人一样,实际都是南辕北辙,最后只能事与愿违,适得其反。文章的寓言故事生动形象,寓意深刻,具有较强的说服力。

〔原文〕

魏王欲攻邯郸①，季梁闻之②，中道而反③，衣焦不申④，头尘不浴，往见王曰："今者臣来，见人于大行，方北面而持其驾，告臣曰：'我欲之楚。'臣曰：'君之楚，将奚为北面？'曰：'吾马良。'臣曰：'马虽良，此非楚之路也。'曰：'吾用多。'臣曰：'用虽多，此非楚之路也。'曰：'吾御者善。'此数者愈善，而离楚愈远耳。今王动欲成霸王，举欲信于天下。恃王国之大，兵之精锐，而欲攻邯郸，以广地尊名，王之动愈数⑤，而离王愈远耳，犹至楚而北行也。"

〔注释〕

①魏王：指魏惠王，又称梁惠王，战国时期魏国国君，武侯之子，姬姓，名䓨(yīng)。邯郸：战国时期赵国都城，在今河北邯郸市。

②季梁：战国时期魏国大臣。

③反：同"返"。

④申：同"伸"，伸展。

⑤数(shuò)：屡次，多次。

〔译文〕

魏惠王想要攻打邯郸，季梁听说了这件事，中途就返回魏国，衣服的皱褶顾不上抻平，头上的尘土顾不上洗掉，就去见魏王，说："今天我回来的时候，在大道上见到一个人，正面向北方驾驶他的车,告诉我说:'我想到楚国去。'我说:'您到楚国去,为什么向北方走啊?'他说:'我的马好。'我说:'您的马虽然好,但这不是去楚国的路呀?'他说:'我的路费多。'我说:'路费虽然多,但这不是去楚国的路呀?'他说:'给我驾车的人技术好。'这几个条件越好,那么离楚国就越远。现在大王的一举一动都想成就霸王之业,取得天下人的信任。您倚仗国家的强大,军队的精锐,就想攻打邯郸,以此来扩大土地、提高名望,您这样的行动越频繁,离您的目标就越远,这就好比到楚国去却向北走一样啊。"

## 唐雎使秦(秦王使人谓安陵君曰)

**〔题解〕**

本篇选自《魏策四》,又见于《说苑·奉使》。秦王向安陵君提出以大易小来交换土地,其真实意图是想吞并安陵。安陵君虽识破了秦王的阴谋,拒绝交换,却给了秦攻打安陵的借口。于是唐雎临危受命,试图通过外交手段保全安陵。面对秦王盛气凌人的责备和威胁,唐雎以专诸、聂政、要离三位刺客的故事,意在言外,据理力争,表达了与秦王玉石俱焚的态度与勇气,最终折服了秦王,出色地完成了出使的任务。

**〔原文〕**

秦王使人谓安陵君曰①:"寡人欲以五百里之地易安陵,安陵君其许寡人!"安陵君曰:"大王加惠,以大易小,甚善。虽然,受地于先王[2],愿终守之,弗敢易。”秦王不说[3]。安陵君因使唐雎使于秦[4]。

秦王谓唐雎曰:“寡人以五百里之地易安陵,安陵君不听寡人,何也?且秦灭韩亡魏[5],而君以五十里之地存者,以君为长者,故不错意也[6]。今吾以十倍之地请广于君,而君逆寡人者,轻寡人与?”唐雎对曰:“否,非若是也。安陵君受地于先王而守之,虽千里不敢易也,岂直五百里哉?”

秦王怫然怒[7],谓唐雎曰:“公亦尝闻天子之怒乎?”唐雎对曰:“臣未尝闻也。”秦王曰:“天子之怒,伏尸百万,流血千里。”唐雎曰:“大王尝闻布衣之怒乎?”秦王曰:“布衣之怒,亦免冠徒跣[8],以头抢地尔。”唐雎曰:“此庸夫之怒也,非士之怒也。夫专诸之刺王僚也[9],彗星袭月;聂政之刺韩傀也[10],白虹贯日;要离之刺庆忌也[11],仓鹰击于殿上。此三子者,皆布衣之士也,怀怒未发,休祲降于天[12],与臣而将四矣。若士必怒,伏尸二人,流血五步,天下缟素,今日是也。”挺剑而起。

秦王色挠,长跪而谢之,曰:“先生坐,何至于此,寡人谕矣。夫韩、魏灭亡,而安陵以五十里之地存者,徒以有先生也。”

〔注释〕

①秦王:指秦王政,嬴姓,名政,秦庄襄王之子。安陵君:战国末期安

陵国国君。安陵,魏国附属国,在今河南鄢陵县北。

②按:魏襄王封其弟于安陵,故曰受地于先王。

③说:同“悦”。

④唐雎(jū):战国末期魏国人,著名策士。

⑤秦灭韩在公元前230年,亡魏在公元前225年。

⑥错:通“措”,放。

⑦怫(fú)然:生气的样子。

⑧徒跣(xiǎn):光着脚。

⑨专诸:春秋时期吴国堂邑(今属江苏南京市)人,刺客。王僚:吴王僚,春秋时期吴国国君。按:吴公子光(即阖庐)欲杀王僚以自立,派专诸把匕首藏在鱼腹中,乘进餐之机刺杀王僚。

⑩聂政:战国时期韩国轵(zhǐ)人,刺客。韩傀(kuǐ):侠累,韩烈侯叔父,任相国。按:韩大夫严仲子(严遂)与韩傀有仇,严仲子结交聂政,聂政替他刺死韩傀。

⑪要离:春秋末年吴国人,刺客。庆忌:吴王僚之子。按:公子光刺死王僚之后,庆忌逃到卫国,公子光为防后患,派要离前往卫国刺杀了庆忌。

⑫休祲:指凶兆。休,吉兆。祲(jìn),不祥之气。

## 〔译文〕

秦王派人对安陵君说:“我想用五百里土地交换安陵,希望安陵君能答应我。”安陵君说:“承蒙大王给予我国恩惠,用大的土地换小的土地,很好。但即使这样,我是从先王那里继承了这块土地,愿意永远守着它,不敢拿来交换。”秦王很不高兴。安陵君于是派遣唐雎出使秦国。

秦王对唐雎说:“我用五百里土地交换安陵,但安陵君却不肯接受我的好意,这是为什么呢?再说秦国灭亡了韩国和魏国,可安陵君却仅凭五十里土地幸存下来，是因为我认为他是年高德劭之人，所以没有把他放在心上。现在我用十倍的土地给安陵君扩大领土，可是安陵君违背我的意愿，是瞧不起我吗？”唐雎回答说：“不，不像您说的那样。安陵君从先王那里继承下来的土地就要守着它，即使是一千里土地也不敢交换，更何况是五百里呢？”

秦王勃然大怒，对唐雎说：“您曾听说过天子发怒吗？”唐雎回答说：“我不曾听说过。”秦王说：“天子发怒，死人百万，血流千里。”唐雎说：“大王曾听说过平民百姓发怒吗？”秦王说：“平民百姓发怒，也不过是摘了帽子光着脚，用头撞地罢了。”唐雎说：“这是庸人发怒，不是士人发怒。专诸刺杀吴王僚的时候，彗星的尾巴扫过月亮；聂政刺杀韩傀的时候，一道白气穿过太阳；要离刺杀庆忌的时候，一只苍鹰撞击在大殿上。这三个人，都是平民百姓中的侠士，他们心中的愤怒还没有发作出来，上天就降下不祥的征兆，现在连我在内，就将是四个这样的人了。要是让侠士发起怒来，将使两具尸体倒下，血流五步，天下的人都要穿上洁白的孝服，今天的情况就是这样。”唐雎拔剑而起。

秦王吓得脸色大变，从座位上挺直身子，向唐雎道歉说：“先生请坐下，怎么就到了这种地步呢！我明白了。韩国和魏国被灭亡，安陵却凭着五十里的土地幸存下来，只是因为有先生您这样的人在啊！”

〔注释〕

①浊泽:泽名,在今河南长葛市西与禹州市西北交界处。

②公仲倗:战国末年韩国公族,任相国,名倗。韩王:指韩宣惠王,姬姓,名康,韩昭侯之子。

③张仪:战国时期魏国贵族后代,著名纵横家。秦惠文王十年(前328)为秦相。

④儆(jǐng):同“警”,告诫。

⑤陈轸:战国末期著名策士,仕楚。

⑥乡:通“向”。

⑦雁行:戎首,前锋。

⑧说:通“悦”。

⑨岸门:战国时韩国地名,在今河南许昌市。

⑩禽:通“擒”。

〔译文〕

秦国和韩国在浊泽交战,韩国处境危急。公仲倗对韩宣惠王说:“盟国是不可依靠的。现在秦国的意图是想攻打楚国,大王不如通过张仪和秦国讲和,送给它一座大都邑,联合起来攻打楚国。这是用一失换取两得的计策啊。”韩王说:“好。”于是告诫公仲要谨慎行事,将派他西行去和秦国讲和。

楚王听到这个消息,很是惶恐,召来陈轸告诉他这件事。陈珍说:“秦国想攻打我们已经很久了,现在又得到韩国一个大都邑和准备好的军队充实了兵力,秦国和韩国合兵向南攻打我们,这是秦国多次宗庙祭祀时向神灵所祈求的愿望。现在已经如愿了,楚国肯定要遭到进攻了。大王您听我一言,为此在国内加强戒备，挑选精兵，对外宣称要去救援韩国，让战车布满道路；派遣亲信的使臣，多给他配备出使的车辆，携带贵重的礼物，让韩国相信大王要去解救它。韩国即使不能相信于我们，但也必然会感激大王的，一定不会充当先锋来攻打我们。这样秦、韩两国就不能团结一致，它们的军队即使来到楚国，楚国也不会有太大的危险了。假如韩国能相信我们，断绝和秦国的友好关系，秦国一定非常愤怒，就会特别怨恨韩国。韩国以为能得到楚国的救援，一定会轻视秦国；轻视秦国，对待秦国一定不会恭敬。这样我们楚国就能够阻挡秦、韩两国的军队，进而免除楚国的祸患了。”

楚王非常高兴，于是在国内加强戒备，挑选精兵，对外声称要救援韩国，派遣忠诚可靠的使者，给他准备很多车辆，携带很多贵重的礼物。使臣对韩王说：“敝国虽然很小，但是已经出动了全部军队。希望贵国全心全意地抵抗秦国，楚国将与韩国共存亡。”

韩王很高兴，就中止了公仲出使秦国。公仲说：“不行，真正使我们受害的，是秦国；用虚名来援救我们的，是楚国。依靠楚国的虚名，轻易地与强大的秦国绝交，一定会被天下人讥笑啊。再说了，楚国和韩国不是兄弟之国，又不是预先约定好要进攻秦国的。秦国想要攻打楚国，楚国因而发兵，声称援救韩国，这一定出自陈轸的计谋。而且大王已经派人告知秦国我们要与它讲和，现在如果不去，这是欺骗秦国。轻视欺骗强大的秦国引起的祸患，而听信楚国的谋臣，大王一定会后悔的。”韩王不听，终于与秦国绝交。秦国果然大怒，派军队和韩国在岸门交战，楚国的救兵并没有到达，韩国被打得大败。

盛，兵卫设，臣使人刺之，终莫能就。今足下幸而不弃，请益具车骑壮士以为羽翼。”政曰：“韩与卫中间不远，今杀人之相，相又国君之亲，此其势不可以多人，多人不能无生得失，生得失则语泄，语泄则韩举国而与仲子为雠也，岂不殆哉！”遂谢车骑人徒，辞，独行仗剑至韩。

韩适有东孟之会[12]，韩王及相皆在焉[13]，持兵戟而卫者甚众。聂政直入，上阶刺韩傀，韩傀走而抱烈侯，聂政刺之，兼中烈侯，左右大乱。聂政大呼，所杀者数十人，因自皮面抉眼，自屠出肠，遂以死。

韩取聂政尸暴于市，县购之千金[14]，久之莫知谁子。

政姊闻之，曰：“弟至贤，不可爱妾之躯，灭吾弟之名，非弟意也。”乃之韩，视之，曰：“勇哉！气矜之隆[15]，是其轶贲、育而高成荆矣[16]。今死而无名，父母既殁矣，兄弟无有，此为我故也。夫爱身不扬弟之名，吾不忍也。”乃抱尸而哭之曰：“此吾弟轵深井里聂政也。”亦自杀于尸下。

晋、楚、齐、卫闻之，曰：“非独政之能，乃其姊者亦列女也[17]。”聂政之所以名施于后世者[18]，其姊不避菹醢之诛[19]，以扬其名也。

〔注释〕

①韩傀（kuǐ）：字侠累，战国初期韩烈侯叔父，任相国。

②严遂：韩烈侯宠臣，字仲子。

③政:同“正”。

④轵(zhǐ):战国时期韩国城邑,在今河南济源南。深井里:轵邑里名。聂政:战国时期韩国轵人,勇士。

⑤觞(shāng):敬酒。

⑥镒(yì):货币单位,二十两(一说二十四两)为一镒。

⑦辟:通“避”。

⑧粗粝(lì):粗劣的饮食。粝,粗米,糙米。

⑨除服:守丧期满(三年),脱去丧服。

⑩嘿然:不声不响的。嘿,同“默”。止:停止,了结。

⑪濮阳:战国时期卫国城邑,在今河南濮阳西南。

⑫东孟:缪文远本按“东孟即酸枣”。战国时期韩国城邑,在今河南延津西。

⑬韩王:指韩烈侯,韩景侯之子,姬姓,名取,公元前 399 年至公元前 387 年在位。相:韩傀。

⑭县:同“悬”,悬赏。

⑮气矜:犹“气势”。矜,通“憋”(jǐn),勇。

⑯贲:孟贲,战国时期著名勇士。育:夏育,春秋时期的力士。成荆:春秋时期的勇士。

⑰列女:同“烈女”,指重义轻生、有节操的女子。

⑱施(yì):延续,流传。

⑲菹醢(zūhǎi):古代的一种酷刑,把人剁成肉酱。

〔译文〕

韩傀在韩国做相国,严遂也很受韩王的器重,他们二人却相互忌害。严遂公正地发表议论,直言不讳地批评、指责韩傀的过错。韩傀因此在朝廷上怒斥严遂,于是严遂拔出剑直奔韩傀,多亏有人阻止才得以解围。事后严遂害怕遭到杀害,就逃离了韩

豪迈壮烈！这超过了孟贲和夏育，比成荆还要伟大。现在你死了却没有留下姓名，我们父母已不在世，你又没有兄弟，你这样做都是为了不牵连我啊！因吝惜生命而不敢宣扬弟弟的威名，我于心不忍啊！”于是就抱着聂政的尸体痛哭道：“这是我弟弟，轵邑深井里的聂政啊！”于是也在聂政的尸体旁自杀了。

晋、楚、齐、卫等国的人听说了这件事，都说：“不仅聂政如此勇武，就连他的姐姐也是个有节操的女子啊。”聂政之所以能名垂后世，是因为他姐姐不怕自己被剁成肉酱来显扬他的名声啊！

## 朝秦求全（谓郑王曰）

〔题解〕

本篇选自《韩策三》。战国时韩国的疆域最初只在今山西省东南部，后来逐步扩展到今河南省中部。但韩国东有魏，西有秦，南有楚，北有赵，处于四强包围之中，难以发展。公元前339年以后，韩国一直处于被动挨打的地位，秦国多次大败韩军，夺取韩地。韩国元气大伤，疲于奔命，日益削弱。本文正是在这一背景下，策士以韩昭釐侯朝魏、越王勾践事吴、齐桓公尊周襄王等事例做比喻，通过历史上这些忍辱求全的事例，说明韩桓惠王朝秦才是韩国当时的明智之举，亲近强秦，秦成就王业则韩有福，不成则韩无患。

〔原文〕

谓郑王曰[①]：“昭釐侯[②]，一世之明君也；申不害[③]，一世之贤士也。韩与魏敌侔之国也[④]，申不害与昭釐侯执珪而见梁君[⑤]，非好卑而恶尊也，非虑过而议失也。申不害之计事曰：'我执珪于魏，魏君必得志于韩，必外靡于天下矣，是魏弊矣。诸侯恶魏必事韩，是我免于一人之下[⑥]，而信于万人之上也[⑦]。夫弱魏之兵而重韩之权，莫如朝魏。'昭釐侯听而行之，明君也；申不害虑事而言之，忠臣也。今之韩弱于始之韩，而今之秦强于始之秦。今秦有梁君之心矣，而王与诸臣不事为尊秦以定韩者，臣窃以为王之明为不如昭釐侯，而王之诸臣忠莫如申不害也。

"昔者，穆公一胜于韩原而霸西州[⑧]，晋文公一胜于城濮而定天下[⑨]，此以一胜立尊令，成功名于天下。今秦数世强矣，大胜以十数，小胜以百数，大之不王，小之不霸，名尊无所立，制令无所行，然而春秋用兵者，非以求主尊成名于天下也！昔先王之攻，有为名者，有为实者。为名者攻其心，为实者攻其形。昔者，吴与越战，越人大败，保于会稽之上[⑩]，吴人入越而户抚之。越王使大夫种行成于吴[⑪]，请男为臣，女为妾，身执禽而随诸御[⑫]。吴人果听其辞，与成而不盟，此攻其心者也。其后越与吴战，吴人大败，亦请男为臣，女为妾，反以越事吴之礼事越，越人不听也，遂残吴国而禽夫差[⑬]，此攻其形者也。今将攻其心乎，宜使如吴；攻其形乎，宜使如越。夫攻形不如越，而攻心不如吴，而君臣、上下、少长、贵贱，毕

⑳辟：通“避”。

〔译文〕

有人对韩王说：“昭釐侯是一代英明君王；申不害是一代贤能之士。韩国和魏国本来是势均力敌的国家，申不害安排昭釐侯执圭朝见魏惠王，这并不是他们喜欢卑下而厌恶尊贵，也不是考虑不周或议事失策。申不害谋划此事时说：‘我们执圭朝见魏王，魏王一定认为自己战胜了韩国，必定会用兵于天下的诸侯，消耗魏国的国力，这样魏国就会衰败了。天下诸侯憎恶魏国就一定结交韩国，这样我们虽然屈居于一人之下，却得意于万人之上。要想削弱魏国的兵力而增强韩国的威势，没有什么能比得上朝见魏王更有利的了。’昭釐侯接受并实行了这个策略，这说明他是个英明的君王；申不害精心谋划并能贡献出这个策略，这说明他是个忠诚的臣下。现在的韩国比当初的韩国还要衰弱，而现在的秦国却比当初的秦国要强大。现在秦王也有当初魏王的心意，可是大王和大臣们不奉行尊奉秦国的策略来安定韩国，我私下里认为大王的英明比不上昭釐侯，而大王臣下们的忠心也没有人比得上申不害。

“从前，秦穆公在韩原打了一次胜仗就称霸西方，晋文公在城濮打了一次胜仗就被册封侯伯称霸天下，这都是凭着一次胜仗就确立霸权、成就功名于天下的。现在的秦国已经历几代人的强盛，大胜仗有十多次，小胜仗有上百次，大胜不能称王，小胜不能称霸，霸王之名没能确立，制度法令没能施行，然而终年用兵，并不全是为了求得主君的尊贵和在天下成就霸王之名啊。从前先王发动的战争，有为名的，有为利的。为名的要征服人心，为利的要攻占疆土。从前，吴国和越国交战，越国大败，退守于会稽山上，吴国人攻入越国，挨门挨户地安抚他们。越王勾践派大夫文种和吴国议和，请求让男子做奴隶，女子做婢妾，自己拿着禽鸟作为礼物跟随在吴王仆役的后面。吴国人果然接受了他们的请求，和越国讲和却没有订立盟约，这用的就是征服人心的策略。后来越国和吴国开战，吴国大败，也请求让男子做奴隶，女子做婢妾，反过来要用越国人侍奉吴国人的礼节来侍奉越国人，越国人不答应，最终灭掉吴国、俘获夫差，这用的就是攻占疆土的策略。现在如果要征服人心，就应该像吴国人那样。如果要攻占疆土，就应该像越国人那样。如果征战疆土却比不上越国，征服人心却比不上吴国，而君臣、上下、老少、贵贱都高喊着称霸称王，我私下里认为这就像掉在井里却对人说‘我要替你取火’一样啊。

“东孟会盟的时候，聂政、阳坚刺杀相国韩傀，伤到了烈侯，许异暗中踩踏烈侯让他跌倒装死，因此才能继续做君王。韩国臣民没有不听从他命令的，这是因为许异为他们做出了表率。所以烈侯做君王，许异终身任相国。韩国人尊崇许异，就像他们尊奉烈侯一样。现在韩国君王不可能有那样的境遇了，即使终身辅佐他，然而我也不愿意为他出谋划策，难道不是计谋失误吗？从前齐桓公多次会盟诸侯，全都假借周襄王的命令。然而，虽然尊崇周襄王，齐桓公还是建立了自己的霸业。诸侯尊重齐桓公，是由于齐桓公尊崇周襄王。现在的天子不可能像周襄王那样了，即使有齐桓公那样的人，我们也不愿意为他效力，难道不是计谋失误而不知道如何获得尊贵吗？韩国的士人有几十万，都拥护烈侯做君王，然而只有许异做了相国，这没有别的原因；

以报雠[2]。故往见郭隗先生曰[3]:“齐因孤国之乱而袭破燕,孤极知燕小力少不足以报,然得贤士与共国,以雪先王之耻[4],孤之愿也。敢问以国报雠者奈何?”郭隗先生对曰:“帝者与师处,王者与友处,霸者与臣处,亡国与役处。诎指而事之[5],北面而受学[6],则百己者至;先趋而后息,先问而后嘿[7],则什己者至[8];人趋己趋,则若己者至;冯几据杖[9],眄视指使[10],则厮役之人至;若恣睢奋击[11],呴籍叱咄,则徒隶之人至矣[12]。此古服道致士之法也。王诚博选国中之贤者而朝其门下,天下闻王朝其贤臣,天下之士,必趋于燕矣。”

昭王曰:“寡人将谁朝而可?”郭隗先生曰:“臣闻古之人君有以千金求千里马者,三年不能得。涓人言于君曰[13]:‘请求之。’君遣之。三月,得千里马,马已死,买其首五百金,反以报君[14]。君大怒曰:‘所求者生马,安事死马而捐五百金?’涓人对曰:‘死马且买之五百金,况生马乎?天下必以王为能市马,马今至矣。’于是不能期年[15],千里之马至者三。今王诚欲致士,先从隗始。隗且见事,况贤于隗者乎?岂远千里哉?”

于是昭王为隗筑宫而师之。乐毅自魏往[16],邹衍自齐往[17],剧辛自赵往[18],士争凑燕[19]。燕王吊死问生,与百姓同其甘苦。二十八年,燕国殷富,士卒乐佚轻战。于是遂以乐毅为上将军,与秦、楚、三晋合谋以伐齐。齐兵败,闵王出走于外[20]。燕兵独追北,入至临淄[21],尽取齐宝，烧其宫室宗庙。齐城之不下者，唯独莒、即墨[22]。

〔注释〕

①燕昭王：战国时期燕国国君，燕王哙庶子，姬姓，名职。

②雠：指齐国破燕杀父之仇。

③郭隗（wěi）：战国时期燕国贤士。

④先王：指燕王哙，燕易王之子，姬姓，名哙。

⑤诎指：委屈己意。诎，同“屈”。指，意旨，意向。

⑥北面：面朝北，指屈居下位。古人以坐北朝南为尊位。

⑦嘿：同“默”，沉默，指停止发问。此言勤于发问。

⑧什：同“十”。

⑨冯（píng）：同“凭”，依靠。

⑩眄（miǎn）：斜视，不正眼看。指使：用指头指使人。

⑪恣睢（zìsuī）：放纵骄横。奋击：行为粗暴。

⑫呴籍（xǔjí）：脚踏地跳跃的样子。徒隶：刑徒奴隶，服劳役的人。

⑬涓人：泛指国君亲近的内侍。

⑭反：同“返”。

⑮期（jī）年：一年。

⑯乐毅：乐羊之后，战国时期中山国灵寿（今属河北）人，燕昭王时任亚卿，以功封昌国君。

⑰邹衍：战国时期齐国稷下学者，阴阳五行学派的代表人物。

⑱剧辛：战国时期燕国将领，原为赵国人，后出奔燕国。

⑲凑：通“走”，奔赴，趋附。

⑳闵王：战国时期齐国国君，也作“湣王”，宣王之子，田氏，名地。按：闵王出奔莒，事在齐闵王十七年。

㉑临淄：战国时期齐国都城，在今山东淄博市临淄区。

㉒莒：今属山东莒县。即墨：在今山东平度东南。

五霸因不满现状而建功立业的史实，指出昭王如果有此进取之心，胜齐雪耻是完全可以实现的，从而使燕王大为高兴，许诺其爵位车驾，使其东游于齐。但苏秦却没有欣然从命，一改前面铺张扬厉、意气风发的语风，宛若拉家常一样，为昭王讲了一个婢妾因忠信而受鞭笞的故事，循循善诱，提醒燕王不要因左右亲信的诋毁而怀疑自己的忠信，要坚定对自己的信任，这样才顺利完成使命，议论亲和委婉，既富于生活气息，又发人深省。

〔**原文**〕

苏秦谓燕昭王曰①："今有人于此，孝如曾参、孝己②，信如尾生高③，廉如鲍焦、史鳝④，兼此三行以事王，奚如？"王曰："如是足矣。"对曰："足下以为足，则臣不事足下矣！臣且处无为之事，归耕乎周之上地，耕而食之，织而衣之。"王曰："何故也？"对曰："孝如曾参、孝己，则不过养其亲耳；信如尾生高，则不过不欺人耳；廉如鲍焦、史鳝，则不过不窃人之财耳。今臣为进取者也。臣以为廉不与身俱达，义不与生俱立。仁义者，自完之道也，非进取之术也。"

王曰："自忧不足乎？"对曰："以自忧为足，则秦不出殽塞⑤，齐不出营丘⑥，楚不出疏章⑦。三王代位⑧，五伯改政⑨，皆以不自忧故也。若自忧而足，则臣亦之周负笼耳，何为烦大王之廷耶？昔者楚取章武⑩，诸侯北面而朝。秦取西山，诸侯西面而朝。曩者使燕毋去周室之上[11]，则诸侯不为别驾而朝矣。臣闻之，善为事者，先量其国之大小，而揆其兵之强弱[12]，故功可成而名可立也；不能为事者，不先量其国之大小，不揆其兵之强弱，故功不可成而名不可立也。今王有东向伐齐之心，而愚臣知之。”

王曰：“子何以知之？”对曰：“矜戟砥剑[13]，登丘东向而叹，是以愚臣知之。今夫乌获举千钧之重[14]，行年八十而求扶持。故齐虽强国也，西劳于宋，南罢于楚[15]，则齐军可败而河间可取[16]。”

燕王曰：“善。吾请拜子为上卿[17]，奉子车百乘，子以此为寡人东游于齐，何如？”对曰：“足下以爱之故与，则何不与爱子与诸舅、叔父、负床之孙？不得，而乃以与无能之臣，何也？王之论臣，何如人哉？今臣之所以事足下者，忠信也。恐以忠信之故，见罪于左右。”

王曰：“安有为人臣，尽其力、竭其能而得罪者乎？”对曰：“臣请为王譬。昔周之上地尝有之，其丈夫宦三年不归，其妻爱人。其所爱者曰：‘子之丈夫来，则且奈何乎？’其妻曰：‘勿忧也，吾以为药酒而待其来矣。’已而，其丈夫果来，于是因令其妾酌药酒而进之。其妾知之，半道而立，虑曰：‘吾以此饮吾主父，则杀吾主父[18]；以此事告吾主父，则逐吾主母[19]。与杀吾父、逐吾主母者，宁佯踬而覆之[20]。’于是因佯僵而仆之。其妻曰：‘为子之远行来之故，为美酒，今妾奉而仆之。’其丈夫不

昭王说："自我保全还不够吗？"苏秦回答说："如果认为自我保全就够了，那么秦国就不会兵出殽塞，齐国就不会走出营丘，楚国也不会越过疏章了。三代明君相互更替，五位霸主先后改革政治，都是因为不只想自我保全的缘故。如果想自我保全，那么我也回老家务农去了，何必还在大王的朝廷给您添麻烦呢？从前，楚国攻下章武，诸侯纷纷表示归顺。秦国攻下西山，诸侯就向西朝拜。从前假使燕召公不离开周王室，那么诸侯就不会另行驾车来朝拜燕国了。我听说，善于治理国家的人，首先要考虑国家的大小，并估量兵力的强弱，所以才能成就功业、树立名声。不善于治理国家的人，不先考虑国家的大小，不估量兵力的强弱，所以不能成就功业、树立名声。现在大王有向东讨伐齐国的计划，这一点愚臣是知道的。"

昭王说："您是怎么知道的？"苏秦答道："您常常手持长戟，磨砺宝剑，登上山丘向东长叹，因此我知道您的心意。现在乌获能举起三万斤的重物，但年纪到了八十岁需要有人搀扶。所以，齐国虽然是个强国，但西边因灭宋而劳顿，南边因攻楚而疲惫，这样的齐军就可以打败，而河间可以攻取。"

昭王说："好。请允许我任命您为上卿，给您一百辆车，您带上这些替我东到齐国去办事，怎么样？"苏秦回答说："如果您是因为喜爱我而任命我为上卿，给我一百辆车，那么为什么不给您的爱子和各位舅父、叔父和那些尚不会走路的小孙子呢？他们得不到这些，却把这些赏赐给我这个无能之辈，这是为什么呢？大王评价我，是个什么样的人呢？现在我之所以侍奉大王您，所依恃乃尽忠守信。但我担心的恰恰也是因为尽忠守信的缘故而得罪大王您身边的亲信。"

昭王说:“哪有做人臣的竭能尽力反而获罪的呢?”苏秦回答说:“请让我给您打个比方。从前,周室的洛阳曾经有过这样的事,一个女人的丈夫在外做官三年没有回家,这个女人就爱上了别人。她所爱的那个男人说:‘你的丈夫要回来了,这可怎么办呢?’这个女人说:‘不用担心,我已经准备好毒酒等他回来呢。’不久,她的丈夫果然回来了,于是这个女人就让她的婢女斟上药酒送给她丈夫。那个婢女知道这是毒酒,半路上停住脚步,心里想道:‘我把这药酒给我男主人喝,就是毒死男主人;如果把这事告诉男主人,那么女主人就要被赶走。与其毒死男主人、赶走女主人,不如假装跌倒,把毒酒打翻。’于是就假装摔倒,把酒打翻了。这个女人说:‘为您远道而归的缘故,准备了好酒,没想到这个婢女端着酒跌倒了。’她的丈夫不知道内情,就把这个婢女捆起来鞭打。这个女仆之所以被鞭打,正是因为她尽忠守信的缘故啊。现在我为您出使齐国,恐怕我的忠信不能被您身边的亲信所了解啊。我听说:‘万乘大国的君主,不受臣下的控制;有十辆马车之家的家长,不受家臣的控制;没有车子,徒步而行的士人,不受妻妾的控制。这些人尚且如此,更何况是当今贤明的君主呢?请让我出发吧,希望您不要受群臣的左右。”

## 报燕王书(昌国君乐毅为燕昭王合五国之兵而攻齐)

〔题解〕

本篇选自《燕策二》,又见于《史记·乐毅列传》及《新序·

遁走莒[23]，仅以身免。珠玉财宝、车甲珍器，尽收入燕。大吕陈于元英[24]，故鼎反于历室[25]，齐器设于宁台[26]，蓟丘之植[27]，植于汶皇[28]。自五伯以来，功未有及先王者也。先王以为惬其志，以臣为不顿命，故裂地而封之，使之得比乎小国诸侯。臣不佞，自以为奉令承教，可以幸无罪矣，故受命而弗辞。

“臣闻贤明之君，功立而不废，故著于《春秋》[29]；蚤知之士[30]，名成而不毁，故称于后世。若先王之报怨雪耻，夷万乘之强国，收八百岁之蓄积[31]，及至弃群臣之日，余令昭后嗣之遗义，执政任事之臣，所以能循法令、顺庶孽者[32]，施及萌隶[33]，皆可以教于后世。

“臣闻‘善作者不必善成，善始者不必善终’。昔者伍子胥说听乎阖闾[34]，故吴王远迹至于郢[35]；夫差弗是也[36]，赐之鸱夷而浮之江[37]。故吴王夫差不悟先论之可以立功[38]，故沉子胥而不悔；子胥不蚤见主之不同量[39]，故入江而不改。夫免身全功以明先王之迹者，臣之上计也。离毁辱之非[40]，堕先王之名者[41]，臣之所大恐也。临不测之罪，以幸为利者[42]，义之所不敢出也。

“臣闻‘古之君子，交绝不出恶声；忠臣之去也，不洁其名’。臣虽不佞，数奉教于君子矣。恐侍御者之亲左右之说而不察疏远之行也，故敢以书报！唯君之留意焉。”

〔注释〕

①乐毅:战国后期杰出的军事家,魏将乐羊之后,燕昭王时任亚卿,以功封昌国君。燕惠王即位,中齐反间计,逃奔赵国,封望诸君。后死于赵国。燕昭王:战国时期燕国国君,燕王哙庶子,姬姓,名职。五国:指燕、韩、赵、魏、秦。按:攻齐之事在公元前284年。

②三城:当为“二城”之误。二城:指莒、即墨。按:燕昭王死在公元前279年。

③《史记·乐毅列传》:“齐城不下者两城耳。然所以不早拔者,闻乐毅与燕新王有隙,欲连兵且留齐,南面而王齐。齐之所患,唯恐他将之来。”

④骑劫:战国末期燕国将领。

⑤田单:战国末期齐国名将,临淄人。齐襄王时为相国,封安平君。

⑥先王:指燕昭王。

⑦弃群臣:讳称死。

⑧暴(pù):同“曝”。

⑨郄:通“隙”,嫌隙。

⑩畜幸:犹言宠幸。畜,养,犹言宠爱。

⑪错:通“措”。

⑫言借着为魏王出使的机会。假节:借用符节。魏王:指魏昭王,魏襄王之子,姬姓,名遬(chì)。

⑬擢(zhuó):提拔,选拔。

⑭亚卿:中卿。周代官制,卿分上、中、下三级,次者为中卿,又称亚卿。

⑮积怨深怒:久怀怨恨,极为恼怒,即深仇大恨。按:公元前314年,齐乘燕国内乱,攻破燕国,杀死燕王哙。

⑯闲:通“娴”,熟习。

⑰淮北:淮河以北地,本属楚,公元前 318 年为宋所取,公元前 286 年齐灭宋,故又属齐。宋地:指宋国故地。

⑱言楚国想要收复淮北之地,魏国想得到宋国故地。

⑲原作"臣乃口受令",近人诸祖耿《战国策集注汇考》认为:此"乃口受令",疑即"乃受命"之伪,"命"字误分为"口"与"令",因以致误也。据下文"反复命",诸说当是,据此改。

⑳符节:古代作为凭证的信物。

㉑河北:指黄河以北接近燕国的地区。

㉒济上:济水之滨。济(jǐ)水,包括黄河南北两部分。河北部分源出河南济源西王屋山,在武陟县南汇入河。河南部分从荥阳北黄河分出,在济南市北注入海。

㉓齐王:指齐湣王,齐宣王之子,妫姓,田氏,名地。莒:战国时期齐国城邑,在今山东莒县。

㉔大吕:齐国钟名。元英:燕国宫殿名。

㉕反:同"返"。历室:燕国宫殿名。

㉖宁台:燕国台名。

㉗蓟丘:战国时期燕国都城,在今北京城西南。

㉘汶(wèn):今大汶河,源于山东济南市莱芜区北,经东平县至梁山东南流入济水。皇:同"篁",竹子。

㉙《春秋》:泛指史书。

㉚蚤:通"早"。

㉛八百岁:自西周武王封姜太公于齐,都营丘,至燕破齐,约八百年。蓄积:指上文所言"八百岁之蓄积"等。

㉜顺:通"慎",谨慎对待。庶孽:庶子,太子以外的诸子。

㉝萌:通"氓",民。

㉞伍子胥:春秋时期吴国大夫,名员(yùn),字子胥,楚大夫伍奢之子。因劝谏吴王夫差拒绝越国求和而被疏远,夫差赐剑令其自杀。阖闾:吴王

诸樊(一说“夷末”)之子,姬姓,名光。

㉟郢:战国时期楚国都城,在今湖北江陵县西北。

㊱夫差(chāi):阖闾之子,姬姓。

㊲鸱夷:用皮革做的口袋。按:夫差赐死伍子胥,把他的尸体装入皮口袋,投入江中。

㊳先论:先前的主张,指伍子胥劝谏夫差拒绝越国求和及停止伐齐。

㊴量:胸襟,胸怀。

㊵离:通“罹”,遭受。非:通“诽”,诽谤。

㊶堕:同“隳(huī)”,毁坏。

㊷言希望免于大罪而谋燕以为己利,指与赵谋燕。

〔译文〕

昌国君乐毅为燕昭王联合五国军队攻打齐国,攻下七十多个城邑,把这些城邑全部划为郡县归属于燕国。只剩下莒和即墨两座城邑没有攻下,燕昭王就去世了。燕惠王即位以后,因为听信了齐国的反间计,怀疑乐毅,就派骑劫取代乐毅作为燕军将领。乐毅逃亡到赵国,赵王封他为望诸君。齐国大将田单设计诓骗骑劫,最终打败燕军,重新收回七十多座城邑,重新归属齐国。燕惠王很后悔,害怕赵国任用乐毅趁着燕国兵败的时候攻打燕国。

燕王就派人责备乐毅,并向乐毅表示歉意,说:“先王把整个国家托付给将军,将军为燕国打败齐国,替先王报了仇,天下诸侯无不为之震动,我怎么敢有一日忘记将军的功劳呢!适逢先王离开人世,我又刚刚即位,身边的大臣误导了我。我派骑劫代替将军的原因,是将军长期在外奔走劳累,所以想召将军回来暂且休整一下,以便共议国家大事。将军错误地听信流言,认为和我产生嫌隙，于是抛弃燕国归附赵国。将军您为自己打算，这样做倒是可以的，可将军拿什么来报答先王对待您的情意呢？”

望诸君乐毅就派人呈献一封书信，答复燕王说：“我没有才能，不能遵行先王的教诲，以顺从您左右亲信的心意。我担心遭受杀身之罪，这样既损害先王用人的英明，又使大王蒙受不义的名声，所以我才逃奔到了赵国。我自认为身负不肖的罪名，所以不敢用言语辩解。现在大王派使者来列举我的罪过，我担心您身边的人不能体察先王之所以喜爱、信任我的原因，又不明白我之所以侍奉先王的心迹，所以才斗胆写下这封信来作答。

“我听说贤惠圣明的君王，不把俸禄私下赏赐给亲近的人，而是授给功劳大的人；不把官职授予他所喜爱的人，而是安置有能力担任的人。所以考察人的能力并授予相应的官职，这才是能够成就功业的君王；衡量一个人的德行然后和他结交，这才是建树名望的人。我用所学的知识来观察，先王的见识行为超出了世间一般的人，所以我借着为魏王出使的机会，得以使自己被先王所知晓。先王错爱并抬举我，把我从宾客中选拔出来，官职处在群臣之上，不经与宗室大臣商量，就任命我为亚卿。我自以为遵从命令接受教诲，就可以避免罪过，所以就接受了任命而没有推辞。

“先王命令我说：‘我与齐国有深仇大恨，顾不得国力弱小，也想要向齐国报仇。’我回答说：‘齐国有先代称霸的传统，又有多次取胜的余威，使用兵器熟练、作战方法精通。大王如果想攻打齐国，就一定要联合天下诸侯共同对付它。要联合天下诸侯对付齐国，简捷的途径就是先和赵国结交。再说齐国占有的淮北宋国故地，是楚国和魏国都想要得到的。赵国如能应允结约，楚、魏、宋尽力相助，四国联合攻齐，就可以大败齐国。’先王说：‘好。’于是我接受大王的命令，佩带好符节。遵循大王之命向南出使赵国，待我回国复命以后，随即起兵攻齐。凭靠上天的佑助和先王的威灵，黄河以北的土地，全部被先王攻下并占有济上。我们驻守在济上的军队奉命进击齐军，大获全胜。燕国轻便精锐的部队，又长驱直入一直打到齐国都城。齐王逃到莒城，仅仅免于一死。齐国的珠玉财宝、车马铠甲、珍贵器物，全部运回燕国。大吕钟陈列在元英殿，燕国的大鼎又回到历室宫，齐国的宝器陈列于燕国的宁台，燕国蓟丘的植物，移植到齐国汶水边的竹园。自从春秋五霸以来，没有一个人的功业能赶得上先王。先王认为满足了心愿，也认为我没有辜负使命，所以就划出一块土地封赏我，使我的地位可以与小国的诸侯相比。我才疏学浅，自认为遵从命令接受教诲就可以避免罪过，所以就接受了封地而没有推辞。

“我听说贤明的君王，功业建立后不会半途而废，所以能名垂史册；有先见之明的人，获得名声能保持不败，所以被后人所称颂。像先王这样能报仇雪恨，铲平了拥有万辆兵车的强大国家，收取了齐国八百多年积蓄的君主，等到他离开人世的时候，还留下叮嘱嗣君的遗训，要求执政任职的臣子能遵循法令、谨慎对待子孙，施恩于百姓，所有这些话都可以教育后世。

“我听说，‘善于开创的不一定善于守成，善于开头的人未必善于结尾’。从前伍子胥的意见被吴王阖闾所接受，所以阖闾的足迹能远达楚国的郢都；吴王夫差对伍子胥的意见不以为然，赐给伍子胥一个皮口袋把他投入江中。所以吴王夫差不明白采纳伍子胥先前的主张可以为吴国建功立业，因此把伍子胥沉入江中也不后悔。伍子胥不能及早看到两位君主的不同气度,所以沉入江底也不改变直言上谏的初衷。那些能免于身死、保全功名,还能彰明先王伟业的方法,是我的最佳选择。自身遭受诋毁侮辱性的诽谤,毁坏先王的名声,是我最担心的。身临不可预测的大罪,把侥幸作为求取私利的方法,从情义道理上说是我绝对不敢做的。

"我听说'古代的君子,在情断义绝时不说对方的坏话;忠臣离开本国时,不为自己的名节辩白'。我虽才疏学浅,但也经常接受君子的教诲。我担心大王听信左右亲信人的议论,而难以体察我这个被疏远人的行为。所以我斗胆以书信作答,希望大王能够细心体察。"

## 荆轲刺秦(燕太子丹质于秦)

〔题解〕

本篇选自《燕策三》,又见《史记·刺客列传》。与其他策文不同的是,这篇文章的主旨,不是展示策士的高瞻远瞩和滔滔雄辩,而是通过燕太子丹渴求勇士赴秦刺杀秦王这一事件,将太子丹、鞠武、田光、樊於期、荆轲、秦武阳等人串联起来,通过不同人物面对同一事件的不同言行,非常出色地表现了各个人物的内在性格。因此,本文既可视为一篇优秀的传记作品,也可以看作一篇剪裁精当、引人入胜的叙事佳作。文章感情慷慨悲壮,人物性格鲜明突出。为了塑造人物,采用对比和衬托的手法,用田光的老迈衬托荆轲之壮盛,用秦武阳的虚勇对比荆轲之镇静。秦王殿上的刺杀行动，更是因为精彩的场面和细节描写，使人觉得宛在目前，惊心动魄，悲壮感人，给人留下难忘的印象。

〔**原文**〕

燕太子丹质于秦[①]，亡归[②]。见秦且灭六国，兵以临易水[③]，恐其祸至。太子丹患之，谓其太傅鞫武曰[④]："燕、秦不两立，愿太傅幸而图之[⑤]。"武对曰："秦地遍天下，威胁韩、魏、赵氏，则易水以北，未有所定也。奈何以见陵之怨，欲批其逆鳞哉[⑥]？"太子曰："然则何由？"太傅曰："请入，图之。"

居之有间，樊将军亡秦之燕[⑦]，太子容之。太傅鞫武谏曰："不可。夫秦王之暴而积怨于燕[⑧]，足为寒心，又况闻樊将军之在乎！是以委肉当饿虎之蹊，祸必不振矣！虽有管、晏[⑨]，不能为谋。愿太子急遣樊将军入匈奴以灭口，请西约三晋，南连齐、楚，北讲于单于[⑩]，然后乃可图也。"太子丹曰："太傅之计，旷日弥久，心惛然[⑪]，恐不能须臾，且非独于此也。夫樊将军困穷于天下，归身于丹，丹终不迫于强秦而弃所哀怜之交，置之匈奴，是丹命固卒之时也。愿太傅更虑之。"鞫武曰："燕有田光先生者[⑫]，其智深，其勇沉，可与之谋也。"太子曰："愿因太傅交于田先生，可乎？"鞫武曰："敬诺。"出见田光，道："太子曰：'愿图国事于先生。'"田光曰："敬奉教。"乃造焉。

太子跪而逢迎，却行为道[13]，跪而拂席。田先生坐定，左右无人，太子避席而请曰[14]："燕、秦不两立，愿先生留意也。"田光曰："臣闻骐骥盛壮之时，一日而驰千里；至其衰也，驽马先之。今太子闻光壮盛之时，不知吾精已消亡矣。虽然，光不敢以乏国事也，所善荆轲[15]，可使也。"太子曰："愿因先生得交于荆轲，可乎？"田光曰："敬诺。"即起趋出。太子送之至门，曰："丹所报，先生所言者，国大事也，愿先生勿泄也。"田光俛而笑曰[16]："诺。"

偻行见荆轲[17]，曰："光与子相善，燕国莫不知。今太子闻光壮盛之时，不知吾形已不逮也，幸而教之曰：'燕、秦不两立，愿先生留意也。'光窃不自外，言足下于太子，愿足下过太子于宫。"荆轲曰："谨奉教。"田光曰："光闻长者之行，不使人疑之，今太子约光曰：'所言者国之大事也，愿先生勿泄也。'是太子疑光也。夫为行使人疑之，非节侠士也。"欲自杀以激荆轲，曰："愿足下急过太子，言光已死，明不言也。"遂自刭而死。

轲见太子，言田光已死，明不言也。太子再拜而跪，膝行流涕。有顷而后言曰："丹所请田先生无言者，欲以成大事之谋。今田先生以死明不泄言，岂丹之心哉！"荆轲坐定，太子避席顿首曰[18]："田先生不知丹不肖，使得至前，愿有所道，此天所以哀燕而不弃其孤也。今秦有贪饕之心[19]，而欲不可足也，非尽天下之地，臣海内之王者,其意不餍[20]。今秦已虏韩王[21],尽纳其地,又举兵南伐楚,北临赵。王翦将数十万之众[22],临漳、邺[23],而李信出太原、云中[24]。赵不能支秦,必入臣,入臣则祸至燕。燕小弱,数困于兵[25],今计举国不足以当秦。诸侯服秦,莫敢合从。丹之私计,愚以为诚得天下之勇士使于秦,窥以重利,秦王贪其贽[26],必得所愿矣。诚得劫秦王,使悉反诸侯之侵地,若曹沫之与齐桓公[27],则大善矣。则不可,因而刺杀之。彼大将擅兵于外,而内有大乱,则君臣相疑,以其间诸侯得合从,其偿破秦必矣。此丹之上愿,而不知所以委命,唯荆轲留意焉。"久之,荆轲曰:"此国之大事,臣驽下,恐不足任使。"太子前顿首,固请无让,然后许诺。于是尊荆轲为上卿,舍上舍,太子日日造问,供太牢[28],具异物,间进车骑美女,恣荆轲所欲,以顺适其意。

久之,荆卿未有行意。秦将王翦破赵,虏赵王,尽收其地,进兵北略地,至燕南界。太子丹恐惧,乃请荆卿曰:"秦兵旦暮渡易水,则虽欲长侍足下,岂可得哉?"荆卿曰:"微太子言,臣愿得谒之。今行而无信,则秦未可亲也。夫樊将军,秦王购之金千斤、邑万家。诚能得樊将军首,与燕督亢之地图[29],献秦王,秦王必说[30],见臣,臣乃得有以报太子。"太子曰:"樊将军以穷困来归丹,丹不忍以己之私而伤长者之意,愿足下更虑之。"

荆轲知太子不忍,乃遂私见樊於期曰:"秦之遇将军，可谓深矣，父母宗族皆为戮没。今闻购将军之首，金千斤、邑万家，将奈何？”樊将军仰天太息流涕曰：“吾每念，常痛于骨髓，顾计不知所出耳。”轲曰：“今有一言，可以解燕国之患，而报将军之仇者，何如？”樊於期乃前曰：“为之奈何？”荆轲曰：“愿得将军之首以献秦，秦王必喜而善见臣。臣左手把其袖，而右手揕其胸[31]，然则将军之仇报，而燕国见陵之耻除矣。将军岂有意乎？”樊於期偏袒扼腕而进曰：“此臣日夜切齿拊心也，乃今得闻教。”遂自刎。太子闻之，驰往，伏尸而哭，极哀。既已，无可奈何，乃遂收盛樊於期之首，函封之。

于是太子预求天下之利匕首，得赵人徐夫人之匕首，取之百金，使工以药淬之[32]，以试人，血濡缕，人无不立死者。乃为装，遣荆轲。燕国有勇士秦武阳[33]，年十二，杀人，人不敢与忤视，乃令秦武阳为副。

荆轲有所待，欲与俱，其人居远，未来，而为留待。顷之，未发。太子迟之，疑其有改悔，乃复请之，曰：“日以尽矣[34]，荆卿岂无意哉？丹请先遣秦武阳。”荆轲怒，叱太子，曰：“今日往而不反者[35]，竖子也！今提一匕首，入不测之强秦，仆所以留者，待吾客与俱。今太子迟之，请辞决矣！”遂发。

太子及宾客知其事者，皆白衣冠以送之[36]。至易水上，既祖[37]，取道。高渐离击筑[38]，荆轲和而歌，为变徵之声[39]，士皆垂泪涕泣。又前而为歌曰：“风萧萧兮易水寒,壮士一去兮不复还!”复为慷慨羽声[40],士皆瞋目[41],发尽上指冠。于是荆轲遂就车而去,终已不顾。

既至秦,持千金之资币物,厚遗秦王宠臣中庶子蒙嘉[42]。嘉为先言于秦王曰:“燕王诚振怖大王之威,不敢兴兵以拒大王,愿举国为内臣,比诸侯之列,给贡职如郡县,而得奉守先王之宗庙。恐惧不敢自陈,谨斩樊於期头及献燕之督亢之地图,函封,燕王拜送于庭,使使以闻大王。唯大王命之。”

秦王闻之,大喜。乃朝服,设九宾[43],见燕使者咸阳宫。荆轲奉樊于期头函[44],而秦武阳奉地图匣,以次进。至陛下[45],秦武阳色变振恐,群臣怪之。荆轲顾笑武阳,前为谢曰:“北蛮夷之鄙人,未尝见天子,故振慑,愿大王少假借之[46],使毕使于前。”秦王谓轲曰:“起,取武阳所持图。”轲既取图,奉之,发图,图穷而匕首见[47]。因左手把秦王之袖,而右手持匕首揕之。未至身,秦王惊,自引而起,绝袖。拔剑,剑长,掺其室[48]。时惶急,剑坚,故不可立拔。荆轲逐秦王,秦王还柱而走[49]。群臣惊愕,卒起不意[50],尽失其度。而秦法,群臣侍殿上者,不得持尺兵。诸郎中执兵皆陈殿下[51],非有诏不得上。方急时,不及召下兵,以故荆轲逐秦王,而卒惶急无以击轲,而乃以手共搏之。是时侍医夏无且以其所奉药囊提轲[52]。秦王之方还柱走,卒惶急不知所为,左右乃曰:“王负剑!王负剑!”遂拔以击荆轲,断其左股。荆轲废，乃引其匕首提秦王，不中，中柱。秦王复击轲，被八创。轲自知事不就，倚柱而笑，箕踞以骂㊿，曰："事所以不成者，乃欲以生劫之，必得约契以报太子也。"左右既前斩荆轲，秦王目眩良久。已而论功赏群臣及当坐者各有差，而赐夏无且黄金二百镒[54]，曰："无且爱我，乃以药囊提荆轲也。"

于是秦大怒燕，益发兵诣赵，诏王翦军以伐燕。十月而拔燕蓟城[55]。燕王喜、太子丹等皆率其精兵东保于辽东[56]。秦将李信追击燕王，王急，用代王嘉计[57]，杀太子丹，欲献之秦。秦复进兵攻之，五岁而卒灭燕国[59]，而虏燕王喜。秦兼天下。

其后，荆轲客高渐离以击筑见秦皇帝，而以筑击秦皇帝，为燕报仇，不中而死。

〔注释〕

①太子丹：燕王喜太子，姬姓，名丹，于公元前239年入质于秦。

②亡归：逃回燕国。事在公元前232年。

③以：通"已"。易水：在今河北省北部，源出河北易县境，汇入南拒马河。

④太傅：指太子太傅，辅导太子的官。鞠武：战国末期燕国大臣，任太傅。

⑤幸：敬辞，表示对方这样做使自己感到幸运。

⑥逆鳞：倒长着的鳞。传说龙喉下有逆鳞径尺，触之必怒而杀人。披逆鳞：比喻弱者触怒强者。

⑦樊将军：樊於（wū）期（jī），战国末年秦国将领，因得罪秦王而逃至燕国。

⑧秦王：指秦王政，秦庄襄王之子，嬴姓，名政。

⑨管：指管敬仲，名夷吾，字仲，春秋时期颍上人。由鲍叔牙推荐，被齐桓公任命为卿。晏：指晏婴，春秋时齐国大夫，字平仲，夷维（今山东高密）人。历仕灵公、庄公、景公三世，多才善辩。

⑩单（chán）于：匈奴君长的称号。

⑪惛：通“闷”。

⑫田光：战国末年燕国人。

⑬却行：向后退着走，表示恭敬。道：同“导”，引导。

⑭避席：离开座席，表示恭敬。

⑮荆轲：战国末年著名侠士。齐国贵族庆氏的后代，徙居卫国，卫国人称为庆卿。秦灭卫后，逃亡到燕，燕国人称为荆卿。

⑯俛（fǔ）：同“俯”，低头，屈身。

⑰偻行（lóuxíng）：曲背而行，形容衰老。

⑱顿首：一种跪拜礼，叩头至地。

⑲饕（tāo）：贪。

⑳餍（yàn）：满足。

㉑韩王：指韩王安，战国末期韩国国君，韩桓惠王之子，姬姓，名安。按：事在公元前230年。

㉒王翦：战国末期秦国名将，频阳（今陕西富平县东北）人。曾率军先后攻灭赵、燕、楚等国，封为武成侯。

㉓漳：漳水，有二源，浊漳水源于今山西长子县，清漳水源于今山西昔阳县南，二水至今河南林州北界合流，东北流入今河北东光县入古黄河。邺：战国时期魏国城邑，在今河北临漳县西。

㉔李信：战国末年秦国将领。太原：晋阳，在今山西太原市西南。云中：郡名，战国时期赵武灵王置，在今内蒙古托克托县东北。

㉕数(shuò):屡次。

㉖贽:古人初次拜见尊长时所送的礼物。

㉗言像曹沫一样劫持齐桓公。曹沫:曹刿,春秋时期鲁国人,以勇力事鲁庄公。相传随庄公与齐桓公相会于柯,劫桓公并迫使桓公与鲁国盟约,收复鲁国失地。齐桓公:春秋时齐国国君,春秋五霸之首。姜姓,名小白,襄公弟。

㉘太牢:祭祀或宴飨时所用牛、羊、猪各一头。

㉙督亢(gāng):地区名。在今河北涿州东,跨涿州、固安、高碑店等市县界,为燕国富饶地区。

㉚说:同"悦"。

㉛揕(zhèn):用刀、剑等刺。

㉜淬(cuì):淬火,把金属制品加热后再浸入水中,急速冷却,使之硬化。

㉝秦武阳:战国末年燕国勇士,荆轲刺秦王时的助手。

㉞以:通"已"。

㉟反:同"返"。

㊱白衣冠:本为丧服,当时国难当头,众人知荆轲此去,难以生返,所以皆穿着丧服送他,也包含着激励的含义,希望他不惜一死尽力完成使命。

㊲祖:祭祀名,出行前祭祀路神。

㊳高渐离:战国末年燕国人,荆轲好友,善击筑。筑:古代的一种击弦乐器。

㊴言作变徵之调。古代乐理以宫、商、角、变徵、徵、羽、变宫为七音,大致相当现在简谱上的1、2、3、4、5、6、7。变徵在这里是表示一种凄厉悲凉的调式。

㊵羽声:相当于西乐的A调,音调比徵调要高。

㊶瞋(chēn)目:瞪大眼睛。

㊷遗(wèi):给予,馈赠。中庶子:战国时期秦国官名,为国君、太子、相国的侍从之臣,掌公族之官。蒙嘉:秦国大臣,蒙恬弟。

㊸设九宾:言备大礼相迎。由九位傧相依次传呼接引使者上殿,这是当时外交活动中最隆重的礼节。九宾,九位礼宾人员。宾,傧相。

㊹奉:捧。

㊺陛下:宫殿前的台阶下。

㊻假借:宽假,宽容。

㊼见(xiàn):同“现”,显露,露出。

㊽掺(shǎn):操,握持。室:剑鞘。

㊾还:通“环”,环绕。

㊿卒(cù):同“猝”。

51郎中:官名,秦时属郎中令,负责宫中的宿卫。

52夏无且(jū):秦王政侍医。奉:通“捧”。提:向上投掷。

53箕踞:伸开两腿席地而坐,形如簸箕,古人以此为傲慢不敬的表现。

54镒:重量单位,二十四两,一说二十两。

55十月:指秦王政二十一年(前226)十月。蓟城:战国时期燕国都城,在今北京市西南。

56燕王喜:战国末期燕国国君,孝王之子,姬姓,名喜。辽东:郡名,在今辽宁东南部,辽河以东。

57代王嘉:赵悼襄王之子,名嘉。公元前228年秦灭赵,公子嘉出奔代,自立为王。

58事在公元前222年。五岁:指公元前227年至公元前222年。

## 〔译文〕

燕太子丹在秦国做人质,后来逃回燕国。他看到秦国将要灭掉六国,军队已经逼近易水,担心大祸临头。太子丹心里十分忧虑,就对他的太傅鞠武说:“燕、秦两国势不两立,希望太傅帮助我想想对付秦国的办法。”鞠武回答说：“秦国的地盘遍及天下，正在用威势胁迫韩、魏、赵等国，那么易水以北的土地，还不知道会归谁呢。何必因为曾遭受凌辱的怨恨，就去触犯强暴的秦国呢？”太子说：“虽然如此，那么该怎么办呢？”太傅说：“请让我从现在开始好好考虑。”

过了一些时候，樊将军从秦国逃到燕国，太子收留了他。太傅鞠武劝告太子说：“不能这样做。秦王这样暴虐，又对燕国怀恨在心，这就足以让人胆战心惊了，又何况听说樊将军在这里呢！这就像把肉丢在饿虎经过的路上，灾祸一定是难以挽救了。即使有管仲和晏婴那样的贤人，也难以替您想出办法来。希望太子赶紧送樊将军到匈奴去，以便消除秦国进攻我们的借口，请您西边联合韩、赵、魏，南边联合齐国和楚国，北边与匈奴讲和，这样以后才有办法对付秦国啊。”太子丹说：“太傅的计谋耗费时日，拖延得太久，我心里忧闷烦乱，恐怕一会儿也不能等了。况且问题还不仅仅如此，樊将军的处境艰难，无处安身，才来投奔我，我怎么也不能因为被强大的秦国威胁就抛弃我所同情的朋友，把他打发到匈奴去，这是我的生命本来该终结的时候才能做的事。希望太傅重新考虑这件事。”鞠武说：“燕国有一位叫田光的先生，他智谋深远、勇敢沉着，可以跟他去商量商量。”太子说：“希望能通过您与田光先生结交，可以吗？”鞠武说：“好的。”鞠武去见田光，告诉他：“太子说：‘我希望和先生商讨国家大事。’”田光说：“遵命。”于是就去拜见太子。

太子跪着上前迎接田光，倒退着走为田光引路，又跪着替田光拂拭座席。田光坐定后，左右的人退了出去，太子离开座席向田光请教说：“燕、秦两国势不两立，希望先生留心想想办法。”

田光说:“我听说良马在年轻力壮的时候,一天能跑一千里;等到它衰老的时候,劣马也能跑在它的前面。现在太子听说的是我年富力强时的情况,不知现在我的精力已经消耗殆尽。虽然如此,我也不敢因此而耽搁国家大事,我的好友荆轲可以担当这个使命。”太子说:“希望通过先生与荆轲结交,可以吗?”田光说:“好的。”当即站起,快步走出。太子把他送到门口,告诫他说:“我向先生所谈的,先生所说的话,都是国家的大事啊,希望先生不要泄露出去。”田光俯身笑了笑,说:“好。”

田光弯腰曲背,步行去见荆轲,对他说:“我和您关系最好,在燕国人所共知。现在太子听说了我年富力强时的情况,却不知道我的体力已经不及当年了,我很荣幸,承蒙他指教我说:‘燕国、秦国势不两立,希望先生您能留心帮我想想办法。’我从未把您当成外人,所以就把您举荐给了太子,希望您能到太子宫中拜访他。”荆轲说:“谨遵您的指教。”田光又说:“我听说,年高德劭者的所作所为,不会让人怀疑,如今太子与我约定说:‘我们所讲的是国家大事啊,希望先生不要泄露出去。’这是太子对我不放心啊。如果自己的行为使人产生怀疑,就不是有气节的侠士了。”田光想要用自杀来激励荆轲,说:“希望您马上拜见太子,说我已经死了,表明我没有把国家大事泄露出去。”说完就自刎而死。

荆轲见到太子,告诉他田光已经自杀了,用以表明田光不会泄露机密。太子拜了两拜,流着泪跪着用两膝走到荆轲面前。过了一会儿才说道:“我之所以告诫田先生不要泄密,是想实现重大的谋划。现在田先生用死来表明他没有泄密,这哪里是我的本意啊!”荆轲坐定后,太子离开座席,给荆轲叩头,说:“田先生不嫌弃我才疏学浅，使得您能来到我的面前，愿您对我有所教导，这是上天可怜燕国而不抛弃它的后人啊。现在秦国贪婪残暴，欲望永远不能满足，不把天下的土地全部占为己有，不把四海之内的诸侯都变成自己的臣下，秦国是不会满足的。如今秦国已经俘虏了韩王，全部占领了韩国土地，又发兵向南攻打楚国，向北进攻赵国。王翦率领数十万军队逼近漳水、邺城，而李信出兵太原、云中。赵国不能抵抗秦国，一定会向秦称臣，赵国向秦称臣，大祸就要降临到燕国。燕国国小力弱，多次被战争困扰，现在估计即使动员全国的兵力也难以抵挡秦国。诸侯都屈服于秦国，没有谁敢于合纵了。我私下里计划，认为如果能够得到一位天下第一的勇士，让他出使秦国，用重利来引诱秦王，秦王贪图那份厚礼，就一定能够达到目的。如果能够劫持秦王，让他返还侵占诸侯的全部土地，就像当年曹沫劫持齐桓公那样，那就最好了。如果秦王不答应，那就趁机杀死他。秦国的那些大将都领兵在外，而此时国内出现大乱，那么秦国君臣就会互相猜疑，趁此机会说服诸侯联合起来，就一定能够击破秦国。这是我最高的愿望，但是不知道把这任务交给谁去完成，所以只有请您为我留心考虑了。”过了很长时间，荆轲说：“这是国家大事啊，我的才智低下，恐怕不能够胜任。”太子上前向他叩头，坚决请求荆轲不要推辞，荆轲这才答应下来。于是太子尊奉荆轲为上卿，让他住在上等的馆舍，太子每天登门问候，供给他丰盛的宴席，备办珍异的物品，不断地进献车马和美女，任凭荆轲提出的一切要求，都顺从他的心意。

过了很久，荆轲还没有行动的意思。秦国大将王翦攻破赵国，俘虏了赵王，占领了赵国的全部土地，又向北进军攻城略地，一直打到燕国南部边界。太子丹非常惊恐害怕，于是向荆轲请求说:“秦国军队早晚之间就要渡过易水，那么我即使想长久地侍奉您，又哪里能办得到呢?”荆轲说:“即使太子不说，我也要去见您了。现在我动身到秦国去却没有信物，那秦王是无法接近的。樊将军，秦王悬赏千斤黄金和万户都邑缉拿他。如果能够得到樊将军的头和燕国督亢地区的地图奉献给秦王，秦王一定乐于接见我，我才能得到机会报效太子。”太子说:“樊将军是因为走投无路才来投奔我，我不忍心由于自己的私事而辜负了这位长者信任我的心意，希望您另想别的办法。”

荆轲知道太子不忍心这样做，于是就偷偷地去见樊於期说:“秦国对待将军可以说太狠毒了，父母和同宗族的人都被他们杀害了。现在听说秦王悬赏千斤黄金和万户都邑买您的人头，您打算怎么办呢?”樊将军仰天长叹，流着泪说:“我每想到这些，常常痛入骨髓，只不过无计可施罢了。”荆轲说:“我现在有一句话对您说，这样不但可以解除燕国的祸患，更可以为您报仇，您看怎么样?”樊於期于是向前一步说道:“您准备怎么办呢?”荆轲说:“希望能得到您的人头献给秦王，秦王一定非常高兴而很友善地接见我。我就左手抓住他的衣袖，右手击刺他的胸膛，这样您的大仇可报，燕国被欺凌的耻辱也可洗刷了。将军您是不是有心这样做呢?”樊於期扯下半边袖子露出一只臂膀，一只手握住另一只手腕，上前一步说:“这正是我一天到晚咬牙捶胸而痛彻肺腑的事，直到今天才听到您的指教。”于是拔剑自刎了。太子听说了这个消息，急忙驱车赶去，趴在樊於期的尸体上痛哭，极为悲哀。既然事已至此，无可挽回，于是就把樊於期的头装在匣子里封存起来。

这时，太子已经预先寻访天下最锋利的匕首，得到了赵国徐夫人的一把匕首，用百金把它买来，让工匠用毒药水给它淬火，拿它在人身上试验，只要流出一丝血，就会立即死亡。于是太子准备行装，打算让荆轲动身。燕国有个勇士叫秦武阳，十二岁时就杀过人，人们都不敢正眼和他对视，太子就派秦武阳做荆轲的助手。

荆轲还在等一个人，想让那个人与自己一同前往，而那个人住得远，还没有赶到，荆轲因此滞留等他。过了些时候，荆轲还没有动身。太子嫌他行动缓慢，怀疑他要反悔，就又去请求他说："已经快没时间了，荆卿您难道不打算去了吗？那就先派秦武阳去吧。"荆轲生气了，呵斥太子说："如果我今天去了不能回来，全是因为你小子啊！如今我拿着一把匕首到凶吉难测的强大秦国去，我之所以不动身，是要等我的朋友一起去。现在太子您既然嫌我行动迟缓，那就让我告辞诀别吧！"于是就出发了。

太子以及知道这件事的人，都身穿白衣、头戴白帽前来送行。到了易水边上，祭祀完路神，就要上路了。高渐离敲着筑，荆轲和着筑声唱起歌来，当奏出悲壮凄凉的变徵之声时，人们都伤心地流泪哭泣。荆轲又上前唱道："风萧萧啊易水寒，壮士一去啊不复还。"接着乐音又变成了慷慨激昂的羽声。所有的人都怒目而视，义愤填膺，怒发冲冠。这时荆轲就登上车离开了，始终连头也没回。

到了秦国以后，荆轲带上价值千金的厚礼，贿赂秦王的宠臣中庶子蒙嘉。蒙嘉替他事先在秦王面前说："燕王实在畏惧大王的威势，不敢出兵抗拒大王，情愿献出整个国家作为秦国之臣，与朝拜我国的诸侯相并列，像秦国的郡县一样定期进献贡品，以求能够得以奉守先王的宗庙。燕王因为害怕不敢亲自来向大王陈述，特地斩了樊於期的头，并献上燕国督亢地区的地图，封装在匣子里，燕王在他的宫廷前举行了拜送仪式，派来使者向大王禀告。现在正听候大王的命令。”

秦王听说后，非常高兴。于是穿上朝服，设置九宾之礼，在咸阳宫接见燕国使者。荆轲捧着盛有樊於期人头的匣子，同时秦武阳捧着装有地图的匣子，按顺序走到宫殿前的台阶下。秦武阳由于害怕而脸色陡变、浑身发抖，秦国大臣们都感到很奇怪。荆轲镇定地回过头来朝秦武阳笑了笑，走上前去替他道歉说：“他是我们北方荒僻之地没有见过世面的粗野之人，从来没有见过天子，所以吓得发抖，希望大王对他稍加宽容，让他能在大王面前完成他的使命。”秦王对荆轲说：“起来吧，把秦武阳手上的地图拿过来。”荆轲就取过地图献给秦王，秦王打开地图，当地图展开到尽头时露出了藏在里面的匕首，于是荆轲乘机左手抓住秦王的衣袖，右手拿过匕首刺向秦王。匕首没有刺到秦王身上，秦王大吃一惊，从座位上跳了起来，挣断了衣袖。秦王拔剑，剑身太长，只抓住了剑鞘。这时秦王惊恐急迫，剑身又很长，所以不能一下子把剑抽出来。荆轲追赶秦王，秦王就绕着柱子逃跑。大臣们都惊呆了，仓促之间发生如此出人意料的事，一个个都吓得惊慌失措。而按照秦国的法律，大臣在殿上侍奉君王时不得携带任何兵器。守卫宫禁的侍卫人员虽然带着武器，但都站在殿下，没有秦王的命令不得上殿。在这紧急的时刻，来不及召殿下的卫兵，因此荆轲才能追赶秦王，殿上的人面对突如其来的变故惊惶急迫，却没有什么东西可以拿来还击荆轲，只好一起徒手与荆轲搏斗。这时候秦王的随从医官夏无且用他的药袋投向荆轲。秦王正绕着柱子跑，惊慌着急不知怎么办才好，左右的人对他喊："大王把剑推到背后！大王把剑推到背后！"秦王这才拔出剑来砍荆轲，一下子砍断了他的左腿。荆轲受伤跌倒在地，就举起匕首向秦王投去，没有击中秦王，却击中了柱子。秦王又用剑砍荆轲，荆轲被砍伤了八处。荆轲自己知道刺杀之事失败了，便靠着柱子大笑起来，伸开两腿大骂道："事情之所以没有成功，是因为我想活捉你，一定要拿到你们归还侵占土地的契约去回报太子。"两旁的人赶上来把荆轲杀了，秦王仍头晕目眩了很久。事后按功劳赏赐群臣，对有罪者也分别予以了不同的罚处。秦王赏赐给夏无且黄金二百镒，说道："无且真心爱护我，才会用药袋去砸荆轲啊。"

发生这件事后，秦国非常痛恨燕国，就增派军队赶往赵国，命令王翦率军攻打燕国。秦王政二十一年十月攻下燕都蓟城。燕王喜、太子丹等人都率领精锐部队东逃退守到辽东一带。秦国大将李信追击燕王，燕王在急迫中采纳了代王嘉的计策，杀了太子丹，打算献给秦王。秦国继续进军攻打燕国。五年后终于灭掉燕国，俘虏了燕王喜。最终秦国灭掉六国，统一了天下。

后来荆轲的好友高渐离因为擅长击筑被秦始皇召见，他乘为秦始皇击筑的机会用筑投击秦始皇，为燕国报仇，结果失败被杀。

# 宋 策

## 类同窃疾(公输般为楚设机)

〔题解〕

本篇选自《宋策》。楚军东侵后准备北上,攻宋应是首选目标。此时公输般又制造出了可以帮助攻城的云梯,对楚来说,无异于如虎添翼,攻宋便成了必然之势。主张兼爱、非攻的墨子,为了制止这场战争,奔行万里,不辞劳苦,来到楚国,自然是希望楚王放弃攻宋的计划。但如果不讲策略,楚王显然不会仅是感动他的辛苦就同意他的主张。在这里,墨子对公输般和楚王采用的都是类比说理的方法,把攻宋国与杀众人、患窃疾相类比,从而使公输班和楚王都觉得攻宋一事违背最为普通的人情常理,于是自愿放弃了攻宋的计划。墨子说理长于运用类比将对方引入自设的陷阱中,体现了机智的辩术和严密的逻辑。

〔原文〕

**公输般为楚设机①,将以攻宋。墨子闻之②,百舍重**

茧[3]，往见公输般，谓之曰："吾自宋闻子。吾欲藉子杀人。"公输般曰："吾义固不杀人。"墨子曰："闻公为云梯，将以攻宋。宋何罪之有？义不杀人而攻国，是不杀少而杀众。敢问攻宋何义也？"公输般服焉，请见之王。

墨子见楚王曰[4]："今有人于此，舍其文轩，邻有弊舆而欲窃之；舍其锦绣，邻有短褐而欲窃之[5]；舍其粱肉，邻有糟糠而欲窃之。此为何若人也？"王曰："必为有窃疾矣。"

墨子曰："荆之地方五千里，宋方五百里，此犹文轩之与弊舆也。荆有云梦，犀、兕、麋、鹿盈之[6]，江、汉鱼、鳖、鼋、鼍[7]，为天下饶，宋所谓无雉兔、鲋鱼者也，此犹粱肉之与糟糠也。荆有长松、文梓、楩、楠、豫樟[8]，宋无长木，此犹锦绣之与短褐也。臣以王吏之攻宋，为与此同类也。"王曰："善哉！请无攻宋。"

〔注释〕

①公输般：鲁班，姬姓，公输氏，名班，春秋末年鲁国人，是著名的巧匠。机：机械战具，包括云梯、冲车、强弩之类。

②墨子：名翟，春秋末年鲁国人，是墨家学派的创始人，主张兼爱、非攻。

③舍：一百里为一舍。

④楚王：楚惠王，战国初期楚国国君，楚昭王之子，芈姓，名章。

⑤褐：粗布上衣。

⑥兕（sì）：我国上古时期的一种瑞兽，状如牛，色黑，一角。

⑦鼋(yuán)、鼍(tuó):中国神话传说中是指巨鳖和猪婆龙(扬子鳄)。

⑧楩(pián):黄楩木。

〔译文〕

公输般为楚国设计了攻城的云梯,将要用来攻打宋国。墨子听说这件事,步行万里,脚掌都磨出了老茧,去见公输般,对他说:“我从宋国听说您的大名,我想借助您的力量去杀人。”公输般说:“我坚持道义从来不杀人。”墨子说:“听说您造好了云梯之类的攻城器械,准备用来攻打宋国。宋国有什么罪过?坚持道义从不杀人却去攻打一个国家,这是不杀少的人而杀多的人。请问攻打宋国有什么理由呢?”公输般理屈词穷,请求把墨子引见给楚王。

墨子见到楚王说:“现在有人抛弃自己的彩车,邻居家有一辆破车却想去偷来;扔掉自己华丽的衣服,邻居家有粗布短衣他却想去偷来;舍弃自己的精美食物,邻居家有酒糟米糠他却想去偷来。这是什么样的人呢?”楚王说:“此人一定是患了偷窃病吧。”

墨子说:“楚国方圆五千里,宋国方圆不过五百里,这就好比是彩车和破车一样啊。楚国有云梦泽,到处都是犀、兕、麋、鹿等珍稀野兽,长江、汉水里的鱼、鳖、鼋、鼍是天下最丰饶的,宋国是所谓连野鸡、野兔和鲋鱼都没有的地方,这就好像是精美食物和酒糟米糠一样啊。楚国有高大的松树、带花纹的梓树、黄楩木、楠树、豫樟树,宋国连一棵普通的大树都没有,这就好像是华丽的衣服和粗布短衣一样啊。我认为大王您派官吏去攻打宋国,与此是同类的道理。”楚王说:“说得好啊!我不再攻打宋国了。”

# 卫　策

## 要言失时(卫人迎新妇)

〔题解〕

本篇选自《卫策》。记述了一位卫国的新娘,在坐车、下车及入新房时都对身边仆人进行教导,交代家事。所讲之事确实是日常生活中女主人需要提醒的事情,却令人不免哂之,主要是没有选择好说话的时机。故事短小,读来令人莞尔,又引人深思。

〔原文〕

卫人迎新妇。妇上车,问:"骖马[①],谁马也?"御曰:"借之。"新妇谓仆曰:"拊骖,无笞服[②]。"车至门,扶,教送母曰"灭灶,将失火。"入室见臼,曰:"徙之牖下,妨往来者。"主人笑之。此三言者,皆要言也,然而不免为笑者,蚤晚之时失也[③]。

〔注释〕

①骖(cān)马:古代驾在车前两侧的马称骖马。

②服:古代在车中间驾辕的马称为服马。

③蚤:通“早”。

〔译文〕

有一位卫国人迎娶新娘。新娘上车后,问道:“两旁的骖马,是谁家的马呢?”驾车人说:“借来的。”新娘对仆人说:“击打骖马,但不要鞭笞中间驾辕的马。”车到了夫家门口,新娘由人扶下车,新娘告诫送她的保姆说:“记得把家中的灶火熄灭,以免失火。”进入房间时看见捣米臼,说:“把它移到窗下,以免妨碍往来走路的人。”主人嘲笑她。这三句话,都是很中肯正确的话,却不免被人嘲笑,是因为她说话没有选择好恰当的时机呀!

# 中山策

## 耻侔中山(中山与燕、赵为王)

〔题解〕

本篇选自《中山策》。公元前323年,魏惠王采纳魏相公孙衍的建议,约集受齐、秦、楚威胁和侵略的国家赵、韩、燕和中山一起称王,以便联合起来共同对抗齐、秦、楚三个强大的国家。这三个大国自然极力想破坏这五个小国的联合,所以齐国以中山国国小为借口,想拉拢赵、魏不许中山称王。文章叙述中山如何利用大国之间的矛盾,既得到燕、赵两国的帮助,又不惹怒齐国,同时达到自己称王的目的。这个故事的主角张登与蓝诸君,将游说齐王的情形预先推演一遍,由蓝诸君扮演齐王来听张登的说辞,有时又回到蓝诸君的身份现场发问,从而使文章的形式新颖活泼,颇具戏剧性。

〔原文〕

中山与燕、赵为王,齐闭关不通中山之使,其言曰:

“我万乘之国也，中山千乘之国也，何侔名于我[①]？”欲割平邑以赂燕、赵[②]，出兵以攻中山。

蓝诸君患之[③]。张登谓蓝诸君曰[④]：“公何患于齐？”蓝诸君曰：“齐强，万乘之国，耻与中山侔名，不惮割地以赂燕、赵，出兵以攻中山。燕、赵好倍而贪地[⑤]，吾恐其不吾据也。大者危国，次者废王，奈何吾弗患也？”张登曰：“请令燕、赵固辅中山而成其王，事遂定。公欲之乎？”蓝诸君曰：“此所欲也。”曰：“请以公为齐王[⑥]，而登试说公，可，乃行之。”蓝诸君曰：“愿闻其说。”

登曰：“王之所以不惮割地以赂燕、赵，出兵以攻中山者，其实欲废中山之王也。王曰：‘然。’然则王之为费且危。夫割地以赂燕、赵，是强敌也；出兵以攻中山，首难也[⑦]。王行二者，所求中山未必得。王如用臣之道，地不亏而兵不用，中山可废也。王必曰：‘子之道奈何？’”蓝诸君曰：“然则子之道奈何？”张登曰：“王发重使，使告中山君曰：‘寡人所以闭关不通使者，为中山之独与燕、赵为王，而寡人不与闻焉，是以隘之。王苟举趾以见寡人，请亦佐君。’中山恐燕、赵之不己据也，今齐之辞云‘即佐王’，中山必遁燕、赵，与王相见。燕、赵闻之，怒绝之，王亦绝之，是中山孤，孤何得无废。以此说齐王，齐王听乎？”蓝诸君曰：“是则必听矣！此所以废之，何在其所存之矣？”张登曰：“此王所以存者也。齐以是辞来，因言告燕、赵而无往，以积厚于燕、赵。燕、赵必曰：‘齐之欲割平邑以赂我者，非欲废中山之王也，徒欲以离我于中山而己亲之也。’虽百平邑，燕、赵必不受也。”蓝诸君曰：“善。”

遣张登往，果以是辞来。中山因告燕、赵而不往，燕、赵果俱辅中山而使其王。事遂定。

〔注释〕

①言怎能与我齐名。侔(móu)：等同。

②平邑：本为赵国邑，后归齐国，在今河南南乐县东北。

③蓝诸君：战国时期中山国相。

④张登：战国时期中山国大臣。

⑤倍：通“背”，背约。

⑥齐王：指齐威王，战国时期齐国国君，齐桓公田午之子，妫姓，田氏，名因齐。

⑦首难(nàn)：首先发动战争。

〔译文〕

中山和燕、赵两国准备同时称王，齐国封锁关隘不许中山国的使臣通行，它宣称：“我们是拥有万辆兵车的大国，中山不过是拥有千辆兵车的小国，怎么能有资格和我们齐名称王呢?”齐国计划割让平邑贿赂燕国和赵国，联合出兵攻打中山。

蓝诸君听到这个消息后很担忧。张登对蓝诸君说：“您对齐国有什么好担忧的?”蓝诸君说：“齐国强盛，是个拥有万辆兵车的大国，它认为和中山国齐名称王是它的耻辱，不惜割让土地贿赂燕国和赵国，联合出兵来攻打中山。燕国和赵国都是喜欢背约而贪图土地的国家，我担心它们不会支持我们了。往大了说，国家将会有危险；往小里说，王号将要不保，我怎么能不担忧呢？”张登说：“我能够让燕、赵两国一定帮助中山国，把称王的事确定下来。您想不想这样做呢？”蓝诸君说：“这正是我所希望的。”张登说：“现在请您假装成齐王，让我试着说服您，如果可行，就这样办。”蓝诸君说：“我愿意听听您的说法。”

张登说：“大王之所以不惜割让土地贿赂燕、赵两国，让它们出兵攻打中山，其实质就是不想让中山君拥有王的称号。齐王一定说：‘是的。’既然如此，那么大王这样既损耗了土地又会有危险。割让土地送给燕、赵两国，这是加强了敌人的力量；出兵攻打中山，就背上首先发动战争的罪名。大王用了这两种办法，在中山所寻求的目标还未必能实现。大王如果采用我的办法，既不会损失土地，也无须动用兵力，中山君称王的计划还可以废掉。齐王一定会说：‘您的办法是怎么样的？’”蓝诸君这时插嘴说：“对啊，那么您的办法到底是怎么样的呢？”张登说：“请大王派出亲信使者，让他告诉中山的国君说：‘我之所以封锁关口不让中山国的使臣通行，是因为中山单独和燕、赵两国图谋称王，而我从来没有听说这件事，因此才封锁关隘。大王如果能屈驾来见我，请让我也来帮助您。’中山君担心燕、赵两国不会帮助自己，现在齐国说的是‘马上就能帮助您’，中山君一定会避开燕国和赵国来和大王您相见。燕、赵两国听说后，一定会大怒并和中山断交，然后大王您也和中山断交，这样中山就孤立了，被孤立的中山国怎么能不放弃称王的计划呢？您看如果用以上这番话去劝说齐王，齐王会相信吗？”蓝诸君说：“这样的话，齐王一定会相信。但这是让中山君放弃称王的做法，怎么能说是保留中山君称王的做法呢?”张登说:“这就是中山君保存王号的做法。齐王已经声称‘马上就帮助中山君’,就可以把齐王的话告诉燕国和赵国,不让它们去帮助齐国攻打中山,以此来加深中山国与燕、赵两国的关系。燕、赵两国一定会说:‘齐国打算割让平邑给我们,不是想废掉中山君称王的计划,只不过是想以此离间我们和中山的关系,他自己去和中山国建立友好关系而已。’这样,齐国即使割让一百个平邑,燕、赵两国也不会接受的。”蓝诸君说:“好。”

派遣张登去齐国,齐国果然派使者来到中山说出那番话。中山君就把齐王的话告诉了燕国和赵国,要它们不要出兵攻打中山,燕、赵两国果然都帮助中山国使中山君称了王。中山君称王的事就这样确定了下来。